W0205315

Karl Schlögel

Die Mitte liegt ostwärts

Europa im Übergang

Carl Hanser Verlag

1 2 3 4 5 06 05 04 03 02

ISBN 3-446-20155-6
Alle Rechte vorbehalten
© Carl Hanser Verlag München Wien 2002
Satz: Reinhard Amann, Aichstetten
Druck und Bindung: Kösel, Kempten
Printed in Germany

Inhalt

Vorbemerkung 7

9. November 1989 / 11. September 2001 –
Epoche zwischen zwei Bildern 9

Die Mitte liegt ostwärts. Die Deutschen, der verlorene Osten
und Mitteleuropa 14

Planet der Nomaden 65

Kommunalka oder Kommunismus als Lebensform 124
Rußland wohin? Die Paradoxe der russischen Renaissance 139
Die russische Intelligenz und Europa heute 153
Glückliches Amerika, armes Rußland 168

Grenzland Europa 186
Ratlosigkeit als Chance 195
Zivilgesellschaft, jenseits der Doktrin 203
Die Farbe des Blutes und die Wiederkehr des Kriegers 212
Das Comeback der Städte 225

Wiedereintritt in die europäische Nachbarschaft 234
Unser Atlantis, unser Pompeji 239
Remapping Europe: Von Brüssel nach Prag 248

Drucknachweise 253

Vorbemerkung

Die in diesem Band veröffentlichten Texte sind, wie alle Texte »danach«, Texte von gestern, geschrieben im Jahrzehnt zwischen dem 9. November 1989 und dem 11. September 2001, zwischen dem Mauerfall und dem Angriff auf das World Trade Center in New York – mit einer Ausnahme: »Die Mitte liegt ostwärts. Die Deutschen, Mitteleuropa und der verlorene Osten« war 1986, also vor der Wende, erschienen. Wenn dieser Text, der seit langem vergriffen war, nach mehr als einem Jahrzehnt wieder erscheint und sogar titelgebend für den vorliegenden Band geworden ist, dann nicht aus Anhänglichkeit an alte Zeiten, aus einer Liebe zu Archivalien oder um noch einmal zu zeigen, daß man vielleicht »recht gehabt hat«, sondern weil viele der darin enthaltenen Beobachtungen und Überlegungen am Vorabend der Erweiterung der Europäischen Union aktuell geblieben sind oder es erst recht noch werden. Die Neubildung Europas nach einem Jahrhundert des Niedergangs und der Selbstzerstörung ist eine Tatsache. Sie geht über das, was »Osterweiterung der EU« genannt wird, weit hinaus. Selbstverständlich wird es keine Rückkehr geben zu einem irgendwie gearteten status quo ante oder einem Mitteleuropa, das es nicht mehr gibt. Das soll insbesondere der Essay »Planet der Nomaden« zeigen, in dem es um die Wucht der globalen Ströme und Menschenbewegungen geht, die alles – Ökonomie, Kultur, Staatsverhältnisse, die Lebensverhältnisse von uns allen – auf eine neue Grundlage gestellt haben. Alles ist neu zu bedenken. Das gilt auch für Rußland, dem eine weitere Gruppe von Essays gewidmet ist. Alles ist offen, und es käme gerade darauf an, diese Offenheit der Entwicklung denkend zu begleiten, anstatt in falsche Gewißheit zu flüchten – sei sie nun katastrophistischer oder euphorischer Art. Denken auf Augenhöhe, der »Transformation« nicht vorauseilend oder ihr gar eine Richtung vorschreibend, den alten und unhaltbar gewordenen Zuständen nicht nachtrauernd, sondern eher an der umstürzenden Seite der Abwicklungen interessiert – so ungefähr ließe sich beschreiben, was ich mir unter »begleitendem Denken« vorgestellt habe.

Berlin im Oktober 2001 — Karl Schlögel

9. November 1989 / 11. September 2001 – Epoche zwischen zwei Bildern

Die 90er Jahre des 20. Jahrhunderts wird man beschreiben als das Jahrzehnt zwischen zwei großen Bildern – ein Sandwichjahrzehnt, eingezwängt zwischen zwei Geschichtszeichen. Das eine Bild zeigt den Fall der Berliner Mauer in der Nacht des 9. November 1989, das andere die brennenden Türme des World Trade Center in New York am 11. September 2001. Die Bilder sind von einer unübertrefflichen Präzision. Die Mauer, durch die im nächtlichen Scheinwerferlicht die Menschen erst schweigend, dann fassungslos fröhlich gehen, angestrahlt und im Schutz der Weltöffentlichkeit. Allenthalben die Heiterkeit, die Siegeszuversicht eigen ist, auf den Gesichtern. Es ist Herbst in Europa, daher die Bilder von meist spätabendlichen oder nächtlichen Versammlungen von Menschen, die trotz ihrer großen Zahl nie Masse sind. Etwas vom Zauber, der der Freiheit eigen ist, vom ungläubigen Erstaunen derer, denen endlich, nach langen Jahren des Kampfes, der Sieg zufällt, und etwas von der Schönheit der wiederbelebten Plätze der alten Zentren des mittleren und östlichen Europa ist in jenen Bildern für immer festgehalten. Das Ambiente des alten Kontinents, dem am Ende des 20. Jahrhunderts noch einmal ein unerwartetes Glück und eine zweite Chance zuteil werden. Und nun die Bilder vom 11. September 2001. Die auf allen Fernsehkanälen immer wieder wiederholten Bilder von der Boeing, die sich in die Haut des Turms bohrt, um mit der Verzögerung einer Schrecksekunde zu explodieren, etablieren eine andere Bildwelt. New York ist mit einem Mal eine altehrwürdige, eine gealterte, eine Stadt mit Vergangenheit: die Stadt des Chrysler- und Empire State Building, des Panam-Hauses, aber ohne die Zwillingstürme, die Manhattan überragt hatten. Der Flug in die Türme, der Einsturz, die in die Tiefe stürzenden und von den Trümmern zerquetschten Menschen, die Asche- und Staubwolke – und dies alles nicht als apokalyptische Erzählung, sondern als Ereignis, live übertragen und in jeder Sekunde dokumentiert. Wir können uns von diesem Bild nicht losreißen. Keine Sprache hilft uns, kein historischer Vergleich. Es gab den Asche- und Staubregen, die herabstürzenden

Trümmer, die Verschütteten und Verbrannten, und doch »erinnert« es nicht an Dresden oder Pearl Harbour. In Pearl Harbour gab es herabstürzende Militärflugzeuge, hier war es eine Boeing, die zum Marschflugkörper umfunktioniert worden war. In Dresden war eine Stadt, in der Hunderttausende von Flüchtlingen Zuflucht gesucht hatten, aber in der Agonie eines Krieges, der Europa in Schutt und Asche gelegt hatte und dessen Ende von den Menschen herbeigesehnt wurde. Dies aber war der Einsturz großer Gebäude des Geschäftslebens mitten im Frieden, am Beginn eines Arbeitstages, ein Massenmord aus heiterem Himmel, und nur ein paar Häuserblocks von Wall Street oder New York University entfernt. Das war das Ende des Gefasels von der Welt als Simulation. Plötzlich gab es in einer Welt, in der alles virtuell geworden war, wieder Orte, an denen es um Leben und Tod ging. Um die Bilder herum drehte sich die ganze Szenerie. Sie dokumentieren die Veränderung der Welt. In Berlin klappte Jalta-Europa in sich zusammen. In New York wird eine neue Frontlinie eröffnet. 1989 ging die geschlossene Welt der Blöcke zu Ende. Die Mauer fiel, eine terra incognita tat sich auf. Wie Sauerstoff raste der Gedanke der Freiheit durch den östlichen Kontinent. Jetzt reden wir von den Schwächen der offenen Gesellschaft und ihren neuen, noch unbekannten Feinden. Die Bewegungen an der Berliner Mauer waren tastend, defensiv, alle wußten, was auf dem Spiel stand. Man spürte die innere Anspannung und Nervosität. Beide Seiten probierten, wie weit sie gehen konnten, ohne daß es zum offenen Konflikt, zum Blutvergießen kam. Der Feind von 1989 war alt, müde, ermattet, ausgelaugt, seiner selbst längst nicht mehr sicher. Der neue Feind ist jung, zu jung, frisch, leidenschaftlich bis in den Tod. Die Helden von 1989 sind Hans Magnus Enzensbergers »Helden des Rückzugs«. Ganz anders in New York. Daran war alles Überfall, tödliche Treffsicherheit, Märtyrertum von Selbstmördern und Desperados. Die Mauer war politisches Symbol, Symbol der Politik, Weltanschauung. Die Türme von Manhattan waren auch Wahrzeichen, vor allem aber wirklicher Knotenpunkt, überlebenswichtig für das Funktionieren des globalen Systems. Berlin im Herbst 1989 stand für das Glück des Gelingens, New York für den Horror eines Schwarzen September. Die Mauer wurde von der Stadt überrannt, eingeholt, zurückgenommen. Mit den Türmen von New York brach ein Stück Stadt zusammen. In Berlin kehrten Städte in die internationale Zirkulation zurück. In New York werden erst einmal die Transatlantikflüge eingestellt. Der Himmel über Amerika ist gesperrt. Die Helden von Berlin waren die bewaffneten Streitkräfte, die nicht schossen. Die Helden von New York sind die Feuerwehrleute und Helfer. Ihr Befehlshaber ist der Bürgermeister von New York. Er leitet die Selbstverteidigung der großen Stadt New York, in der der Krieg des neuen Jahrhunderts begonnen hat. Die Bühne hatte sich 1989 mit einem Ruck in Bewegung gesetzt und ist nach einer vollen Drehung zum Stillstand gekommen. Die Bilder vom 11. September lassen uns kaum Zeit zum Rückblick. Das Bild vom World Trade Center reißt uns vorwärts, es bringt uns auf die Höhe der Zeit. Es löscht andere Bilder, oder genauer: es gibt ihnen den letzten Stoß.

Die Bilder von der Samtenen Revolution waren rascher verblaßt, als wir uns hatten träumen lassen. Der Alltag hatte die historischen Augenblicke von Danzig und Prag, von Budapest und Berlin, von Vilnius und Moskau eingeholt. Die Bilder von Flüchtlingsströmen, brennenden Städten und Massakern auf dem Balkan hatten sie überlagert. Nun waren selbst diese von einem anderen, frischen Bild jäh erledigt worden. Wie damals geschah alles programmwidrig, unerwartet, von niemandem vorhergesehen oder erahnt. Für eine Weile war wie 1989 die Tagesordnung außer Kraft gesetzt. Von nun an teilte sich die Zeit in ein Davor und Danach. Man arbeitete sich auf die Höhe des Geschehens hinauf, indem man immer wieder die Bilder ansah. Die Stillung der Bildersucht, unsere regelrechte Abhängigkeit von immer neuen, genauen und frischen Bildern ist die Weise, wie wir unseren Schreck hinter uns bringen und versuchen, uns auf die Realität einzustellen. »Wahnsinn«, »Unglaublich« sind die Vokabeln der Anpassung an die neuen Tatsachen, 1989 und 2001. Wir brauchen Details, um unseren Widerstand und unseren Unglauben zu überwinden. Was mußte passiert sein, daß es 1989 ohne Gewalt abging? Wie schafft es jemand, aus dem 81. Stockwerk des Turms herunterzulaufen, in Panik, in den Treppenhäusern, die voller Rauch und voller Menschen sind? Die Nachfrage nach Details soll den Aufprall auf dem Boden der Tatsachen mildern. Man betrachtet die Bilder immer wieder, weil man ihnen nicht traut. Man braucht Zeit, um sich an sie zu gewöhnen, um mit ihnen »umgehen« zu können. Man muß sie sich einverleiben und den Vorstellungshorizont, der gesprengt worden ist, reorganisieren. Da es uns allen an Vorstellungskraft mangelt, machen wir Seh- und Erweiterungsübungen unserer Phantasie. Der Fernseher, als der Spender der nie gesehenen Bilder, wird zum Mittelpunkt der Gesellschaft. Er ist die Trainingsmaschine unserer zurückgebliebenen Phantasie und bringt unsere Sinne und unsere Emotionen auf die Höhe der Zeit. CNN macht aus uns Zuschauern die Weltgemeinde der Lernenden. Hier findet Synchronisierungsarbeit statt. Die Unterscheidung zwischen den Anhängern der virtuellen und der reellen Realität wird hier hinfällig. Wir treten alle gemeinsam ein in die neue Zeit. Es gibt einen Sog, der durch das bis dahin Unvorstellbare erzeugt ist. Wir lernen wieder einmal, daß das Sein sich rascher umwälzt als das Bewußsein. Das Bewußtsein ist träg, ungläubig. Das Mißtrauen und sein Widerstand ist die Form eines Selbstschutzes. Wie oft haben wir die Sequenz mit der Boeing, die in den Tower rast, gesehen! Die Bilder und die Berichterstattung sind unwahrscheinlich genau. Kriegsberichterstattung. Detektivisch. Es geht um exakte Ortsangaben, um die Beschreibung von Schauplätzen, um Netzwerke und Bewegungen, die offengelegt werden. Irgendwann haben wir uns an den Anblick gewöhnt und geben den Widerstand auf. Wir wissen dann, was wir immer noch nicht glauben können: Wir wissen, woran wir sind.

Eine Hauptvokabel der 90er Jahre, geradezu ein Schlüsselwort, war Übergangsgesellschaft, Transformation und Transition. Es gab eine ganze Industrie, die auf die neue Situation nach 1989, auf die Unübersichtlichkeit, auf die Präzedenzlosigkeit der Situation angesetzt war. Sie suggerierte Klarheit und jenes Wissen, das weiß, wo es langgeht: von Diktatur zu Demokratie, von Gewaltherrschaft zu Freiheit, von Sozialismus zu Kapitalismus, von Plan zu Markt, von Autarkie zu Welthandel, von geschlossener zu offener Gesellschaft. Alles war so klar wie der Weg, der von A nach B führt.

Doch die Geschichte hielt sich nicht an Lehrbücher, Programme oder Pläne. Der Eiserne Vorhang war verschwunden, dafür gab es in Europa nun wieder Fronten und Schützengräben. Der Todesstreifen wurde getilgt, dafür gab es an anderer Stelle Minenfelder. Das neue Europa reiste, kam in Bewegung, aber zugleich wurden ganze Völkerschaften zwangsverpflanzt und umgesetzt. Völker bestanden auf ihrem Recht auf Selbstbestimmung, aber nur solange es sie selbst betraf. Von Minderheitenrechten hatte man lange geschwärmt, jetzt, da sie möglich waren, wurden sie als Gefahr empfunden. In diesem Jahrzehnt kam Europa zu sich, es sammelte ein, was von ihm geblieben war, und eliminierte, was sich bis dahin gehalten und überlebt hatte. Kaum jemand hätte sich die »Europäisierung Europas« in diesem Jahrzehnt so vorgestellt, wie sie dann vor unseren Augen ablief. Mitteleuropa war wieder da. Historische Regionen meldeten sich zurück. Städte kamen wieder in Form. Ein Jahrzehnt der Hauptstadtwerdung von der Ostsee bis zur Adria. Der Hauch des Kosmopolitismus wehte durch die verödeten Städte, während sich andernorts ein neuer Provinzialismus breitmachte. Der Krieg kehrte zurück nach Europa, das Undenkbare war geschehen. Nach einem halben Jahrhundert Frieden Ströme von Blut und Ströme von Flüchtlingen. Eine Gestalt, von der es hieß, sie sei lange schon tot, kehrte auf die europäische Bühne zurück: der Krieger. Die Mitteleuropäer haben lange von westlicher Freiheit geträumt, aber daß sie der NATO in einem Augenblick beitreten würden, da diese zum ersten Mal seit ihrer Gründung einen militärischen Einsatz durchführte, hätten sie sich im Traume nicht ausdenken mögen. Der Kalte Krieg ist lange zu Ende, aber Institutionen, die ihm ihre Entstehung verdanken, leben weiter. So gibt es Militärbündnisse, denen der Feind abhanden gekommen ist, und es kommt zu Einsätzen, bei denen das mächtigste Militärbündnis der Welt konstitutionell überfordert ist. Am 11. September 2001 war die Übergangsperiode zu Ende. Ganze Bibliotheken sind entwertet. Nun sind Kenntnisse gefordert, die nicht oder kaum vorhanden sind. Die Weltkarte wird neu gezeichnet. Wir wohnen leibhaftig der Verfertigung eines neuen Horizonts bei. Etwas anderes fängt an. Der 11. September 2001 bringt neue Gewißheiten. Von nun an wissen wir, daß eine Frontlinie durch das südliche Manhattan verläuft und von dort vielleicht in die Täler des Hindukusch. Die Zeit, in der man sich auf der Erinnerung ausruhen konnte, die Zeit der Déjà-vus und der falschen Analogien, ist vorbei. Feindbilder sind alt geworden, aber der Bedarf nach neuen Barbaren bleibt davon unberührt. Die Utopien von gestern sind erledigt, aber der Bedarf nach etwas, was Halt geben könnte in der Zeit allseitiger Verunsicherung, ist übergroß. Nachdem alle Utopien begraben sind, werden neue ausgebrütet. Die Oppositionen des Ost-West-Konfliktes, auf denen die Stabilität von gestern beruhte, sind sinnlos geworden. Die Geheimdienste als die gewöhnlich am besten informierten und am meisten aufgeklärten Kreise haben den Kontakt zur Wirklichkeit längst verloren. Und einer Gesellschaft, die sich daran gewöhnt hat, ihre Zeiteinteilung nach Urlaubs-, Fest- und Frei-Zeit einzuteilen, schwant, daß etwas anderes begonnen hat. Wir sind dabei, wie ein neuer Generationenhorizont verfertigt wird. Es wird bald niemanden mehr geben, der aus eigener Erfahrung etwas von 1945 und davor uns wird mitteilen können. Die Erfahrung der Jetztzeit ist dabei, jene Zeit zu überlagern. 1968 – sedimentiert, objektiviert, keine heiße Zone mehr, erkaltet. 1989 – ein historischer Augenblick, der zurücktritt hinter die Mühen der Ebene. Die 90er Jahre, Zeit einer Abwicklung und einer Inkubation.

Die Mitte liegt ostwärts. Die Deutschen, der verlorene Osten und Mitteleuropa

Die Deutschen leben mitten in Europa, doch die Diskussion über die europäische Mitte ist nicht in Berlin in Gang gekommen, sondern in Prag, Warschau, Budapest und in der osteuropäischen Diaspora, in Wien, Paris, New York und Canberra. Ein Begriff – Mitteleuropa, Zentraleuropa –, der längst aus dem Vokabular gestrichen schien, tauchte plötzlich wieder auf. Man hatte zuweilen Historiker damit umgehen sehen, Spezialisten für die Nationalitätenprobleme im Europa zwischen den Kriegen, oder Literaturhistoriker, die sich mit Joseph Roth, Robert Musil oder Italo Svevo beschäftigten. Nun war »Mitteleuropa« wieder da, diffus, auratisch, aber doch nicht nur als Phantom. Die Irritation rührt daher, daß »Mitteleuropa« tatsächlich nicht mehr existiert. Zwischen Ost und West gibt es kein Niemandsland, sondern nur einen Todesstreifen. Wo sollte es in einem in Ost und West aufgeteilten Europa Platz für ein mittleres geben? Das war es: Mitteleuropa, so geisterhaft es zunächst daherkam, könnte die Alleinherrschaft des Ost-West-Denkens in unserem Kopf gefährden. Für eine Generation, der Mitteleuropa hinter einer Feuerwand versunken war, konnte dies wie ein Zuruf aus der Vergangenheit erscheinen; und für die Generation, die im Schatten des Eisernen Vorhangs aufgewachsen war, war es zumindest eine spekulative Denkmöglichkeit, die mit einem Ruck den gesamten Denkraum verschob.

»Mitteleuropa«, das Wort selbst ist bereits eine Provokation an der Mauer im Kopf. Aus mitteleuropäischer Sicht wird beweglich, was unbeweglich schien; aus mitteleuropäischer Sicht wird künstlich, was so natürlich dasteht. Ist Mitteleuropa nicht älter und fester gewoben als die Veränderungen seit 1914, seit 1938 und seit Kriegsende? Was haben die Grenzziehungen im Nachkriegseuropa denn zu tun mit den geschichtlichen Räumen, die sie willkürlich auseinanderreißen oder nicht minder willkürlich zusammenfügen? Am Ende eröffnet die mitteleuropäische Perspektive nicht nur eine Denkmöglichkeit, sondern den Blick auf eine Wirklichkeit.

Für ein mitteleuropäisches Ohr klingt die Einteilung der Welt, erst recht die Europas in Ost und West, besonders befremdlich: gehört Prag etwa zu Osteuropa, seit wann liegt Berlin-Ost in Osteuropa? Die Frage selbst schon stellt das Koordinatensystem des politischen Europas in Frage. »Solange wir von Budapest aus«, so heißt es bei György Konrád, »nicht ohne Genehmigung für einen Opernbesuch nach Wien fahren dürfen, entspricht unsere Lage nicht der Friedenszeit.« Aus Budapest kommt ein neuer Ton, selbstverständlich und bisher Selbstverständliches aufkündigend. In der Mitte bildet sich ein Sensorium aus, das Schwingungen zu registrieren vermag, die an den überspannten Rändern des Ost-West-Gefüges nicht mehr vernommen werden können. Die Mitte reagiert bereits vor dem Ernstfall auf Zeigerausschläge; sie verfügt auf ihren Seismographen über eine Skala, deren Markierungen dort aufhören, wo sie anderwärts erst anfangen. Die Imagination der Mitte wird weniger durch die Apokalypse, der sie doch als erste zum Opfer fiele, stimuliert, als vielmehr durch die Verletzungen, Behinderungen und Beunruhigungen, die sich aus dem Status quo ergeben. Sie entwickelt eine am Alltag, nicht an der Katastrophe geschulte Empfindsamkeit.

Daß ein blocktranszendentes Mitteleuropa wieder gedacht wird, liegt gewiß an der neuen Beunruhigung, die von der alten Rivalität der amerikanischen und sowjetischen Supermacht ausgeht. Aber ist dies der Grund oder nur der Anlaß? Es ist nicht anzunehmen, daß eine Renaissance des Mitteleuropa-Gedankens sich purer Anhänglichkeit und Sentimentalität verdankt – hätten die Mitteleuropäer nur die Erinnerung an eine vergangene »große Zeit« aufzubieten, es wäre um sie ohnehin geschehen; »Mitteleuropa« würde in einem solchen Falle nur zum Stichwort einer neuen Mode – vielleicht der ersten Mode, die vom Osten in den Westen käme. Mitteleuropa wäre dann etwas für die neueste Nostalgie.

György Konráds »mitteleuropäischer Traum« ist, so scheint es, inspiriert und getragen von den dramatischen Ereignissen im ostmitteleuropäischen Raum der Nachkriegszeit und zugleich diszipliniert durch das Trauma, das deren – soll man sagen: vorläufiges? – Scheitern hinterlassen hat. Was immer sich an autochthoner Bewegung in diesen Ländern entfaltet hat – vom 17. Juni 1953 bis zum August 1980 –, es scheiterte an der sowjetischen Vormacht und der Logik der Blöcke.

Trotz dieser offensichtlichen Niederlagen ist es nicht beim immer gleichen und erfolglosen Spiel geblieben. Polen heute läßt sich nicht in den Worten beschreiben, die vor dem Losbrechen der Streikbewegung gegolten haben mögen; das Ungarn von 1986 ist nicht das von 1956.

Wenn die Zensoren anfangen, die Aussichtslosigkeit ihrer Profession einzusehen, ist das der sicherste Beweis für das Wachstum einer »zivilen Gesellschaft« (György Konrád), der Beweis, daß sie sich – als parallele – vielleicht schon etabliert hat. »Mitteleuropa« resümiert offensichtlich eine Erfahrung, nicht mehr im avantgardistischen Gewand von »Arbeiterselbstverwaltung« oder »Sozialismus mit menschlichem Antlitz«. Was wie die Abdankung vor einem weit gesteckten Ziel und wie die Rückkehr zu einem verstaubten Requisit europäischer Territorialpolitik aussieht, ist in Wirklichkeit ein Reifungsvorgang. Der Mitteleuropa-Gedanke ist in Ostmitteleuropa virulent geworden, weil Mitteleuropa wächst, nicht weil es sentimental ist.

Und er ist verführerisch: »Mitteleuropa« bietet sich an als der endlich gefundene archimedische Punkt, als der Hebel, mit dem sich etwas gegen die Übermacht der Supermächte zuwege bringen lassen könnte; das wäre allerdings nur das alte Spiel der Strategen, zu deutsch: der Feldherren. Mitteleuropa war zu häufig Experimentierfeld für »instrumentelles Handeln«, für »cordon-sanitaire«-Planer und »entente-cordiale«-Proklamationen, bei denen das Herz die allergeringste Rolle spielte. Das Wort »Mitteleuropa« läßt sich kaum ohne ein gewisses Pathos aussprechen; vielleicht ist es sogar arrogant, indem es anderen einen Platz an der Peripherie zuweist.

»Mitteleuropa« ist ein vieldeutiger Begriff, bald die Legitimation für imperiale Großraumpolitik, bald die Chiffre, unter der jene denunziert werden soll. Er ist, wie Henry C. Meyer überzeugend dargelegt hat, eine einzige »semantic confusion«.

Es hat verschiedene Definitionsversuche gegeben. Ausgehend von der physischen Gestalt des Kontinents, hat der Geograph Joseph Partsch die von Rhein, Donau und Weichsel gegliederten Becken als Mitteleuropa definiert. Für Giselher Wirsing, den Verfasser des Buches »Zwischeneuropa«, ist es das Gebiet zwischen Frankreich und der Sowjetunion; dessen östlicher Raum wiederum – also Estland, Lettland, Litauen, Polen, Tschechoslowakei, Ungarn, Jugoslawien, Bulgarien, Rumänien – erhält bei ihm die Bezeichnung »Zwischeneuropa«. Friedrich Naumann, der Autor des 1915 erschienenen Buches »Mitteleuropa«, faßt unter diesem Begriff den Raum des Deutschen Reiches und der österreichisch-ungarischen Monarchie. Für Karl Haushofer, dessen geopolitische Konzeption für die Nazis so bedeutsam werden sollte, ist Mitteleuropa überhaupt nur ein »Verlegenheitsbegriff«. Wenn György Konrád von Mitteleuropa spricht, dann sind das namentlich Städte: Budapest, Preßburg, Prag, Krakau, Warschau, Berlin. Für Milan Kundera ist Mitteleuropa ein Stück des lateinischen Westens, das unter russische Vorherrschaft geraten ist; es ist jener Teil, »der geographisch im Zentrum, kulturell im Westen und politisch im Osten liegt«. Berlin ist für ihn – ähnlich wie für Tomáš Garrigue Masaryk, den Gründer der tschechoslowakischen Republik – schon einer der Pole, von dem dieses Mitteleuropa nichts Gutes zu erwarten hat. »Eingezwängt zwischen die Deutschen auf der einen und die Russen auf der anderen Seite erschöpften sich die Kräfte dieser Nationen im Kampf um ihr Überleben und um ihre Sprache zu sehr. Nicht imstande, sich ausreichend dem europäischen Bewußtsein nahezubringen, blieben sie der am wenigsten bekannte und zerbrechlichste Teil des Westens, verborgen zudem hinter dem Vorhang von seltsamen und schwer zugänglichen Sprachen.« Ist Mitteleuropa nicht überhaupt eine Projektion der Nachgeborenen in die Vergangenheit? Das 19. Jahrhundert kannte wohl ein Habsburgerreich, ein Zarenreich, eines der Osmanen und eines der Deutschen, doch gehörte es zum guten Ton und zur Überzeugung der Revolutionäre, gegen die übernationalen dynastischen Zusammenhänge die je eigene Nation zu stellen. Lassen sich Mythen wie die vom »Völkergefängnis« nun einfach durch andere ersetzen, etwa den von der kosmopolitischen Völkergemeinschaft? Und das 20. Jahrhundert? Ja, läßt sich Mitteleuropa, der Raum mit den wandernden Grenzen, der Verflechtung der diversen Kulturen, Sprachen und Bekenntnisse, der Nichtübereinstimmung von Staat und Nation, die Mischzone aus ebenso produktiven wie explosiven Übergangs- und Grenzlandschaften, läßt sich dieses Mitteleuropa überhaupt more geometrico definieren?

Wir müssen es weit gebracht haben, wenn wir uns bei der Annäherung an Mitteleuropa bei einem Definitionsversuch ertappen. Wir müssen die Anschauung von dem Raum, in dem wir selbst leben, schon vollständig verloren haben, wenn wir den Begriff bemühen müssen. Es bleibt uns offensichtlich nichts anderes übrig, als ganz von vorne zu beginnen: vielleicht können die Deutschen West, die so ganz in der transatlantischen Konfiguration, und die Deutschen Ost, die so ganz in der transelbischen Konfiguration aufgegangen sind, eine Vorstellung von Mitteleuropa, vielleicht auch ein Bild von ihrem Platz darin, überhaupt nur zurückgewinnen, indem sie dem Verschwinden ihres Bildes von Mitteleuropa nachgehen.

Selbst da, wo wir uns die größte Beweglichkeit und Freizügigkeit erlauben – in den Reiseprospekten, in den kühnen Kombinationen nach dem Kursbuch oder bei der Auswahl unserer Traumreise –, machen wir halt vor der Teilung der Welt, ohne daß es uns auffiele. Die Teilung Europas ist uns in Fleisch und Blut übergegangen. Wir folgen den Spuren der Politik auch da noch, wo wir von Politik nichts wissen wollen: im Urlaub.

Die Veränderungen im Europa nach dem Krieg ließen sich geradezu beschreiben entlang der Fragestellung: wie durchlässig waren die Grenzen, wie groß war die Freiheit bei Ortsveränderungen und Grenzüberschreitungen.

Die intelligenteren Definitionen dessen, was als Tourismus anzusehen sei, legen den Zusammenhang zwingend nahe. Leopold von Wiese etwa faßt Tourismus als einen Typus »zwischenmenschlicher Beziehungen« und Maximilian Krauß gar als »eine Erscheinung, in welcher sich gleich wie in einem Brennpunkte beinahe alle die kulturellen Bedürfnisse unserer Zeit sammeln«. In einem DDR-Tagungsbericht aus den sechziger Jahren wird auch prompt von der »Neuordnung des Fremdenverkehrs« im Gefolge der »Neuordnung Europas« gesprochen.

Doch bedarf es kaum einer Wissenschaft vom Tourismus, um zu ermessen, wie sehr die Teilung der Welt auch eine Teilung der touristischen Traum- und Urlaubswelten geworden ist. Dies ist mit bloßem Auge und mit einem Blick in die Statistiken wahrzunehmen.

Vor allem bedeutete die Teilung Auflösung der Mitte. Um zu verstehen, was diese in verkehrstechnischer Hinsicht und im Bewußtsein der Zeitgenossen gewesen ist, genügt ein Blick in die Lebensbeschreibungen oder Erinnerungen eines namhaften Mitteleuropäers aus der Zeit vor dem Krieg. Ob Schönberg oder Hugo von Hofmannsthal, Rilke oder Benjamin, Koestler oder Richard Strauss – sie alle bewegten sich in einem Raum, dessen räumliche und zeitliche Koordinaten heute so nicht mehr existieren.

Ein Index für den Zusammenhalt und die Dichte dieses untergegangenen Raums ist die Mobilität. Da gab es eine rasche Zugfolge, schnelle Züge und Direktverbindungen, formlose Kontrollen und problemlose Telephonate – das Netzwerk eines lebendigen Organismus. Diese Dichte und Schnellebigkeit erklären sich nicht durch die – gemessen an heutigen Verhältnissen – geringe Entfernung zwischen Wien und Berlin, München und Dresden, Prag und Kopenhagen, Budapest und Amsterdam, Triest und Warschau, sondern einzig durch die Homogenität eines kulturellen Raums, der freilich von Anfang an bedroht war durch die diversen Nationalismen. Es gab ein Schienennetz, das die Mitte Europas nicht nur verzahnt, sondern umgekehrt geradezu konstituiert hat. Was heute beim Anblick der Ruine des Anhalter Bahnhofs, der Verlangsamung des Tempos der Züge zwischen Berlin-Zoo und Berlin-Friedrichstraße oder bei der Wanderung über die grasüberwachsenen Schienenstränge trostlos stimmt, ist ja, daß hier Nervenstränge zwischen den mitteleuropäischen Metropolen durchtrennt und stillgelegt worden sind.

Deutschland war wohl immer Durchgangsland; doch als es noch zur Mitte gehörte, sah Transit anders aus als heute auf dem Ost-West-Expreß zwischen Paris und Moskau. Man kann es den Passagieren nicht verdenken, wenn sie sich möglichst rasch aus dem in der Nacht durchquerten Land mit den durchschnittlich sechs Kontrollen davonstehlen wollen. Trans-Europa-Expresse gibt es in Wahrheit nicht mehr, und das Emblem auf den Zügen der gehobensten Klasse ist eine Verdrängungsleistung zugunsten des stromlinienförmigen Fortschritts: Trans-Europa – das ist eben nicht nur Paris-Kopenhagen oder gar Bonn-München.

Die Auflösung der Mitte hat die Metropolen von einst an die Peripherie versetzt. Die Drehkreuze des Menschen- und Güterverkehrs sind aus den Angeln gehoben. Hier entwickelte sich einst der moderne Massentourismus zur Fluchtbewegung aus dem industriellen Leben in die Ferne. Mit diesen Zentren sind auch die Fluchtpunkte von einst verschwunden oder doch erheblich verschoben worden. Das Selbstverständlichste ist unmöglich geworden: in Berlin einfach einen Zug zu besteigen und in wenigen Stunden in Teplitz, Bad Schandau oder Saßnitz zu sein. Ganze Ferienlandschaften in der weiteren Umgebung der Stadt sind in fast unerreichbare Ferne gerückt – jedenfalls für einen Teil der Einwohnerschaft. Schlesien oder der Thüringer Wald verschwanden aus der Phantasie der einen, Oberbayern und das Weserbergland aus der Phantasie der anderen. Nun bedarf es eines ganz speziellen Kraftaufwandes, dorthin zu gelangen – das sicherste Anzeichen dafür, daß etwas nicht mehr selbstverständlich ist, unnormal geworden ist.

Dies ließe sich an beliebigen Orten auf deutschem Territorium demonstrieren. In der DDR-Studie aus den sechziger Jahren etwa ist schwarz auf weiß nachzulesen, wie Politik und Fremdenverkehr miteinander zusammenhängen. Fast 60 Prozent aller Badegäste, die vor dem Krieg das Ostseebad Binz besuchten, »kamen aus Gebieten, die außerhalb des Territoriums der heutigen DDR lagen. Hierbei ist klarzulegen, daß der Zusammenbruch dieses Raumkomplexes, zumindest die Beziehungen zu Westdeutschland und Westberlin, erst durch die

Spaltung Deutschlands erfolgte. Damit wurde eine Neuordnung dieses Gefüges erzwungen.«

»Zusammenbruch dieses Raumkomplexes« – der Autofahrer auf der Autobahn Berlin-Ruhrgebiet kann allerdings den Eindruck gewinnen, die Ost-West-Achse habe die Beschädigungen einigermaßen heil überstanden; doch die Zahl der Lastkraftwagen der staatlichen Speditionsunternehmen aus dem östlichen Block, die dort anzutreffen sind – HUNGAROCAMION, SOVTRANSAVTO, PEKAES, DEUTRANS, BULGAROEXPORT –, wiegt wenig gegen die Verschiebung der Optik und die Um- und Neubildung des Lebensraums, zu dem eben auch Straße, Bahn, fremde Städte und Küsten – Landschaften gehören. An den Rändern des »zusammengebrochenen Raumkomplexes« sind neue Küsten aufgetaucht, mit neuen Farben, neuen Gerüchen, anderen Gewohnheiten.

Von dem Vorrat an glänzendem Licht und verwirrenden Düften, den der ins harte Alltagsleben Zurückkehrende aus Griechenland oder den marokkanischen Souks herübergerettet hat, läßt sich eine Weile leben. Doch daß einem, der seine Urlaubsreminiszensen abruft, sogleich diese in den Sinn kommen, kann kein Zufall sein. Es fehlen darin – wieder wie selbstverständlich – die Bilder und Wahrnehmungen aus einem anderen Raum: es gibt darin keine Erinnerung an eine Wanderung in den Wäldern von Zakopane, an ein Detail in der Fassade eines Bürgerhauses in Stralsund oder an den Zeltplatz an den Masurischen Seen. Unsere Wahrnehmung im westlichen Ausland ist vielleicht auch nicht immer gerecht und nicht immer genau, doch immerhin: es gibt sie. Vor allem die Details prägen sich ein: Service und Preislage in den Restaurants entlang der Autostrada, ein kompliziertes Mißverständnis mit dem Schaffner im Zug nach Hendaye und ein überraschendes Erlebnis des Trampers auf dem Weg zum Nordkap. Die Länder Osteuropas – und da es eine Mitte nicht mehr gibt, neigt man allzuleicht dazu, die Verlegenheit zu überspielen und auch gleich die DDR dieser Konstruktion zuzuschlagen – sind in der touristischen Wahrnehmung des Westens weit weniger vertreten, dort hat die Tour noch gar nicht oder nur ausnahmsweise hingeführt. Nach Dresden fährt vorerst nur, wer dorther stammt, dort Verwandte hat oder eine spezifische Schwäche für die schöne Stadt. Das Elbsandsteingebirge oder Rügen sind mehr aus den Bildern Caspar David Friedrichs, weniger aus eigener Anschauung bekannt. Landschaften, unzugänglich geworden, haben sich in die Kunstgeschichte gerettet.

Es ist schwer, einen Ausdruck für das zu finden, was den Charme der Länder in der Mitte Europas ausmacht, ohne ins Klischee abzugleiten, um das auf liebenswürdige Weise Altmodische und doch Lebendige von dem durch Stagnation Erstarrten oder gar vom neuen Stil des »bürokratischen Halbmodern« zu trennen. Es ist schon deshalb schwierig, den angemessenen Ton zu treffen, weil das Privileg, die Differenz wahrnehmen zu können, einseitig ist. Der Verkehr nach der alten Mitte gleicht bis heute dem in einer Einbahnstraße.

Vieles spricht dafür, daß die alte Mitte sich auf der anderen Seite des Eisernen Vorhangs in vielem ursprünglicher erhalten hat. In den Ohren des Prager Bekannten klänge dies wie die typische Arroganz dessen, der ein Land nur des Sightseeing wegen inspiziert, würde das drohende Mißverständnis nicht durch eine komplizierte und differenzierte Analyse behoben. Der Wall gegen die Menschen hatte aber auch – sit venia verbo – eine Kehrseite: er schützte das Gelände vor dem übermächtigen Druck des Nachkriegsbooms, dessen nivellierende und planierende Effekte heute den Westen teuer zu stehen kommen. Es ist ein schwieriges Gelände, und über die Genugtuung, daß sich dort noch Fassaden und Manieren aus der Vor-Mac-Donald-Zeit erhalten haben, breitet sich sogleich die Trauer, daß es gewaltsam in einer noch bedrückenderen Vorzeit gehalten wird. In der DDR reisen wir bis heute in den Zügen der »Deutschen Reichsbahn« und schlafen und speisen in den Waggons der MITROPA, was bei genauerem Hinsehen ja nichts weniger bedeutet als: Mitteleuropäische Schlaf- und Speisewagen AG.

Was einst selbstverständlich war, ist nun exklusiv geworden, für viele sogar ganz wörtlich: ausgeschlossen. Oberbayern oder das Allgäu leben in der Vorstellungswelt der Deutschen jenseits der Mauer nur noch als fossile Landschaften, bestenfalls als blasse Erinnerung (wenn sie nicht aufgefrischt wurde dank der Gunst des Ältergewordenseins – auch dies ist eine Errungenschaft des Nachkriegstourismus: die Freizügigkeit an das Pensionsalter zu binden!). Diesseits und jenseits der Demarkationslinie, die Mitteleuropa von Norden bis Süden trennt, sind neue Horizonte und neue Gestade aus der Flut emporgetaucht. Die Hotelburgen an den spanischen und anatolischen Stränden, die nordafrikanische Küste, die blauen Lagunen der Karibik oder der Seychellen – einerseits; andererseits: die Krim, der Baikalsee, die bulgarischen und rumänischen Strände. Die Traumlandschaft ist nun erst wirklich exotisch geworden. Wie klein und eng nahm sich im Vergleich dazu das alte Mitteleuropa aus! Karlsbad, Triest, der Frankenwald, der Harz – was ist das gegen den »Duft der großen weiten Welt«, was die Eisenbahnfahrt gegen den Charterflug auf einen ganz fremden Kontinent!

Der Raum hat sich auf beiden Seiten nach beiden Seiten ausgeweitet. Von Berlin-Schönefeld starten die Maschinen nach Jalta, Varna, Tiflis, Samarkand, Irkutsk – für Leute mit speziellen Papieren freilich auch weiter; von Berlin-Tegel fliegen sie nach Mallorca, Rimini, Agadir, Miami – das Problem der Lufthoheit in den Korridoren einmal außer acht gelassen. Wer allerdings von Tegel fliegen kann, hat auch die Freiheit, via Schönefeld zu reisen. Der blaue Himmel der Urlaubsprospekte ist geteilt. Die Weite, die so gewonnen wurde, macht leicht vergessen, daß sie nicht allen gewährt wird.

Auch wenn der Tourismus gen Osten in den letzten Jahren kräftig zugenommen hat, ist er doch mehr die Bestätigung dafür, daß die Reise in ein fremdgewordenes Gelände geht. Den Deutschen West ist die Adria immer noch näher als die Ostsee östlich von Lübeck, und umgekehrt gelingt es den Deutschen Ost eher, bis zur Äußeren Mongolei vorzustoßen und dort einen Abenteuerurlaub zu verbringen, als die Abenteuer zu bestehen, die eine Reise in den Westen ihres Landes mit sich brächte. Die Divergenz des Massentourismus im Nachkriegseuropa hat noch viele andere Aspekte: hier der Troß der vielen Millionen einzelnen, die alljährlich sich im Schrittempo der Blechlawinen nach Süden bewegen (einzig die stete Neigung der Deutschen West, ihren Urlaub in Österreich zu verbringen, könnte darauf hindeuten, daß es sich in der Mitte doch ganz gut leben läßt), dort der Troß der vielen in Reisegruppen organisierten Millionen. Die Differenz liegt auch in der unterschiedlichen Wirkung einer Währung, deren Grundeinheiten Mark und Pfennig heißen. Am ehesten ist die Differenz noch aufgehoben im Management der Urlaubsindustrie. Die Erholungsfabriken an der Playa del Sol haben ihr Pendant in den Erholungskombinaten an der Schwarzmeerküste; den Hotelkomplexen ist auf den ersten Blick nicht anzusehen, ob sie am Plattensee oder bei Ostende stehen, fast so als stünden sie auf einem exterritorialen Gelände der Tourismus-Internationale. Dies wäre ein denkwürdiger Brückenschlag vierzig Jahre nach der Teilung Europas.

Es fällt schwer, am auffälligen Drang der Deutschen nach draußen nichts Unauffälliges zu finden. Die Deutschen – und dies betrifft die Ostdeutschen nicht weniger als die Westdeutschen – gehören zu den Tabellenführern in den Tourismusbranchen ihrer Hemisphären. Es liegt etwas Eigentümliches in dieser Internationalisierung, die nicht allein der Prosperität und dem technischen Fortschritt der Verkehrsmittel geschuldet sein kann. Das, was die Tourismusforschung beim Touristen an Beweggründen herausgefunden hat, ist zu unspezifisch: Bedürfnis nach Erholung, Kontakt, Erlebnisdrang, Durchbrechen der Alltagsroutine und ähnliches mehr trifft schließlich auf Reisende in aller Welt zu. Es leuchtet auch nicht ganz ein, die Völkerwanderung an die südlichen Strände allein aus dem Bedürfnis nach einem Platz an der Sonne zu erklären. Eher hat die Nord-Süd-Verschiebung vielleicht zu tun mit der Blockierung der Ost-West-Achse.

Die Geschichte des Tourismus in Deutschland nach 1945 ist zugleich die Geschichte des Eisernen Vorhangs, des Kalten Krieges und der Entspannung. Es versteht sich fast von selbst, daß Ferien nicht dort gemacht werden, wo die Leute sich anschicken, das Land unter Lebensgefahr zu verlassen. Budapests Charme wurde erst wieder entdeckt, nachdem die ersten Opfer des Aufstandes rehabilitiert worden waren und die Nähe zu Wien nicht mehr verschwiegen werden mußte. Die Reise zurück ins Siebenbürger Land kam erst in Betracht, als auch die Rückfahrkarte garantiert und ein ordnungsgemäßes Visum erteilt wurde. Eine vom Odium der Revanche befreite, harmlose Fahrt in die Landschaft der Kindheit wurde erst möglich, nachdem auf höchster Ebene die Verträge über das endgültig Verlorene unterzeichnet waren.

Deutschland ist nach dem Krieg auf eine merkwürdige Weise international geworden, die Deutschen selber wurden seltsam international-kosmopolitisch. Das wäre ein großer und ganzer Gewinn, wenn da nicht ein Anflug von Selbstverleugnung und Kompensation für die Rückversetzung in den Provinzstatus zu spüren wäre. Sie befleißigen sich emsiger als die Touristen anderer Nationen der je an ihren Schulen gelehrten Weltsprachen Englisch und Russisch. Und doch sagt man im Ausland den Deutschen nach, sie seien trotz solcher Mimikry leichter auszumachen als andere – die Westdeutschen weniger als die Ostdeutschen. Im einen Fall ist es fast eine Manie, im Internationalen und Transatlantischen aufzugehen, im anderen Fall ein unterdrücktes und darum um so sichtbareres Überlegenheitsgefühl. Fast immer ist es jedoch eine Verkrampfung und ein Gefühl, kein Reisender wie andere zu sein.

Verspannungen dieser Art resultieren nicht erst aus den Verwerfungen in Europa nach Jalta. Jalta hat nur aufgeteilt, was vom Deutschen Reich zuvor schon gesprengt worden war. Es ist nur zu bedenken, daß der Ort, an dem ein von den deutschen Nazis aus ganz Europa zusammengetriebenes Volk vernichtet wurde, der geographischen Mitte Europas noch näher liegt als die Hauptstadt des Dritten Reiches. Das Gefühl um den Verlust der Mitte wird daher solange nicht frei sein von weinerlichem Selbstmitleid, wie die eigene Schuld an der Zerstörung dieser Mitte nicht eingestanden wird. Wenn es den Deutschen im Ausland, vierzig Jahre nach Kriegsende, immer noch schwerfällt, Touristen wie alle anderen zu sein, so deshalb, weil es vor der Ära des Massentourismus unserer Tage schon eine andere Erfahrung gegeben hat: die der weiten Welt des Weltkrieges. Zu ihr gehören nicht das Griechenland Winckelmanns, sondern die Akropolis unterm Hakenkreuz; nicht die nordafrikanischen Strände, sondern die Panzerschlacht in der Wüste; nicht die Stippvisite an den Eiffelturm, sondern ins besetzte Paris; für Hunderttausende endete das Abenteuer in Rußland mit Tod oder Gefangenschaft. So makaber die Kombination von Weltkrieg und Kennenlernen der weiten Welt auf den ersten Blick auch erscheinen mag, sie ist eine Tatsache und hat Gewicht im Bild der Deutschen vom Ausland nicht weniger als im Bild der Ausländer vom Deutschen.

Der Drang nach draußen ist geblieben, nur der Grund hat sich radikal geändert. War es vor Jalta die Anmaßung, mehr sein zu wollen als ein Land in der Mitte, so hat es nach Jalta damit zu tun, daß die Mitte selbst sich aufgelöst hat. Der Drang in die Ferne ist eine Art Fluchtbewegung aus der eigenen Geschichte und aus dem Raum, in dem sie sich ereignet hat. Jedoch: Fahrten in geschichtsfreies Gelände gibt es nicht mehr. Selbst in der Geographie der Traumlandschaften hat die Politik ihre Spur hinterlassen.

Mallorca ist nur ein ferner Punkt auf dieser Karte. Die wahre Fernreise geht in die Nähe, die uns heute so fern gerückt ist. Nirgendwo ist das Abenteuer leichter zu haben als in nächster Nachbarschaft. Der Reisende im vierzigsten Jahr nach Jalta hat die größte Entdeckung noch vor sich: die europäische Mitte.

Es wird gewiß keine Traumreise sein. Den Luxus eines naiven und romantischen Aufbruchs nach Mitteleuropa können wir uns nicht mehr leisten – das war einmal das Vorrecht einer Generation, die den Alptraum noch nicht absehen konnte, die noch mitteleuropäisch gestimmt sein konnte, auch wenn der deutsche Imperialismus diese Stimmung in seine Großmobilisation einbezog. Ein Mitteleuropa-Tourist, wie ihn Friedrich Naumann noch herbeisehnen konnte, hat sich erledigt.

»Unsere Augen waren westlich gewendet. Wir studierten die Nationen älterer Kultur und haben viel von ihnen gelernt und bei ihnen gefunden, aber die werdenden kleineren Kulturen des Ostens waren uns nicht wichtig genug ... Hier soll die neue, nach dem Krieg erwachsende Jugend es besser machen als wir Alten, damit der Typ des mitteleuropäischen Menschen mit Aufnahme aller Bildungselemente und Kräfte herausgearbeitet werde, der Träger einer um das Deutschtum herum wachsenden vielgliedrigen starken und inhaltreichen Kultur ...

Wohin soll gereist werden?

Wandert, ihr Wandervögel, in die Karpathen, nehmt die Mandoline mit, laßt euch in den Waldstädten die Zigeuner etwas vorspielen! Klettert, ihr Bergsteiger, nicht nur wie bisher in Tirol und Dolomiten, sondern auch weiter östlich bis nach Steiermark und zum Karst und badet euch dann im breiten sonnigen Plattensee! Fahrt, ihr Kunstsucher, in die schönen, geheimen Winkel, zu den Schlössern und Kirchen, zu den traulichen Stadtbauten, beseht euch Prag mit seinen Merkwürdigkeiten, Krakau mit seinen Altertümern, Graz, das schöne und stolze! Sagt, ihr Besitzer von Automobilen, eurem Chauffeur, daß die Kaiserstraßen glänzende Linien sind, und versucht, ihr Jäger und Reiter, ob nicht gerade für euch die Beskiden oder Bosnien noch Freuden bergen, die sich im allzu zivilisierten Westen nicht finden.«

Nichts billiger, als Naumann als Vertreter des deutschen Imperialismus zu brandmarken, wozu der liberale Pastor wohl am wenigsten der rechte Mann war. Nur wenige waren zu seiner Zeit weiterschauend und klüger als er. Sein Mitteleuropa sollte nichts für Geheimräte, sondern eines der Denker und Dichter sein, eine Art transformiertes und reformiertes k.u.k. Reich im großen, den nichtdeutschen Nationen Autonomie gewährend und das Deutschtum um Berlin und Wien gruppierend, Wirtschaftsraum nicht weniger als ein Kulturraum, wo ein Menschentyp gedeihen sollte, »der zwischen Franzosen, Italienern, Türken, Russen, Skandinaviern und Engländern die Mitte ist«, in streng durchgeführter Zweisprachigkeit und Gleichberechtigung. »Unsere Augen sind also zunächst auf das mitteleuropäische Land gerichtet, das von Nord- und Ostsee bis zu den Alpen, dem adriatischen Meere und dem Südrande der Donauebene reicht.«

Naumanns Mitteleuropa-Buch liest sich im nachhinein wie der Versuch einer Sinngebung des Ersten Weltkrieges. Man kann daran studieren, daß ein politischer Plan, der aus der Not oder gar aus einer militärischen Zwangslage heraus entwickelt wird, auch von dieser Not gezeichnet ist. »Absichtlich schreibe ich mitten im Krieg, denn nur im Krieg sind die Gemüter bereit, große umgestaltende Gedanken in sich aufzunehmen. Nach dem Krieg kommt dann sehr bald die Alltagsseele wieder aus ihrem Versteck heraus, und mit der Alltagsseele läßt sich Mitteleuropa nicht machen ... Mit diesem Krieg im Rücken können wir Berge versetzen. Jetzt oder nie wird die dauernde Einheit zwischen Ost und West, wird Mitteleuropa zwischen Rußland und den westlichen Mächten.« Naumanns Mitteleuropa ist also eines der Flucht nach vorn, aus der Defensive heraus und nicht aus einem Überschuß mitteleuropäischer Potenz.

Indes steht Naumann nicht nur für eine uns heute nicht mehr ganz geheure Naivität, sondern auch für eine Kenntnis, die sich allein in einem Raume ausbilden konnte, der trotz aller Spannungen so etwas wie einen allen gemeinsamen Erfahrungs- und Erwartungshorizont abgegeben hat. Dieser Horizont ist zerbrochen, und mit ihm löste sich nicht nur die Naivität, sondern vor allem auch die Kenntnis auf, die Grenzen noch an Kulturlandschaften, an der Art, wie ein Giebel gebaut war oder wie ein Teeglas gehalten wurde, erkennen konnte. Was wir an Naivität eingebüßt haben, haben wir durch Abstumpfung unseres Sinns in solchen Fragen mehr als ausgeglichen.

Wir wissen nichts mehr von Mitteleuropa, dafür um so mehr vom Ostblock. Schon der Terminus hat einen Vorteil: er ist präzise und ungenau zugleich. Präzise, weil er ein Territorium bezeichnet, das eindeutiger kaum abgesteckt werden könnte. Ungenau, weil er es mit der Mitte nicht mehr so genau nehmen muß. Selbst die andere Hälfte Deutschlands paßt hinein. Mitteleuropa ist terra abscondita, der Ostblock ist real.

Ein neues Wort – Realsozialismus – macht unsere abstrakte Kenntnis nicht um ein Gran reeller. Wir haben uns angewöhnt, in »Systemen« zu denken, nicht in Farben, Tönen, Gerüchen. Das hat den Vorteil der Reduktion auf das Allernötigste, ohne die vielbeschäftigte Leute nun einmal nicht auskommen.

Der »Ostblock« löscht alles aus, was er bezeichnen soll. Und es ist ein häßliches Wort, diejenigen, die es aussprechen und benutzen, schon allein dadurch auszeichnend, daß sie nicht dazugehören, und jene zeichnend, die ohne eigene Schuld dazugehören. »Der Ostblock ist ein Monolith«, schreibt Michael O.R. Kröher, »Materie in ihrer massivsten Form. Der Ostblock ist eine Erfindung des Alten aus Röhndorf und sein Vermächtnis. Der Ostblock ist geradezu poetische Wortschöpfung: den dunkelsten Vokal zweimal hintereinandergeschaltet, dann ein markiger Knacklaut wie knallende Stiefelabsätze – und Schluß! Der Ostblock gebietet Schweigen. Der Ostblock beginnt vor der eigenen Haustür. Dort wohnen Menschen, die Sächsisch quengeln. Oder sie bellen mit ›Berliner Schnauze‹. Dahinter kommen die Wenden und

Kaschuben, die ›sozialistischen Brudervölker‹, und dann der Iwan. Sibirien.«

Der Ostblock deckt alles zu. Seine Grenze durch die Länder ist so akkurat wie die Grenze, die er gegen die Geschichte und unser Wissen davon gezogen hat. Vor der Bildung des Ostblocks scheint es dort nichts gegeben zu haben. Er ist grau wie die Zeitungsspalten, in denen über ihn berichtet wird. Farbe kommt nur hinein, wenn etwas passiert, wenn Spruchbänder auftauchen, eine »grüne Minna« herbeirast oder rotes Blut fließt. Wir merken dann, daß dort nicht Ostblockmenschen leben, sondern Polen, Tschechen, Ungarn.

Und wie aus der Ferne erreicht uns ein Seufzer des im litauischen Wilna geborenen Czesław Miłosz, getan noch bevor er den Nobelpreis für Literatur bekam, also eine Berühmtheit wurde und endlich unser Ohr erreichte. »Ich sehe eine Ungerechtigkeit«, schreibt Miłosz, »der Pariser braucht nicht immer von neuem seine Stadt aus dem Nichts herauszuführen. Wenn er sie beschreibt, stehen ihm eine Menge Daten zur Verfügung: sie erscheint für alle Zukunft humanistisch geformt ... Ich dagegen muß jedesmal, wenn ich in Gedanken die Straßen aufsuche, in denen sich der wichtigste Teil meines Lebens abgespielt hat, mich um den deutlichsten Pinselstrich mühen und muß mir stets Beschränkungen auferlegen, in wenigen Sätzen Vergangenes lebendig werden zu lassen, angefangen von der Geographie und der Architektur bis zur Atmosphäre ... Ausländer reisten selten zu diesen fernen Grenzen des Westens.« Ginge Paris unter, so wäre das so etwas wie ein zweites Pompeji oder mehr noch das Verschwinden eines guten Teils unserer Zivilisation und Lebensform. Das Verschwinden Wilnas – das unter anderem das »Paris des Ostens« genannt wurde – aus unserem Horizont ging so untragisch vonstatten wie die Lektüre einer Zeitungsmeldung.

Der Ostblock ist ein politisches Gebilde, und da wir selbst kaum eine Vorstellung von den Landschaften haben, die in seinem Bereich liegen, ist unser Wissen vor allem ein politisches, oder noch genauer: Wissen aus zweiter Hand, vor allem aus den Zeitungen. Unsere Sinne, unser Auge, unser Ohr sind ost-westlich geschult, für die Nuancen, Schattierungen und Tonlagen dazwischen sind wir ziemlich unempfindlich geworden.

Der Ostblock ist vor allem das, was es bei uns gibt und dort nicht; und wenn es endlich das gibt, was es bei uns gibt, dann mit erheblicher Verspätung, ob es sich nun um den Minirock, Rockbands oder Punks handelt. Wir sehen dort immer nur, worüber wir längst hinaus sind. Das Grau löst sich sonderbarerweise nicht auf, obwohl es doch viele

Zeitungen und Illustrierte, Fernsehprogramme gibt: es hält sich hartnäckig, obwohl es in unserem Kopf doch so viele Versionen von Ostblock gibt – den Ostblock der Touristen, den Ostblock der linken und rechten Parteien, den Ostblock der Wissenschaftler, den Ostblock der Liebhaber von ethnographischen Exotica und den der Reisenden unterwegs zur »verlorenen Zeit«.

Der Ostblock der Zeitungen: das ist der »Warschauer Pakt« und das »Comecon« oder der »Rat für Gegenseitige Wirtschaftshilfe«. Dort gibt es Parteichefs, Oberkommandierende, Verbündete oder Satelliten, dort gibt es Hauptstädte, die turnusmäßig Tagungsorte dieser Organisationen sind: Prag, Warschau, Budapest, Sofia, Berlin, manchmal auch Ulan-Bator oder Moskau. Wir erfahren, daß es dort bestimmte politische Feiertage gibt, die aufwendig, wenn nicht martialisch begangen werden – der 1. Mai zum Beispiel. Wir wissen, wann und in welchen Gegenden dort Manöver stattfinden. Wir haben uns im Unterbewußtsein sogar die Namen der wichtigsten dort erscheinenden Zeitungen eingeprägt. »Rudé Právo«, »Rabotnischesko Delo«, »Zycie Warszawy«, »Neues Deutschland«, »Népszabadság«, »Pravda« und »Izvestija«.

Wir erfahren wichtige Veränderungen in diesen Ländern aus den Analysen der dort erscheinenden Leitartikel und über Veränderungen in den Zentralkomitees der dort regierenden Parteien. Wir bekommen Hintergrundmaterial: über den entnervenden Alltag – die Schlangen! –, die versteckten oder auch dekretierten Preiserhöhungen; wir kennen die heimlichen Sehnsüchte der Budapester und Prager. Wir lesen klug abwägende Analysen. Wir erfahren, daß es dort Philosophen gibt, deren unveröffentlichter Traktat von höchster Stelle beschlagnahmt wird; wir kennen die Namen der Schriftsteller, Professoren, Spezialisten für chinesische Dialekte, die als Fensterputzer, Liftjungen, Hotelportiers oder Kohlenträger ihr Leben fristen. Wir kennen vielleicht sogar die Preise des Trabant, Škoda oder Fiat Polski, sowohl in Geld wie in Arbeitsstunden ausgedrückt. Und dann gibt es Augenblicke, die Wochen oder Monate dauern, wo wir uns nicht von den Bildern losreißen können. Von den Wochenschauen 1956 mit den Einschüssen in den Fassaden am Lenin Körut und der Rákosi ut, den brennenden Panzern, dem gelynchten Geheimpolizisten und den verwegenen Gesichtern, die unter einer Fensterbank in Deckung gegangen sind.

Im Vorprogramm waren damals auch die wogende Menschenmenge von Posen zu sehen und die eingekreisten Panzer. Seit es das Fernsehen gibt, ist uns das, was dort passiert, wenn es passiert, näher gerückt. Prag 1968 live. Die zerschossenen Fensterscheiben des Nationalmuseums, die umgedrehten Wegweiser und Straßenschilder, die in Rauch gehüllten Geschäfte am Wenzelsplatz, der außer Gefecht gesetzte Panzer auf der Vinohradská, das Gesicht des russischen Panzersoldaten und die mit Blut getränkte Trikolore, die ungeheuerliche Nachbarschaft von Zivilem und Militärischem auf den großen Boulevards. Wir waren dabei mit Augen und Ohren. Was uns damals indes in Bewegung setzte, war die live-Berichterstattung aus dem fernen Vietnam, dem Schlachtfeld der transatlantischen Welt.

Am Ostblock interessiert nur, was zum Drama oder zur Sensation wird. Danach fällt der Raum, der für einen Augenblick wie von einem Blitzlicht ausgeleuchtet wird, wieder ins Dunkel zurück. Wir bedürfen der Schlagzeile oder des Farbphotos, um seiner gewahr zu werden.

Der touristische Ostblock ist handgreiflicher, räumlicher. Er beginnt schon vor Helmstedt, Schirnding, Furth im Wald oder Hegyeshalom. Er beginnt mit dem Gang zur Botschaft, zum Konsulat oder zur Militärmission. Noch bevor wir uns der Grenze nähern, treffen wir auf die Hemmschwelle diverser Laufereien um Paßphoto und Visum. Selbst auf das Gepäck hat die Grenze schon vorab Einfluß. Es gibt harmlose Dinge, die sich an dieser Grenze in Konterbande verwandeln – ganz wider unseren Willen. Und dann nähern wir uns schließlich der Grenze: Die Fahrt führt durch ein Zonenrandgebiet im eigentlichen Sinne des Wortes. Der Autoverkehr läßt nach, die Tankstellen werden spärlicher, in den Zügen macht sich eine nicht genau definierbare Unruhe breit. Grenzen an dieser Linie sind anders als anderswo: sie sind aufwendig, mit Souveränitätssymbolen und Willkommensgrüßen spezieller Art versehen. Sich dort zurechtzufinden, ist nicht immer einfach. Der harmloseste Reisende wird dort für einen Augenblick, der freilich lange dauern kann, zum interessantesten und befragtesten Individuum, das sich vorstellen läßt. Er muß eventuell seine Brille abnehmen. Es ist eine der wenigen Grenzen, an denen Autos mit einem eigens dafür konstruierten schräggestellten Spiegel von unten inspiziert werden, in Zügen nicht nur unter die Sitzbank geschaut wird, sondern allerlei Hohlräume im Toilettenbereich geöffnet und mit der Taschenlampe durchforscht werden. Wir beobachten hier intensiver als anderswo, ob wir es mit einem freundlichen, gleichgültigen oder aggressiv-schnauzerischen Grenzbeamten zu tun haben und was wohl sein Mienenspiel bedeuten könnte.

Wir sind angekommen, wenn wir zum ersten Mal jenen nicht genau definierbaren Geruch wahrnehmen, der einem Desinfektionsmittel zugeschrieben wird. Aus tausend Grenzübergängen ließen sich selbst mit verbundenen Augen jene herausschmecken, die die Züge nach Prag, Berlin oder Budapest passieren. Es ist eine Geruchsmarkierung, und sie gehört zur Stimmung der Bahnhöfe von Cheb oder Marienborn wie die Ordentlichkeit, die Papierschnitzel, weggeworfene Zigarettenkippen oder Bierdosen auf den Perrons nicht kennt.

Doch der Weg zur Grenze ist weit. Die Distanz läßt sich nicht in Kilometern und nicht in Stunden berechnen. Und selbst die Tatsache, daß der touristische Ostblock preiswert ist – mit oder ohne Kronen, Złotys oder Forint auf dem allgegenwärtigen Schwarzmarkt – ändert nichts daran, daß uns das Fernerliegende weitaus näher liegt. Die böhmischen Dörfer sind wirklich böhmische Dörfer geworden.

Mitteleuropa ist wie ein verschwundenes Bild. Es ist abhanden gekommen. Es wurde zurückgelassen bei der überstürzten Flucht, bei der nicht Bilder, sondern Menschenleben in Sicherheit zu bringen waren; die Bilder gingen bündelweise oder in Alben geordnet in Flammen auf, oder sie versanken mit den Flüchtlingen, die meinten, sie könnten über den Atlantik oder die Ostsee entkommen. Freilich wären auch Bilder nur eine bloße Erinnerungshilfe, ohne Plastizität, ohne Hintergrund. Meist waren sie von Laien gemacht, aber doch gerade im ungekonnten, beiläufigen Schnappschuß erfaßten sie die Situation: eine Hochzeit, bei der auch die Onkel und Tanten, die man lange nicht gesehen hatte, endlich wieder einmal anwesend waren; eine Taufe, und auf den Bildern festgehalten eine Kirche, die längst nicht mehr steht; ein Klassenphoto – der Punkt, von dem aus man sich aus den Augen verlor; ein Photo vom Sportverein, auf dem sogar noch ein Krug Bier zu sehen ist mit einer Aufschrift, die schon nicht mehr verständlich ist; Paßphotos, die das Erwachsen- und Staatsbürgerlichwerden definitiv festhalten.

Auf Photos ist immer etwas zu sehen, was über den unmittelbaren Anlaß hinausgeht, was einem Gesicht oder einer Haltung erst Raum und Zeit zurückgibt. Was bleibt in solchen Situationen, da wir merken, daß wir kein Bild mehr von uns besitzen, anderes übrig, als in der Verwandt- und Bekanntschaft herumzuhören. Es ist dies der Augenblick, da man sich auch der armen Verwandten erinnert; bei ihnen findet sich das begehrte Bild vielleicht noch am ehesten: sie gehen mit solchen Dingen sorgsamer um, bewahren sie, werfen sie nicht fort, sobald die Zeiten sich bessern und die Bilder von gestern aus der Mode kommen oder nur noch eine unangenehme Erinnerung sind – Ballast auf dem Weg nach vorne.

Wir stellen in dieser Zwangslage überrascht fest, daß es Verwandte noch gibt, die eigentlich totgeglaubt waren; längst vergessene Bekannte tauchen plötzlich auf. Es war zunächst schwierig, sie ausfindig zu machen; endlich half bei einer Gelegenheit der Zufall nach: Wir stellten fest, daß die Welt doch wirklich sehr klein ist, wir fanden uns wieder – vielleicht in einem Supermarkt, auf dem Bahnhof –, obwohl wir uns vor über vierzig Jahren zum letzten Mal gesehen hatten und obwohl unsere Wege um die ganze Welt geführt hatten.

So kommt nach und nach einiges zusammen, und wir sind erstaunt, wieviel »trotz alledem« übriggeblieben ist. Doch Bilder sind bloß Bilder, sie geben einen Sinn nur in einer bestimmten Anordnung, in einer bestimmten Abfolge – sonst sind es nur Bestätigungen einer hilflosen und atomisierten Erinnerung. Wir müssen nachfragen bei Leuten, die dabeigewesen sind, die sich besser auskennen. Und es kommt natürlich bei der Zusammenstellung des großen Bildes immer wieder zum Streit: welches Detail darf auf keinen Fall fehlen, worauf kann verzichtet werden?

Wir suchen in dem chaotischen Stapel nach dem Photo, das am Anfang stehen soll. Es soll jenes sein, in dem sich alle irgendwie erkennen, wo der einzelne in Kauf nimmt, daß er da gerade nicht am besten getroffen ist. Es muß also ein bezeichnendes sein, wenn möglich ohne Kompromisse. Es könnte ein Bild von einer Stadt sein oder eines von Personen. Wir einigen uns auf die Stadt, weil dies weniger persönlich ist und weil uns spontan eine Figur aus unserem Verwandten- und Bekanntenkreis, in der wir uns alle wiederfinden – möglichst in unseren besten Seiten –, nicht einfallen will.

Die Mehrheit der Vorschläge zielt auf Prag, auch Wien und Budapest sind in der engeren Auswahl. Für Budapest haben sich die Prager stark gemacht, für Wien die Lemberger, Triestiner und Salzburger, für Prag entschieden sich die Deutschen aus Ost und West. Die Warschauer waren für Warschau und boten als Kompromiß Krakau an. Unterstützt wurden sie von den Wilnaern. Ein Vorschlag – Riga sprach sich für Hamburg aus, wofür keiner der anwesenden Mitteleuropäer Verständnis aufbringen konnte – wurde ohne jede Diskussion abgelehnt. Für Berlin gab es keinen Antrag. Die Verwandten aus Kaliningrad/Königsberg nahmen am Treffen nicht teil.

Prag war also der Punkt, an dem sich alle treffen konnten; dort in der nach allen Richtungen hin offenen Stadt, in der Stadt der »verschiedensten Kombinationen«: der böhmisch-österreichischen unter Przemysl Ottokar II., der böhmisch-brandenburgischen unter dem Luxemburger

Karl IV., der ungarisch-böhmischen und ungarischen unter den Jagellonen, der österreichisch-böhmisch-ungarischen unter den Habsburgern, in der internationalen Metropole der Republik Masaryks und Beneschs und am Endpunkt aller Kombinationen: der Hauptstadt des Protektorats Böhmen und Mähren.

Prag ist eine Stadt, die irgendwie merkwürdig mit sich selbst im Einklang ist, ohne stürmische Erweiterungen und – fast wunderbar – ohne die furchtbaren Schneisen der Zerstörung. Sie scheint Jahrhundert um Jahrhundert gewachsen zu sein, solide, fest, nur das Wichtigste und Haltbarste bewahrend. Sie ist ein Kontinuum, in dem sich um so schärfer die Diskontinuitäten, Brüche und Sprünge anderer mitteleuropäischer Städte spiegeln lassen. Sie scheint nicht gebaut, sondern organisch gewachsen zu sein, nicht von höherer Hand dirigistisch entworfen oder umgekrempelt, sondern zwanglos agglomeriert. Die Moldau ist kein mächtiger Strom, sondern ein großer und doch anmutiger Fluß. Die Burg ist mächtig, aber nicht wie ein Bau, sondern wie ein Gebirge. Die Altstadt gruppiert sich um einen Platz, an dem sich Rathaus und Theyn-Kirche die Waage halten. Die Straßen dort sind eher Gassen. Was im aufstrebenden 19. Jahrhundert gebaut wurde, breitet sich nach allen Seiten hin, erstickt die alte Mitte nicht. Das neue Zentrum hat sich mit flammenden Leuchtreklamen einen »Broadway« (W. Hausenstein) geschaffen. Die nationalen Denkmäler sind auf zivile Weise integriert – das Nationalmuseum und die Statue Wenzels auf dem gleichnamigen Platz.

In dieser Ausgeglichenheit folgen sich auch die Jahrhunderte, Ablagerungen gleich, doch wiederum miteinander verwachsen, sich überlagernd. Alles zusammen ergibt erst das Bild. Jede Epoche reibt sich an der anderen, nimmt Maß am Vorangegangenen. Es gibt sozusagen einen Mangel an Exzentrischem und Schreiendem, Gewaltsamem.

Die Spektralfarben einer Zivilisation gehen in einem großen Bogen ineinander über. Es ist ein Haus, an dem Generationen gebaut haben. Sie haben die romanische Basilika des heiligen Georg, in dessen Krypta so gar nichts vom Überschwang der barocken Palais zu spüren ist, aufgeführt. Sie haben im »Zeitalter der Kathedralen« an Parlers Veitsdom gearbeitet und mit der Errichtung der Tortürme zur Karlsbrücke und des Pulverturms das gotische Prag geschaffen. Sie haben in eben diesem »Zeitalter der Kathedralen« die Altneusynagoge errichtet. Sie haben mit einem Empfinden für Zeitumbrüche auch Übergangsformen des Baus geschaffen – etwa den Vladislav-Saal und die Reitertreppe auf der Burg, ein Verbindungsstück zwischen der Gotik und der Renaissance. Die Stadt ist schon Stadt, als andere Städte noch Residenzen sind. Das Gewinkel der Gassen auf der Kleinseite und um den Altstädter Ring wird zum Gehäuse eines selbstbewußten Handwerkertums. In der Neuen-Welt-Gasse wohnt der kaiserliche Hofastronom Kepler, auch die Alchimisten haben ihre Enklave.

Seltsamerweise hat die Revolution des Magisters Jan Hus am allerwenigsten Spuren hinterlassen – in der kahlen, von Bildern gereinigten Bethlehem-Kirche etwa. Den Sieg trugen die Gegenreformation und das Barock davon. Prag, Provinzstadt des Wiener Hofes, scheint die Entlastung von übernationalen Verantwortlichkeiten und Regierungsgeschäften fast zu genießen. Die Stadt spielt mit der freien Zeit, wirft in verschwenderischer Üppigkeit Treppen und Loggien, Skulpturen und Gärten über die Hänge der Kleinseite, so als wäre die Stadt erst von der Sala terena im Waldsteingarten, aus dem Lobkowicz-Palais oder von den Fürstenbergterrassen richtig zu genießen. Von dort aus ist auch tatsächlich eine neue Schicht der wachsenden Stadt zu sehen: das barocke Prag mit den Kuppeln der Niklas-Kirche, den Palais des Patriziats und des Landadels, den Arkaden und Pawlatschen, Mozarts Villa Bertramka und Don Giovannis Bühne im Tyl-Theater, einem Bau, der allein dem Vergnügen errichtet zu sein scheint.

Das steinerne Prag des 19. Jahrhunderts ist massiv, offensichtlich wenig experimentierfreudig. Es wird Großstadt – aber in großer Regelmäßigkeit und Solidität. Wären die Straßenzüge, der Ječná, der Vinohradská, nicht in Prag – sie wirkten eintönig. Doch es blieb nicht dabei: die Nation Smetanas und Dvořáks, des Jan Hus und Jiří von Podiebrad schuf sich gerade zu der Zeit, als viele noch Wien nacheiferten, es zu übertrumpfen suchten, ihre eigenen Akzente: das Nationaltheater – damit die ganze Flußfront beherrschend, das Nationalmuseum, die Denkmäler von Jan Hus und Jan Žižka. Die tschechische Sezession nimmt Teil an der Suche nach dem Neuen Stil, ihr gelingt Großartiges in der Gestaltung des Hauptbahnhofs, des Gesellschaftlichen Repräsentationshauses, der Ausstellungshallen und vieler Cafés und Hotels, die bis heute ihr Originalinterieur erhalten haben.

Was bei der Ansicht von Prag so frappiert, ist die Organizität seines Wachsens, sein Gleichmaß, das im schieren Gegensatz steht zur Dramatik der Ereignisse, von denen Mitteleuropa heimgesucht wurde.

Nicht in allen Städten ist die Kontinuität Mitteleuropas so bruchlos zu spüren. Budapest, diese wie aus einem Guß geformte Stadt des 19. Jahrhunderts hat auf der Budaer Seite zwar Viertel mit mittelalterlichen Gassen und Gewölben, sogar Überreste des römischen Lagers –

aber es fehlen eine, wenn nicht gar zwei Epochen mitteleuropäischer Stadtgeschichte. Die Türkenzeit, in der Europa neue Energien sammelte, ging dort auf Kosten der Stadt. Und in Wien, der Hauptstadt par excellence, gibt es dort nicht gegenüber den Barock- und Rokokobauten und dem grandiosen Ring eine merkwürdige Abwesenheit von Gotik und Renaissance? Ganz zu schweigen von der Verwandlung in eine Provinzstadt des Dritten Reiches.

Wilna, die Stadt, »wo die Wolken aussehen wie Barockarchitektur und die Barockarchitektur an erstarrte Wolken erinnert« (Czesław Miłosz), üppig wie eine Jesuitenstadt in Lateinamerika, mit einer würdigen, einen italienischen Arkadenhof umschließenden Universität; Wilna, eine Stadt, die in ihren Mauern das goldsprühende Heiligtum von Ostra-Brama, erzbischöfliche Palais, Alumnenhöfe, Stützpunkte überhaupt aller Kongregationen und Orden beherbergt, der Bernhardiner, der Ursulinen, der heiligen Anna; Wilna, die »Lituaniae metropolis«, das einmal das »Jerusalem des Ostens« genannt wurde –, ist in dieser Stadt nicht eine Charakterwandlung eingetreten – irreversibel? Am Platz der alten Hauptsynagoge, unweit der Muzejnas-Straße, steht heute von Weidenbäumen und Kletterstangen umgeben der Fertigbau eines Kindergartens. Von der Stadt, deren Einwohnerschaft einmal zur Hälfte fast aus Juden bestanden hat, ist kaum etwas geblieben: die Synagoge in der Uliza Kommunarov; ein Plakat, das einen Abend mit jiddischen Liedern und Theaterszenen ankündigt; die winkligen Gassen des alten Ghettos, das nun in großem Stil saniert und für den Fremdenverkehr hergerichtet wird. Kann eine Stadt so etwas überstehen? Das legendäre wie das zerstörte Bild Wilnas gehören zu Mitteleuropa.

Lemberg. Sich aus Kiew der Stadt nähernd, noch ganz diesseits der Karpaten, erblickt der Besucher schon von weitem ein Opernhaus, wird von einem Bahnhof aufgenommen, dessen üppige, fast erschlagende Neobarockfassaden ihm unmißverständlich klarmachen: hier geht's weiter nach Wien; eine Stadt, der der galizische Ölboom des 19. Jahrhunderts anzumerken ist an den ägyptisierenden Ornamenten und Goldmosaiken über den Hausportalen; aber sie hat auch eine gotische Kathedrale und Patrizierhäuser um den alten Markt herum. Dies alles strahlt eine merkwürdige Melancholie aus, lebt in einer merkwürdig verlangsamten Zeit. Aber es ist die Metropole eines Raums, in dem alles Glück irgendwann in einem Desaster endet. Es ist die Welt der Judith Trachtenberg und des Mosche von Parma, des Unglücks der Assimilation. Es ist die Landschaft des Karl Emil Franzos: Breslau ist nicht weit und doch nur eine vergebliche Hoffnung. Müßte nicht Lemberg, die Provinzstadt aus dem Geschichtsbuch, zur imaginären Hauptstadt der mitteleuropäischen Grenzlandschaft auserkoren werden?

Berlin – das ist die zu spät gekommene Hauptstadt, die schon in dem Augenblick, da sie sich anschickte, eine Metropole zu sein, einer Zerstörung anheimfiel wie kaum eine andere. Gehört die Ausradierung einer Stadtmitte nicht ebenfalls zum Charakter der Zone, der sie angehört?

Warschaus Vitalität spannt sich im großen Bogen vom Alten Markt hinüber zur Modernität der Neuen Sachlichkeit. Es gibt keine Wiedergutmachung für das, was die Deutschen in Schutt und Asche gelegt haben; auch ein Kulturpalast im Zuckerbäckerstil an prominentester Stelle zeichnet eine Stadt auf unabsehbare Zeit.

So furchtbar die Narben und Schneisen in den verschiedenen Städten auch sind – sie ändern nichts daran, daß es sich nur um verschiedene Abstufungen ein und desselben Kontinuums handelt, um Punkte in einem – freilich gegliederten – Raum. Wie sonst wäre der Identitätszauber zu erklären, der denjenigen befällt, der die kurzen Strecken zwischen Budapest und Prag, Lemberg und Krakau oder Wien und Triest zurücklegt. Es ist ein permanentes Déjà-vu, aber mit jenem Rest von Irritation, der einen sogleich motiviert, dem Differenten nachzugehen. Vielleicht ist es auch eher die Ahnung von einem großen Zusammenhang, der nicht bloß mit den Augen zu erfassen ist.

Aber wo sind die Bilder vom Mitteleuropäer geblieben? Die Städte sind ja nur das, was die Menschen in ihnen zuwege bringen. Mitteleuropa – das wäre ja die Summe von Leben und Lebensläufen, die dort ihren Ausgang genommen haben. Wie bei aller Erinnerung, zumal im Kreise von Freunden, die auf irgendeine Weise davongekommen sind, erscheint vieles zunächst im goldenen Abendlicht.

Man holt Bilder und Karten hervor, zeigt mit einem wehmütig-verklärten Blick darauf und leistet sich ein wenig Großzügigkeit gegenüber der Kleinlichkeit der Geschichte: Was war das doch für eine Zeit, in der unsere Scientific community sich von Prag bis Salamanca, von der Alma mater Vilnensis bis zur Sorbonne, von Wien bis Coimbra, von Krakau bis Heidelberg erstreckte! Als alle die gleiche Sprache sprachen und schrieben – Erasmus in Rotterdam, Regiomontanus in Wien, Pirckheimer in Nürnberg oder Jan Kochanowski in Krakau! Als die Scholaren aus mehr als einem Dutzend Landsmannschaften – »nationes« – an der Universität Bologna studierten! Wie kleinlich sind wir doch in unserem Sprachvermögen und in unseren Grenzen geworden. Wir haben uns selbst und die Welt in Kriegsangst gesetzt wegen diverser »Fragen«, der »Wilnafrage«, der »Korridorfrage«, wir haben zentnerweise Statistiken, Abstimmungsergebnisse und Völkerbundakten gestapelt, haben auf die Grenzen gestarrt, die irgendwo – in Versailles, in St. Germain oder Trianon, in Teheran und in Jalta – besprochen und beschlossen wurden. Wir haben uns gestritten um Quadratkilometer, um jede einzelne Stimme. Für einen Augenblick war uns der Streifen an der Memel oder das Hultschiner Ländchen, das Gebiet von Teschen gleichbedeutend mit der Ehre der Nation, des Menschen überhaupt.

Dabei sind unsere Grenzen doch an ganz anderem ablesbar: am inneren Zusammenhang der Bahnhofsrestaurationen, die – fast überall in der gleichen Ausstattung und Besetzung und natürlich im hellen Ockerton – von Triest bis Krakau reichen. Wir ändern unseren Ort, doch wir sind immer da, wir überschreiten Grenzen, doch der Kondukteur ist überall derselbe. Unsere Grenzen sind in Wahrheit doch abgesteckt durch die Arbeit der Mönche, die Gärtnereien und Bibliotheken, die sie angelegt haben, die Bücher, die sie übersetzt und geschrieben haben, durch die Stille der Kreuzgänge, die überall dieselbe ist: im Augustinerstift des Gregor Johann Mendel in Brünn, bei den Benediktinern von Melk oder bei den Prämonstratensern im böhmischen Tepl. Wir segeln eine Küste hinauf, deren Städte schon von ferne erkennbar sind: an Gildehäusern, Speichern und Domen – von Lübeck bis hinauf nach Reval/Tallinn.

Unsere Geographie ist doch nicht die von Grenzen, unsere Zusammenhänge sind doch nicht mit dem Lineal herstellbar, in die weiße Karte eingezeichnet wie in Utah, Missouri oder Nebraska. Wir sind ein Agglomerat, erweitert durch die segensreichen Heiraten unserer Dynastien, vermindert im Falle von Unglück oder »Erlöschen der Dynastie«. Am Anfang und Ende unseres Zusammenwachsens stehen doch die Namen von Burgen.

Wie großartig die Zeit, da wir uns noch nicht streiten mußten, ob Nikolaus Kopernikus in Thorn oder Toruń geboren und in Frauenburg oder Frombork gestorben ist, da wir uns auf die Sache einigen konnten, die »Kopernikanische Wende«, die sich der allen verständlichen Sprache bediente »De revolutionibus orbium coelestium libri VI«. Wir müssen lächeln, wenn wir hören, daß sich Familien entzweiten im Streit darüber, ob in der Krakauer oder Krakówer Marienkirche der berühmte Hochaltar stehe und ob er von Veit Stoß oder von Wit Stwosz stamme. Wir sind einigermaßen erstaunt, wenn wir uns daran erinnern, daß in Straßenschlachten und Kriegen entschieden wurde, ob ein und dieselbe Stadt fernerhin Danzig oder Gdańsk, Lemberg oder Lwow oder Lwiw, Kaunas oder Kowno, Wilno oder Wilna oder Vilnjus heißen sollte. Und wie konnte es eine Rolle spielen, ob einer von uns, der es am weitesten gebracht hatte – bis zur *Welt*literatur–, Franz oder František Kafka mit Namen heißen sollte, ob er ein tschechischer, jüdischer, deutscher oder gar österreichischer Schriftsteller genannt werden sollte! Wir halten ein wenig inne, und einer beginnt wiederzugeben, was er in der Schule gelernt hat: daß wir es eben nicht geschafft hätten, den »klassischen Nationalstaat« zu verwirklichen, Nation und Staat zur Deckung zu bringen, daß wir, gemessen an den Schulbeispielen Frankreich und England, eben »Sonderfälle«, wenn nicht sogar eine Abweichung von der Norm seien. Wir sind in der Sequenz der Zivilisierung, die sich wellenförmig von West nach Ost bewegte, immer zu spät gekommen: unsere Elite war noch heidnisch, als sie anderswo schon christlich war; bei uns sprach man noch lateinisch, als man sich anderswo schon auf Französisch unterhielt; wir huldigten noch der Gotik, als anderswo schon Michelangelo am Werk war. Wir sind immer unfertig, heterogen gewesen, als die anderen dort schon fertig und homogen waren. Was die dort nacheinander zurücklegten, existiert bei uns noch nebeneinander. Wir sind polyglott, multikonfessionell, multikulturell.

Wir sind zum Beispiel böhmische Untertanen, die in den Amtsstuben deutsch sprechen und ins tschechische Theater gehen. Wir sprechen deutsch, stehen in russischen Diensten und bedienen uns des Estnischen oder Lettischen. Wir sprechen jiddisch, erledigen unsere staatsbürgerlichen Angelegenheiten beim polnischen Wojewoden, kommen auf dem Lemberger Markt aber nur mit Ruthenisch zurecht. Wir entwickeln Dialekte, die nur dort entstehen können, wo magyarisches, slowakisches, rumänisches und schwäbisches oder sächsisches Deutsch aufeinandertreffen. Wir sprechen wasserpolnisch. Das Sortiment unserer Buchhandlungen im 19. Jahrhundert ist nur vergleichbar mit dem der New Yorker im 20. Jahrhundert.

Nirgendwo wird Gott in so vielen Bekenntnissen gepriesen wie bei uns. Wir brauchen uns nicht zu entscheiden zwischen Katholizismus und Luthertum. In unseren Städten studieren wir das Alte und das Neue Testament, die Bibel und den Talmud, Darwin und Marx. Wir gehen in die katholische Stanislaus-Kathedrale am alten Platz des Lichtgottes Perkunas und in die Synagoge in der Nemezkaja Uliza, in die russische Snamenski-Kapelle am anderen Ufer der Wilija und in die katholisch-unierte, ins Polytechnikum und in den Club, der Majakowski diskutiert. Wir gehen zum Orgelkonzert in den Dom von Riga und zum Osterfest in die Alexander-Newski-Kathedrale am Wöhrmannschen Park. Wir sind auf engstem Raum Katholiken, Lutheraner, Zwinglianer, Calvinisten, Bekenner der serbischen, armenischen, russisch-orthodoxen und griechisch-katholischen Kirche, Juden und Atheisten.

Wir verkörpern in uns unterschiedliche Zeitmaße. Wir gehen ins Café und lesen das »Prager Tagblatt« oder die Zeitungen, die pünktlich aus Wien oder Königsberg eingetroffen sind. Wir sind auf dem laufenden, was *dort* geschieht, während der Zug, der hierher unterwegs ist, vor einem Bauern halt machen muß, der seine Gänse oder sein Vieh über die Gleise treibt.

Wir leben im Salon und in einer Stadt, wo einzig das Konzert der Militärkapelle im Stadtpark für Abwechslung sorgt. Wir bewundern das Defilee zu Ehren der Dynastie und hören den Lärm der Lodzer Seidenfabriken. Wir studieren bürgerliches Recht in Breslau und lesen in den Ferien im Blatt der Provinz, daß der Verteidigung der Ehre im Duell beide Duellanten zum Opfer gefallen sind. Wir diskutieren über die neue Ära, die Weltgesellschaft, und nur wenig weiter wird ein Schankwirt erschlagen, weil er Jude ist. Wir bringen nach und nach all diese Bilder zusammen, und je mehr sie beibringen, was unsere Besonderheit und Einheit ausmacht, desto deutlicher wird, daß diese nicht nur unsere Legende, sondern auch unser Unglück sind.

Wir wollten hinter dem allgemeinen Fortschritt nicht zurückbleiben, wir nahmen die Dialektik der Aufklärung in Kauf. Wenn wir früher das Prinzip »Cujus regio, ejus religio« schon nicht konsequent in die Tat umgesetzt hatten, so wollten wir es wettmachen bei einer anderen großen Aufgabe der Neuzeit »Cujus regio, ejus natio«. Wir warteten auf den Tag, an dem die Zeitungen endlich die Abdankung der Dynastie melden würden. Schließlich war es soweit, wir waren frei, wir konnten uns freimachen. Uns selbst überlassen, fielen wir übereinander her. Nun zeigte sich, wer der Stärkere war. Was einmal unsere Stärke ausgemacht hatte, wurde nun zur tödlichen Bedrohung: es wimmelte im so spät zur nationalen Selbstbestimmung gelangenden östlichen Mitteleuropa plötzlich von fremden, nichtangepaßten, nicht dazugehörigen, schließlich feindseligen Elementen. Die große Vereinheitlichung begann. An ihrem Ende gibt es kein Mitteleuropa mehr, sondern nur noch ein reines, entmischtes Europa West und Europa Ost. Wir schlagen das große Tafelbild in der Mitte zu, wir klappen wie bei einem Triptychon die Flügel über der Mitte zusammen.

Wenn es kein Bild der Deutschen vom mitteleuropäischen Raum mehr gibt, dann nicht deshalb, weil keines gerettet wurde, sondern wesentlich deshalb, weil die Deutschen unsicher geworden sind, ob sie es aus der Schublade, in der sie es geborgen haben, hervorholen dürfen. Sie sind nicht sicher, ob sich überhaupt jemand dafür interessiert, abgesehen von dem einen oder anderen, der auf persönliche Weise an diesen Raum gebunden ist. Lange Zeit fanden sie ja nicht einmal Zeit und Muße, in den geretteten Stapeln zu blättern; sie hatten anderes zu tun. So radikal sie mit einem Schlag ihre Existenz eingebüßt hatten – nicht nur Haus und Hof, Stellung und Beruf, sondern vor allem die »innere Ordnung« –, so radikal mußten sie nach der Flucht von neuem beginnen, eine Existenz fast aus dem Nichts aufzubauen.

Der Verlust des deutschen Ostens ist nur der zugespitzte Punkt des Verlustes der Stellung der Deutschen im Osten, nur der freilich besonders dramatische und schmerzhafte. Man könnte sagen, es sei die halbseitige Reduktion der deutschen Existenz. Und man ist sogleich erschrocken darüber, vielleicht noch mehr verwundert, daß dies so ohne alle gravierenden Folgen – dem Augenschein nach jedenfalls – für das innere Gleichgewicht der Deutschen geblieben ist. Es läßt sich vorläufig nur annehmen, daß sie so gründlich entschädigt worden sind, daß der Existenzverlust eben wettgemacht wurde durch einen Existenzgewinn an anderer Stelle.

Wer dies vierzig Jahre nach dem Krieg, der alles besiegelt hat, zur Sprache bringt, stößt meist auf die Metapher von der »verheilten Wunde«, die doch nicht ohne Not wieder aufzureißen sei, hört von einer Heilung, die nicht leichtsinnig aufs Spiel gesetzt werden dürfe und von einer »Versöhnung mit den Nachbarn«, die ernsthaft und behutsam zuwege gebracht worden sei. Doch kommt es vor, daß der aufgewandte Wille nur das Indiz für Machtlosigkeit ist, die gute Absicht und die moralische Wiedergutmachung nur der Beweis dafür, daß es eben immer noch der *Absicht* und der moralischen *Anstrengung* bedarf, um über einen Bruch in der geschichtlichen Lebenserfahrung einer Nation hinwegzukommen. Brüche heilen nicht durch Anstrengung, der beste Arzt hat keine Chance, wenn die Gesetze des Organismus ignoriert werden. Und selbst bei der Heilung, die das Leben rettet, kann ein Defekt bleiben, der die Bewegungsfreiheit oder die Sehfähigkeit elementar reduziert. Der so Geschädigte kann diese Defekte ignorieren und so tun, als könne er springen und reiten wie ehedem – und seine Lebenskraft hängt sogar entscheidend von diesem Nicht-zur-Kenntnis-Nehmen ab –, er kann sich aber über die Begrenzungen, die ihm auferlegt sind, ein Bild machen.

Der Deutsche im Osten und der deutsche Osten sind in großen Teilen der westdeutschen Öffentlichkeit immer wieder Gegenstand von Bekundungen des Ärgers. Diejenigen, die vom Osten nicht lassen können, werden mit einem mitleidigen Lächeln bedacht. Am deutschen Osten wird die Aufrichtigkeit der Gesinnung demonstriert – oder auch nur schlichte Ahnungslosigkeit, die sich dort nur herausbilden kann, wo jemand bereits völlig in einer neuen Welt aufgegangen, sich dort erinnerungslos eingerichtet hat. Die Reaktionen rühren zu einem guten Teil aus dem Wunsch, sich in der transatlantischen Welt, in der man sich doch mehr recht als schlecht eingerichtet hat, auf keinen Fall stören zu lassen. Paul Fechter wäre mit seiner Meinung, wer den deutschen Osten nicht kennt, kennt die Hälfte der deutschen Welt nicht, heutzutage allein auf weiter Flur. Der deutsche Osten gilt als etwas für die Gestrigen, Ewiggestrigen, die Unverbesserlichen und Unbelehrbaren, die Sentimentalen und langsam Aussterbenden. Daß jene, die damals aus dem Osten kamen, eher als Störfaktor zur Kenntnis genommen wurden denn als Aufforderung und Angebot, sich ein Bild vom Deutschland ohne Osten zu machen – das hat sicher viele Gründe.

Wie konnte man sich mit etwas Zurückliegendem befassen, wo es doch um die Zukunft ging! Wie konnte man verlorenen Höfen und Existenzen nachtrauern, wo man insgesamt mit den Morgenthauschen Phantasien konfrontiert war? Und als es mit George C. Marshalls Hilfe wieder vorwärts und bergauf ging, gab es wahrlich Wichtigeres zu tun. Die Zeit für Rechthabereien war vorbei, über Grenzen, Quadratkilometer zu streiten, irgendwie illusorisch, wo doch die Macht des Faktischen längst gesiegt hatte.

Die Hauptenergie verwandte man darauf, wieder Tritt zu fassen – und das waren ja nicht wenige – die Schätzungen gehen bis zu 16 Millionen Menschen –, die auf reduziertem Territorium zu »integrieren« waren. Es war ein Wunder, daß es gelang, doch nicht so sehr ein Wirtschaftswunder, sondern ein Wunder des sozialen und kulturellen Organismus.

Wo sich in diesem, ruhig revolutionär zu nennenden Vorgang der Formierung einer neuen Gesellschaft, die alle Schichten, landsmannschaftlichen und konfessionellen Begrenzungen, die Deutschland vor dem Krieg geprägt hatten, über den Haufen warf, die Flüchtlinge als Flüchtlinge artikulierten – auf ihren Treffen, in ihren Verlautbarungen –, da hatte das etwas von der Kleinkariertheit, die Emigranten anhaftet, die ihr Land verloren haben, aber doch so tun müssen, als stimme dies gar nicht. So sah es jedenfalls in den Augen der Öffentlichkeit aus, die zwar auch viel, fast alles, aber eben doch nicht alles verloren hatte.

Das Bild vom Osten war bald das Bild derer, die sich von dort »in den Westen« geflüchtet hatten, es setzte sich zusammen aus böhmischen Pilzgerichten, Naschereien aus Iglau, schlesischen Klopsen, Egerländern und Oberkrainern – eine Kultur als Küche und Folklore. Und selbst ein Stück Vergegenwärtigung der tragischen Symbiose im Osten – die »Danziger Trilogie« – erregte mehr eine herrschende klerikale Moral, als daß sie als ein Stück Trauerarbeit, vielleicht sogar als das nachhaltigste, das es im Nachkriegsdeutschland gab, aufgefaßt worden wäre. Oskar Matzeraths erotische List setzte die Phantasie mehr in Bewegung als das, was er aus der zurückgebliebenen Optik des Zwergs zu erfassen vermochte. Auch das Licht aus dem Schattenland, den Rhythmus der Sarmatischen Zeit und den Klang der Litauischen Klaviere registrierten wir mit unserem neuesten Welt- und Zeitgefühl: als Lyrik ohne Raum und Zeit, als schönen Klang, ohne dem nachzugehen, woher er stammte.

Es spricht nicht so sehr für die stille Gewalt der Verdrängung als vielmehr für die Kraft der Neuorientierung, für die Vitalität des American way of life im Nachkriegswestdeutschland, daß der beispiellose und mit dem, was nach Versailles geschah, in nichts vergleichbare Vorgang der Rücknahme einer über Jahrhunderte im Osten gewachsenen Stellung so ohne größere Erschütterungen an uns vorübergegangen ist. So etwas vermag nur einer zu überstehen, der sich entscheidet, mit beiden Beinen sogleich wieder Fuß zu fassen, auf einem Bein balancierend läßt sich das nicht bewerkstelligen.

Aber es blieb auch keine andere Wahl.

Wir ahnen heute noch etwas von dem Zusammenhang, aus dem wir herausgefallen sind, von dem Netz, das wir selbst zerstört haben, wenn wir uns in Osteuropa aufhalten. Wie selbstverständlich geben wir unsere Bestellung im Prager Café oder im Restaurant in Budapest in deutscher Sprache auf; wir sind wenig erstaunt, wenn uns die Bibliothekarin der Rigaer Kunstakademie in unserer Sprache Auskunft erteilt; wir sind nicht einmal übermäßig verwundert, wenn uns der Mann, den wir nach dem Ort fragen, an dem die große Wilnaer Synagoge gestanden hat, in deutsch den Weg weist. (Ganz beiläufig zitiert er Goethes »Vom Vater hab ich die Statur ...«, ganz beiläufig bemerkt er, er sei im Lager gewesen – auch hier wieder, an jedem »beliebigen« Punkt!) Wir rechnen damit immer noch in einer Weise, in einer Selbstverständlichkeit, wie sie sich ansonsten im Umgang der transatlantischen Community der Touristen, Wissenschaftler, Geschäftsleute und Politiker eingespielt hat, nur daß wir dort genauso selbstverständlich in englisch reagieren.

Uns stört diese Asymmetrie nicht. Wir entdecken sogar, daß dort mitunter ein Wort in die deutsche Rede einfließt, das bei uns längst aus dem »lebendigen« Gebrauch der Sprache entschwunden ist; etwa, wenn zur Hervorhebung von ganz Besonderem das Adjektiv »entzückend« verwendet wird – so etwas kann nur in Kaffeekränzchen oder eben bei Leuten vorkommen, die die Sprache ihrer Jugend nicht vergessen haben. Auch bei Emigranten beobachtet man zuweilen solch altfränkische Wendungen, Überleben von Spracherfahrung wie in einer Konserve. Wir vergessen dann fast, daß die Sprache, mit der man uns freundlich weiterhilft, jene ist, an der man den Feind erkannte. Selbst dieser Sprache Unkundigen ist das Deutsch in einigen Wendungen und Wörtern haftengeblieben: »polizaj«, »Hände hoch und stillgestanden«, »Arbeit macht frei«. Und ist es nicht verwunderlich, daß dort, wo Intellektuelle aus Budapest, Belgrad, Prag und Wien einmal zusammensitzen, sie sich der deutschen Sprache als des »obschtscheslawjanski jasyk«, der »allslawischen Sprache« bedienen, wie es ein jugoslawischer Philosoph einmal scherzhaft genannt hat! Es entspringt nicht der Kulturarroganz, sondern folgt nur der Sequenz, mit der sich Zivilisationen wellenförmig ausbreiten, anzuerkennen, daß es eine Zeit gegeben hat, in der die deutsche Sprache eine Art Lingua franca des mittel- und osteuropäischen Raumes gewesen ist, ja weit hinein in den russischen Raum reichte. Auch in Deutschland hatte es einmal zum guten Ton gehört, Französisch oder Italienisch zu sprechen. Die deutsche Sprache war ins Land gekommen mit den Siedlern, die in mehreren Wellen, erst im Mittelalter, dann in der Zeit der Gegenreformation und dann noch einmal im 19. Jahrhundert, getrieben von Hungersnöten und Überbevölkerung, in Ostmitteleuropa eine neue Heimat gefunden hatten; oft waren sie von einheimischen Fürsten – wie König Ottokar II. oder König Bela IV. – als Bauern, Handwerker, Mönche, Kolonisatoren ins Land gerufen worden. Die Stadtrechte, die die Stadtwerdung überhaupt erst begründeten, sind zumeist in deutscher Sprache abgefaßt. Was Lübeck, Nürnberg, Wien, vor allem aber Magdeburg einmal bedeuteten – fast eine Art Nabel der Welt –, das wird beim Gang durch ein beliebiges Stadtmuseum im Osten Europas sichtbar, ob in Tallinn/Reval, in Riga, Klajpeda/Memel oder in Krakau, Sandomir und Lublin, in Kronstadt, Lemberg oder Kaschau. Deutsch war auch die Sprache des Handels und des Geschäfts. Der mittel- und osteuropäische Raum, buntscheckig und miteinander verflochten wie kaum ein anderer, ist es nicht zuletzt infolge der deutschen Siedlung – diese hat nur eine Parallele: das mittel- und osteuropäische Judentum.

Dies war ein offenes, aber auch gefährliches Gelände. Dorthin bewegte sich nur, wem keine andere Wahl mehr blieb: hungrige Bauern, die ihre Höfe in Schwaben, Sachsen oder Flandern nicht mehr ernährten, oder die Flüchtlinge des Glaubenskrieges wie die Salzburger, die sich bei Ragnit und Insterburg niederließen, oder die holländischen Mennoniten, die sich an Weichsel und Nogat ansiedelten und später weiterzogen nach Rußland.

Ihrem Ursprung halten sie schon durch die Namensgebung ihrer Neugründungen die Treue: Kassel und Worms oder Heidelberg und Darmstadt an der Schwarzmeerküste; ihren neuen Herren bekunden sie Loyalität: Katharinenstadt oder Alexanderstadt an der Wolga und im Kaukasus. Ihre Lebensweise und ihr Können geben sie weiter, nicht ohne sich so weit anzupassen, wie es die neue Umgebung erfordert: in Siebenbürgen und der Bukowina, in der Batschka und im Banat, in der Zips und Gottschee, in Wolhynien und den Gemeinden der mitteleuropäischen städtischen Zentren. Ihr Einfluß ist größer als ihr zahlenmäßiger Anteil, und ihre soziale und kulturelle Stellung macht sie bald zum Objekt sozialrevolutionärer und nationaler Bewegungen. Die Germanisierung findet ihren Widerpart. Es ist eine Projektion der im Banne der Katastrophe Stehenden, wenn ihnen diese Bewegung nach Osten – über die Aufsegelung der baltischen Küste, über die Mitte von Schlesien aus und über Wien in den Südosten – im nachhinein wie die Formation von Stoßkeilen – »Gruppe Nord, Mitte, Südost« – vorkommt. Es ist eine Projektion, wenn sie im Wappenkreuz des Deutschen Ordens nur den Vorläufer für das Emblem auf den Tragflächen der Stukas sehen. Aber sie haben einen Grund, es so zu sehen; dieser liegt nicht in der Siedlungsbewegung, sondern in dem, was aus ihr wurde.

Der Bogen, der sich von Lübeck bis Reval spannt, ist zerbrochen. Die Skyline, die die Städte an der Küste dem von der See Herkommenden darbieten, ist meist zwar geblieben, doch der Zusammenhang hat sich aufgelöst. Die Diaspora, die sich von der Ostsee bis zur Adria beziehungsweise zum Schwarzen Meer wie eine Inselkette hinstreckte, ist untergegangen. Johannes Bobrowskis »Litauische Klaviere« sind zertrümmert, »Schattenland Ströme« ist in einem grellen Blitz aufgelöst. Es bedurfte der Zerstörungskraft eines dreißigjährigen Krieges mitsamt einem Blitzkrieg-Finale, um im 20. Jahrhundert ein Netz zu zerreißen, an dem ein ganzer Kontinent Jahrhunderte gewoben hatte. In der Vernichtung des mitteleuropäischen Judentums – mit dem Deutschtum die integrative Kraft dieses Raumes – ging das alte Mitteleuropa unter.

Wir wissen nun, warum wir kein unbeschädigtes Bild von diesem Raum mehr besitzen und selbst das beschädigte nur vorzeigen, wenn wir danach gefragt werden. Die Todesgefahr und Hektik der Flucht ist nicht der Augenblick der Reflexion und der ausführlichen Tagebücher. Von Blitzkriegen und Fluchten von heute auf morgen kann es vermutlich kein Epos geben. In welchem Genre ließe sich denn der Zusammenbruch der Zeiterfahrung erfassen?

Auf die Zeit der Siedler folgt die der Wehrmacht, auf die Entsendung der Magdeburger und Bamberger Mönche die der Stäbe der Sonderkommandos. Die Siedlungsbewegung wird rückgängig gemacht durch die Aussiedlungsbewegung. Auf die Zeit, da verfolgte Hugenotten, Salzburger, böhmische Brüder, schwäbische Bauern ins Land gerufen wurden, folgt die Periode der Vertreibung. Die Abkömmlinge der Wormser und Speyrer Judengemeinden werden ein zweites Mal eingeholt. Die Völkerwanderung von einst ist nichts gegen das Europa der »displaced persons«. Der Zeit der Handwerker folgt die der Zwangsarbeiter. Die Lingua franca wird zur Herrensprache, verachtet und gehaßt. Die deutsche Sprache schrumpft auf den lebensnotwendigen Bestand. Das deutsche Können wird zur Kunst des Tötens. Die technische Überlegenheit ist nun die der Panzer und der Todesfabriken. Die Reichsbahn wird um die Ostbahn erweitert. Sie transportiert zwar immer noch Leute aus Breslau zum Opernbesuch nach Dresden, ihre Leistungskraft zeigt sich allerdings in anderem: in der Verschiebung von Militär und der Deportation von Menschen. Sie wird zum modernsten Kommunikationsmittel der Geschichte: aus ganz Europa schafft sie Millionen von Menschen, ein ganzes Volk in den Raum, der von nun an zur Todeszone wird. Die alten Burgen sind nun die Residenzen der Generalgouverneure. Auf dem Hradschin quartiert sich ein Massenmörder ein, von dem man sagt, er sei begeisterter Violinspieler gewesen. Auf dem Wawel in Krakau übernimmt ein Hans Frank das Regiment im Generalgouvernement. Wien muß sich in seine neue Rolle als Provinzhauptstadt fügen, als Zentrum einer Ostmark. Man übernimmt nicht nur die alten Ordensburgen, sondern baut sogar neue im ganzen Reich.

Neben den alten Hauptstädten der Region entstehen neue: neben Wien Mauthausen, neben München Dachau, neben Berlin Oranienburg, neben Danzig Stutthof, neben Prag Theresienstadt, neben Wilna Ponary, neben Riga Kaiserwald. Und zum insgeheimen Zentrum des Riesenreiches wird eine Stadt in einem ehemaligen Herzogtum, von dem bis dahin kaum jemand Notiz genommen hatte.

Auschwitz, fast am Schnittpunkt der großen Imperien gelegen, die Mitteleuropa einst unter sich aufteilten, in einem Übergangsgebiet, in dem alle Sprachen – Polnisch, Ukrainisch, Russisch, Deutsch, Jiddisch – gesprochen werden, in der Übergangslandschaft von Galizien nach Schlesien, von Mähren nach Polen. Zentral und doch der Aufmerksamkeit der alten Zentren entzogen, wird die Gegend zum heimlichen Reich des Todes. Auch Paul Celan, der Dichter der Todesfuge, kommt aus diesem Grenzstreifen – aus Tschernowitz, etwas weiter im Südosten gelegen, mit einer 1875 gegründeten deutschen Universität.

Die Listen der in die Vernichtungslager Deportierten geben Aufschluß über die Entmischung des Kontinents. In dem Maße, wie die alten Mischzonen aufgelöst werden, in dem Maße werden hier neue Mischungen hergestellt. Freilich über Mitteleuropa hinausgehend, alle Rassen, Nationen, Konfessionen, Parteien und Berufe erfassend. Die kosmopolitischen Zentren verlagern sich in dem Maße, wie die Effizienz der Deportationen zunimmt. Die Mikrokosmen der hauptstädtischen Kulturen Mitteleuropas finden sich wieder im Mikrokosmos der Todesfabriken. Kaum jemand kannte bis dahin die Namen – Majdanek, Chełmno, Treblinka, Sobibór, Auschwitz. Aber dies sind die wirklichen Hauptstädte des Reiches. Ein Lebensraum als Totenreich. Irgendwann mußte es auch die Herrenmenschen treffen, oder genauer: nicht sie, sondern die Frauen, Kinder, die Zivilisten, die auf Schonung nun nicht mehr rechnen konnten. Der Raum, dessen jahrhundertealte Fundamente, Bögen und Verstrebungen untergraben waren, war aus den Fugen geraten. Aber es dauerte erstaunlich lange, bis dies zur Kenntnis genommen wurde.

Es blieb lange ruhig, noch als längst schon die Ghettos errichtet und die Deportationszüge ausgelaufen waren; man fuhr weiterhin in die baltischen Ostseebäder, während nicht weit die Vernichtungskommandos unterwegs waren; die Postverbindung Königsberg-Berlin war noch intakt, als sowjetische Truppen längst die Grenze zum Reich überschritten hatten.

Deutschland, das alle Brücken abgebrochen hatte, war nun selbst rettungslos verloren, preisgegeben selbst das Deutschland der Frauen und Kinder, der Invaliden und Alten, der Geschändeten und Versenkten. Doch für jene, die für die Zerstörung Kolbergs oder Breslaus die Verantwortung tragen, steht immer noch eine letzte Junkers zur Flucht bereit.

Die vom baltischen Meer in den Kontinent hineinreichenden deutschen Siedlungsräume werden zur Falle, das Kolonistenland zum eingekreisten Kessel; die Ordensburgen, schon längst nicht mehr Zufluchtsorte, degradieren zum bloßen Aussichtspunkt für den weithin geröteten Horizont der modernen Schlacht; die Städte an der Küste, einst Ausgangspunkte für Handel und Wandel, werden im Bombenhagel zum Endpunkt aller Bewegung; die Kirchenglocken von Goldap und Gumbinnen läuten zum schrecklichen Finale, nicht mehr zu Hochzeit und Begräbnis; die Küsten und Haffs, die einst die Kolonisten eingeladen hatten, werden zum Streifen des Todes – vereist und wie eine reine Zielfläche für Panzerübungen; Schiffe, die einst eine entschlossene und mutige Generation von Siedlern an Land gesetzt hatten, laufen – wenn überhaupt – mit Todesfracht an Bord aus; Bürger, die noch vor kurzem die Königsberger Zeitung oder die Mitteilungen des Konsistoriums zur Kenntnis genommen haben, essen Menschenfleisch.

Der Treck, selbst ein so altmodisches Wort aus Pioniertagen, schleppt sich nun in einer Völkerwanderung ohnegleichen nach Westen. Wie in alten Zeiten werden Flüsse zu Hindernissen, Städte zu Überlebensstationen oder – wie im Falle Dresdens – zum Massengrab, das Eisenbahnsystem, das so reibungslos funktionierte für Krieg und Deportation, verweigert nun seine Dienste. Zu Fuß geht der Weg zurück ins Reich, das bald nur noch das Terrain um die Reichskanzlei sein wird. Es werden Festungen verteidigt von Leuten, die ihre Gaue schon verloren haben; es werden Rathäuser, Patrizierhäuser und Brücken, an denen ganze Generationen gearbeitet haben, binnen einer Sekunde dem Erdboden gleichgemacht. Über die Linie der Massengräber, die auf dem Weg nach Osten angelegt wurden, legt sich nun die Kette der Gräber, die den Weg nach Westen bezeichnet. Die Bewegung endet, wo sie ihren Ausgang nahm: in Sachsen, in Magdeburg, oder noch weiter westwärts – in Bayern, in Schwaben oder Niedersachsen, fast an der Grenze, die einst der Limes sorabicus darstellte und die heute von einer anderen Mauer bezeichnet ist. Wie ganz anders wäre es, wenn das verlorene Land nur territorial fremd geworden wäre, nicht auch entfremdet. Wieviel leichter fiele es, das Herderdenkmal am Rigaer Dom aufzusuchen oder das Theater, an dem Richard Wagner Musikdirektor war; fast bedenkenlos könnten wir uns der Festung Küstrin nähern. Wie mühelos könnten wir auf Danzig als die Heimatstadt Schopenhauers oder auf Königsberg, einst die Stadt mit der größten deutschen Buchhandlung verweisen; wie zwanglos kämen uns die »Namen, die keiner mehr nennt« (Marion Gräfin Dönhoff) wieder über die Lippen. Es wäre kein Problem, zu Angelus Silesius oder Andreas Gryphius auch den Raum hinzuzudenken, aus dem sie dichteten.

Wir könnten unbeschwert nach Ihlava oder Liberec fahren, ohne Skrupel zu haben, daß sie in unserer Sprache immer noch Iglau beziehungsweise Reichenberg heißen. Wir könnten alle Dichter und Denker des deutschen Ostens aufführen – vom »Magus des Nordens« Johann Georg Hamann bis Arno Holz, von Kant bis E.T.A. Hoffmann –, es änderte nichts am gestörten Gleichgewicht und Selbstbewußtsein.

Wir sind nicht – noch nicht – in der Lage des französischen Touristen, dem es gegeben ist, in New Orleans eben nur den Zauber der französischen Kolonie zu sehen. Es nützt uns wenig, auf Helmut von Moltkes Gut im schlesischen Kreisau hinzuweisen. Nicht der Kreisauer Kreis hat sich durchgesetzt, sondern die Wolfsschanze – und die ist eine Attraktion für die Kinder der Überlebenden und die der Sieger.

Wie kann man nach all dem über Grenzfragen sprechen, wo doch keine Landesgrenzen, sondern eine äußerste, bis dahin nicht vorstellbare Zivilisationsgrenze überschritten war! Der Verlust des Ostens ist nicht wettzumachen in der Revanche, sondern im Vollzug einer Bewegung, die das Wissen um den zerstörten Lebensraum Osten zurückholt in den Westen Deutschlands. Die Bewegung wäre geglückt, wenn auf dem Gesicht, das sich dem verlorenen Osten zuwendet, die Züge eines ebenso anteilnehmenden wie entspannten Interesses an die Stelle von Desinteresse und Verbissenheit getreten sind.

Mitteleuropa ist heute, ein Menschenleben nach dem Krieg, nicht mehr horizontal in Herrenrasse und Helotenvölker gespalten, sondern vertikal, in östliches und westliches Europa, oder nicht weniger formelhaft: in Kapitalismus und Sozialismus, Demokratie und Parteiherrschaft. Nicht einmal das Café Central ist für alle noch erreichbar.

Es wäre einfach, wenn die Grenze, die Europa durchzieht, nur eine »künstliche« wäre und die Spaltung nur als das Ergebnis einer verfehlten Politik, der unterlassenen Möglichkeiten und verpaßten Chancen zu beschreiben wäre. Wenn es indes anders gekommen ist, als es auf den Konferenzen von Teheran, Jalta und Potsdam vereinbart wurde zwischen den Heerführern der Armeen, die gegen die Mitte vorrückten, so gewiß nicht deshalb, weil Roosevelt naiv, Stalin listig und Churchill zu kurzsichtig gewesen wäre. Der Stacheldraht wäre bedeutungslos, die Mauer überflüssig, stünde sich seither nicht gegenüber, was anders miteinander offensichtlich nicht auskommen kann. Geschichte wird nicht von großen Männern gemacht, letztlich nicht einmal von bewaffneten Männern. Es gibt keinen Grund, dem Handschlag von Rotarmisten und GIs bei Torgau unlautere Motive unterzuschieben; es gibt keinen Grund, den Proklamationen vom einigen und freien Europa in der Stunde des Sieges zu mißtrauen – ein jeder verstand ohnehin etwas anderes darunter, und ein jeder bot die ihm zur Verfügung stehende Kraft auf, die Welt nach seinem eigenen Ebenbilde zu gestalten. Mitreden konnte da nur, wer nicht nur etwas zu sagen, sondern auch etwas zu bieten hatte.

Der 1. September 1939 hat ebenso eine Vorgeschichte wie der 8. Mai 1945, der erste Schuß ebenso wie der letzte. Es ist das letzte Gefecht der alteuropäischen Mittelstaaten-Imperialismen in einem dreißigjährigen Krieg und der Auftritt der neuen Supernationalstaaten Amerika und Sowjetunion im erschöpften Europa. Die europäischen Imperialismen, schon 1914 zum Kampf um einen Platz an der Sonne angetreten, sich nur vorübergehend in einen von Waffenstillständen, Diktaten, versteckten Revisionismen, Stabilisierungen und Destabilisierungen gekennzeichneten Frieden schickend, hatten sich als unfähig erwiesen, der von Industrialisierung und Demokratisierung erzeugten Zivilisationsdynamik Herr zu werden. Allen voran der deutsche Imperialismus – der verspätete Imperialismus einer »verspäteten Nation«, deren Triebkräfte und Ansprüche auf ein besseres Leben sich in den Bahnen einer nationalen und sozialen Revolution entluden und zum Angriff auf die gesamte europäische Staatenwelt übergingen. Nun, da Hitler Europa den Rest gegeben hatte, war die Bahn frei für die Mächte, denen Tocqueville schon mehr als hundert Jahre zuvor eine Zukunft als Supergroßmächte verheißen hatte.

Die Jahre nach 1945 waren nicht nur Jahre des Zu-Atem-Kommens, Jahre eines »Nie wieder« und »Trotz alledem« – es wurden wieder Gedichte geschrieben –, es waren auch Jahre, in denen zum Vorschein kam, was der Krieg nur vorübergehend verdeckt hatte: all jene Gebrechen, an denen Europa, speziell Mitteleuropa auch vor dem Krieg gelitten hatte – eine unterentwickelte Landwirtschaft, eine krasse agrarische Überbevölkerung, chronische Kapitalknappheit, eine erst in den Anfängen steckende Industrialisierung –; allein die Tschechoslowakei machte da eine Ausnahme. Der Sprengstoff, der sich aus der ethnischen Vielfalt der mittelosteuropäischen Staaten, den »Minderheitenproblemen« ergeben hatte, war durch Bevölkerungsbewegungen größten Ausmaßes, Umsiedlungen und Vertreibung in gewisser Weise »entschärft« worden zugunsten einer ethnischen Homogenisierung; dies wiederum ging jedoch sehr auf Kosten von Kräften, deren Können und Kompetenz nun dringend gebraucht worden wäre für Wiederaufbau und Industrialisierung.

Kurzum: die politischen Veränderungen, die stattgefunden hatten, ließen das vorgefundene ökonomische und soziale Profil ganz unberührt. Die neuen Regierungsmannschaften in Warschau, Budapest, Sofia, Bukarest hatten mit Problemen zu tun, an deren Lösung bereits die Oberklassen der Vorkriegszeit und die diversen Obristenregimes gescheitert waren. Ob man es Revolution oder Reformation nennen will, ist ganz gleichgültig: es bedurfte einer tiefgreifenden sozialen Umwälzung, wenn diese Gesellschaften in der säkularen Zivilisationsbewegung mitkommen und nicht noch einmal vom Strudel sozialer Konflikte verschlungen werden wollten. Es sollte auf keinen Fall mehr so sein können, daß deutsches oder französisches Kapital schalten und walten konnte, wie es vor dem Krieg eben der Fall gewesen war; es sollte nicht mehr nötig sein, daß Bergarbeiter aus Polen nach Lille, Liège oder ins Ruhrgebiet emigrieren mußten, wenn sie ihre Familien ernähren wollten. Es gab eine Grenze, die älter war als der Eiserne Vorhang, und es gab eine Bewegung, die aus eigenem Antrieb an Verstaatlichung und Planung ging und nicht identisch ist mit dem, was man sich im Westen allzu simpel als »Sowjetisierung Ostmitteleuropas« vorstellt.

Man versteht wenig von der Gewalt und der Schlagkraft, von der Modernität und der Barbarei des Nationalsozialismus, wenn man ihn nicht versteht als die »Übersteigerung« all jenes Potentials, das einer hochentwickelten Zivilisation im Genick sitzt, wenn es ihr nicht voll zu Gebote steht. Daß die nationale und soziale Revolution, das ganz Einzigartige und Besondere, an dem die Welt genesen sollte, ausgerechnet deutsch sein sollte, darf nicht darüber hinwegsehen lassen, daß es nicht »das Deutsche« war, das Europa in den Strudel der Zerstörung gerissen hat, sondern die prekäre Zwangslage, mit der die Deutschen eben nicht fertig geworden sind. Der Traum der nationalsozialistischen Revolution wurde nicht nur in Deutschland geträumt; auch die ostmitteleuropäischen Gesellschaften waren latent bis offen faschistoid, und fünfte Kolonnen boten sich fast überall von selber an. Daher war Mitteleuropa auch so verwundbar. Der Focus des Antisemitismus hat im Reich gelegen, die »Endlösung« wurde am Wannsee beschlossen und mit Perfektion zur Ausführung gebracht, doch eigene Herde des Antisemitismus fanden sich fast überall in Mitteleuropa.

Die Mitte Europas ging zugrunde, weil das Land in seiner Mitte zu keiner sozialen Mitte gefunden hatte: Zersprengt fand es sich nach 1945 wieder im Magnetfeld der einen oder anderen Macht. Das desorganisierte und atomisierte Mitteleuropa schleuderte die Splitter aus sich heraus, Metallspänen gleich, die sich im Schwerefeld der beiden bald antagonistischen Hegemonialmächte neu organisierten, neu kombinierten und die entsprechenden Überbauformen und Sprachformen hervorbrachten.

Es heißt nicht die Macht von KGB-Kommandos unterschätzen, wenn man annimmt, daß das Auseinanderdriften der europäischen Mitte nicht ihr Werk sein konnte – sie gaben Nachhilfeunterricht in Sachen Sicherheit und sprangen in Notfällen ein. Die Grundkonstellation war indes von den Kräften bestimmt, die nach der Beseitigung des Faschismus, dem sie aus eigener Kraft nicht hatten Einhalt gebieten können, endlich oder wieder zum Zuge kommen konnten: Im Osten die Überreste einer 1933 gescheiterten Arbeiterbewegung, im Westen die Überreste eines 1933 nicht minder gescheiterten Bürgertums. Von nun an stand das zwangsdemobilisierte und zwangszivilisierte Deutschland im Sog oder unter dem Druck der Vormächte – und je emphatischer in jener noch »offenen Zeit« die Gemeinsamkeit, die übergreifende Perspektive beschworen wird – etwa Sozialisierung, Freiheit, Europa, Abendland –, desto hilfloser wurde damit nur bezeugt, daß dies aus eigener Kraft nicht zu bewerkstelligen war.

Natürlich war die Einführung der DM ein Akt der Spaltung – aber man nahm sie in Kauf, weil man besser leben wollte. Natürlich war die Blockade ein Akt der Spaltung – auch wenn es nur die Maßnahme eines Regimes war, das anders sich gegen den Erfolg der Gegenseite nicht wehren konnte.

Die Spaltung konnte siegen, weil der Zusammenhang bereits gelockert und die Kräfte der Autonomie dezimiert waren. Daß sie ungleich, ungerecht, asymmetrisch verlief, hat nicht bloß und vielleicht nicht einmal in erster Linie mit dem Gegensatz von Kapitalismus und Sozialismus, Freiheit und Diktatur zu tun, sondern mit dem bekannten Gefälle von West nach Ost, mit der Überlegenheit der zivilen Gesellschaft über die »Gesellschaft als staatliche Veranstaltung« (Dietrich Geyer), gegen deren Sog letztere sich eben mit den Mitteln wehrt, die ihr zur Verfügung stehen. Es sind Mittel außerhalb der Konkurrenz, Machtmittel. Sie empfindet die Attraktion der zivilen Gesellschaft, die von ihrem amerikanischen Zentrum scheinbar unerschöpflich und immer wieder aufs neue umstürzende Neuerungen und Impulse aussendet, als aggressiv, weil diese bereits außerhalb des militärischen Spiels für sie gefährlich ist. Sie ist aggressiv, weil sie über andere Mittel der Attraktion nicht verfügt. Sie ist Weltmacht mit Minderwertigkeitskomplex.

Die Provinzen sowohl der amerikanischen als auch der sowjetischen Supermacht in Mitteleuropa bestehen auf ihrer Eigenständigkeit und ihrer Unabhängigkeit. Sie tun das in der ihnen möglichen Weise, unter den Voraussetzungen, die sie in Konflikt mit den Vormächten geraten ließen: im Osten von einem Stand der Zivilisation aus operierend, der für die Führungsmacht immer noch Programm und Zukunftsmusik ist und immer mit demselben Ergebnis – dem Einschreiten der politischen, dann auch militärischen Vormacht; im Westen von einem Zivilisationsgrad ausgehend, den die Führungsmacht soeben wieder im Begriffe ist, aus manischer Angst vor Verlust und Niedergang schon wieder zu überbieten – wiederum mit demselben bekannten Ergebnis – der wirtschaftlichen und technologischen Mobilmachung und hilflosem kulturellem Protest.

Solange das östliche und westliche Mitteleuropa antisowjetisch und antiamerikanisch ist, hat es noch keinen eigenen Weg gefunden. Der Antiamerikanismus ist die Selbstkritikform des transatlantischen Commonwealth, nicht das Überschreiten des American way of life, sondern die ohnmächtige Reaktion derer, die von ihrem Vorbild nicht loskommen können. Im Antisowjetismus artikuliert sich die Auflehnung einer Lebensform gegen eine Etappe der politischen Kultur, die sie längst hinter sich gebracht hat. Es geht immer wieder um ein und dasselbe. Vom Polit-Antiamerikanismus und vom Polit-Antisowjetismus zu einer postamerikanischen Zivilisation ist es offensichtlich noch ein langer und unabsehbarer Weg.

Das Protestantentum und Manifestantentum auf beiden Seiten ist der sicherste Beweis dafür, daß wir uns aus der Schwerkraft der Führungsmächte noch nicht gelöst haben. Sie wiederholen nur, was ohnehin klar ist: daß alles von ihnen abhängt, solange nicht einige einen allgemein gangbaren Weg anderswo auskundschaften und anderswohin eröffnen. Ein Mitteleuropa, das nicht zeigen könnte, was es heute ist, wäre bloß etwas fürs Sentiment; ein Mitteleuropa, das zeigt, daß es eine Zivilisationsform sein könnte, die eher in der Lage ist, mit dem fertig zu werden, was die Supernationalstaaten der westlichen und östlichen Hemisphäre an ungelösten Problemen und an Sprengstoff angehäuft haben, hätte wohl keine Chance, sich zu einem eigenen Mittelpunkt mit starker Attraktion oder gar mit Impulsen zur Umbildung in West und Ost auszubilden. Ein Mitteleuropa, das nur aus Kriegsfurcht geboren ist oder sogar auf die Möglichkeit spekuliert, aus einem Zusammenbruch des Blocksystems hervorzugehen, wäre nicht nur kraftlos, bloße Phantasie, sondern auch tödlich. Die Chance, die sich aus dem Zusammenbruch Rußlands, Österreich-Ungarns und Deutschlands 1918 für die Wiederherstellung des polnischen Staates ergab – diese Chance gibt es unter den Bedingungen des heutigen Krieges nicht mehr.

Ob György Konrád mit seiner Vermutung, Budapest, also die mitteleuropäische Zone, könnte heute die Rolle spielen, die Wien einmal am Fin de siècle gespielt hat, recht hat? Sicher ist nur, daß ein Gespräch zwischen den Intellektuellen in Budapest, Wien, Prag, Warschau und Berlin nicht zustande kommen kann, solange die sinnlosen Koalitionen, der ohrenbetäubende Lärm und die grausamen Mißverständnisse zwischen ihnen bestehen bleiben. Aber ein Gespräch sollte doch möglich sein. Ein solches Gespräch wäre mehr als nur ein Palaver und weniger als eine Strategie. Das wäre, wenn das Wort Politik schon unvermeidlich sein sollte, eine Art »Antipolitik« (György Konrád) oder »Zivilisationspolitik« (Helmut Fleischer), für die die versprengten Mitteleuropäer vielleicht gar nicht so wenig aufzubieten hätten – wenngleich nichts von der Kapazität von Erstschlag- und Zweitschlagwaffen.

Man muß sich demjenigen, mit dem man sprechen will, mit dem Gesicht zuwenden, eine Wendung mit dem ganzen Körper vollziehen. Aber solange wir von einem »Müssen« sprechen, ist die Situation noch gar nicht erfaßt. Es müßte anders heißen: Solange wir die Wendung mit dem ganzen Körper nicht vollzogen haben, entgeht uns, was die dort uns sagen könnten. Es sind nicht die armen Verwandten, und die gönnerhafte Geringschätzung, die ihnen gegenüber an den Tag gelegt wird, ist ganz fehl am Platz. Mittel- und Osteuropa hat etwas gesehen, was noch keiner an irgendeinem Punkt der Erde bisher zu sehen bekommen hatte. Jeder Pflasterstein der dortigen Städte ist eine Markierung. In Paris gab es einen Friedrich Sieburg und einen Otto Abetz, es gab ein Gurs und ein Oradour – dort aber war das Land übersät von Oradours. Die dort sind weise, noch bevor sie alt geworden sind. »Was in Europa in den Jahren von 1933 bis 1945 geschehen ist, ist die Ankündigung dessen, was sich auch anderswo ereignen wird. So verstanden ist der Osteuropäer unvergleichlich fortschrittlicher im Verständnis der gegenwärtigen Geschehnisse als die Bewohner jener Länder, die nichts Erschütterndes erlebt haben ...«, schreibt Czesław Miłosz, »es ist nicht ausgeschlossen, daß uns, den Menschen aus Osteuropa, hierbei die Rolle der Avantgarde zufällt. Indem wir wählten, mußten wir die einen Werte im Namen der anderen opfern.« Miłosz, der seine Autobiographie ja mit Bedacht überschrieben hat »West und östliches Gelände«, wäre der letzte, der etwas von selbsternannten Avantgarden hält. Er faßt nur eine Erfahrung zusammen, die resultiert aus der Ankunft im Westen. Sie hat sich seither vielhundertmal wiederholt, und der »stechende Schmerz der Freiheit« ist nur ein weiterer Versuch, eine Erfahrung vom Westen auf den Nenner zu bringen (Wladimir Bukowski). Der Westen ist das Land des Exils, aber nicht unbedingt der Hoffnung. »Man denkt im Westen«, schreibt wiederum Miłosz, »immer zu wenig daran, mit welcher Sehnsucht die Intellektuellen des Ostens nach dem Westen schauen, in der Hoffnung, dort könne etwas entstehen. Man sehnt sich durchaus nicht nach einer Propaganda, die meist von beschränkten Individuen betrieben wird. Dieses Etwas könnte ein neuer genialer Autor, eine neue Sozialphilosophie, eine künstlerische Bewegung, eine wissenschaftliche Entdeckung sein oder neue Richtungen der Malerei oder Musik.«

Er stößt zunächst auf die schillernde Welt der Illustrierten und des Fernsehens, die Mode und die Autos, die 36 Sorten von Oliven oder Hemden ein und derselben Marke, aber zu ganz verschiedenen Preisen, und er weiß natürlich, daß darin nicht der ganze Geist des Westens steckt. »Aber auch hier stößt«, so Miłosz, »der Intellektuelle des Ostens auf irreführende Kulissen. Epigonentum und Avantgarde, Dekadenz und Gesundheit, angepriesene Talentlosigkeit und verkannte Größe sind gleichberechtigt.« Kultur – das ist etwas für die wenigen, sie ist exklusiv, während »reiche Idioten« nicht wissen, was sie mit ihrem Geld machen sollen. Doch scheint das nicht einmal das Gravierendste zu sein. Aus der Optik dessen, was dort geschehen ist, gibt es wohl ein elementares Interesse an »Freiheit«, nicht aber an den »aufgewärmten Parolen der Französischen Revolution«. Wenn sie hierher kommen, dann bleiben sie Fremde, in einer Distanz, die nur durch die Verschiebung von Zeit und Geschichte erklärlich ist. »In den Intellektuellen, die ›los desastros de la guerra‹ in Osteuropa erlebt haben, ist etwas vorgegangen, was man die Reduktion des Gefühlsluxus nennen könnte. Die erotischen Verwicklungen, die immer noch in der westlichen Literatur grassieren, halten sie für Kitsch. Die Malerei der Epigonen abstrakter Kunst macht sie gähnen. Sie sind hungrig, aber sie wollen Brot und keine Hors d'œuvres.« Und es mußte wieder ein Autor aus dem »östlichen Europa« kommen, um eine Liebesgeschichte und eine Trennungsgeschichte als eine ost-westeuropäische sehen zu können.

Was hat der Westen also zu bieten? Miłosz: »Freiheit *von* etwas, das ist viel, aber es ist zu wenig, ist viel weniger als Freiheit *zu* etwas.«

Die Osteuropäer haben mittlerweile noch mehr von der Geschichte des 20. Jahrhunderts zu sehen bekommen, nicht nur den Kollaps der Ideen der Französischen Revolution, sondern auch den der Russischen. Sie haben mindestens zwei Kurse absolviert, während wir in einer eigentümlichen Bevorzugung irgendwie immer durchgekommen sind. Die Examina waren nie so schwer, die Zensuren nie so streng, nicht einmal die Klasse mußte wiederholt werden, wenn es schiefging, der Schule verwiesen wurde kaum einer – höchstens in Einrichtungen, die sich selber ihrer Sache nicht ganz sicher waren – wie in der Bundesrepublik Deutschland. Was könnte das Aneinander-vorbei besser demonstrieren als die gleichzeitig-ungleichzeitigen Ereignisse von 1968 in Prag und Paris. Was könnte den Unterschied der Schule deutlicher machen! Bei aller Verschiedenheit des Lehr- und Aufsichtspersonals, der unterschiedlichen Themen und Begabungen!

Wie stark auch immer der Wärmestrom gewesen sein mag, der zwischen Prag und Paris, zwischen den Demonstranten auf dem Boulevard St. Michel und denen auf dem Wenzelsplatz, zwischen dem »Sozialismus mit menschlichem Gesicht« und der »Phantasie an die Macht« gewesen sein mag, – zu einer Verständigung reichte es nie aus. Die Internationale der Phantasie sprach zwei verschiedene Sprachen und meinte auch ganz anderes, beide scheiterten, doch nur die einen, *die dort* hatten mit Blut zu bezahlen.

Und als *dort* endlich nicht nur der Heros, sondern der wirkliche Arbeiter auftrat – da endlich brach die Hemmschwelle; nein, selbst da nicht. Auch da wurde noch Auskunft gefordert, wie sie es mit Staat, Arbeiterverwaltung, Kirche hielten.

Auch die polnische »Arbeiterbewegung« hatte erst dem Kanon der Progressiven zu genügen, bevor man die »bürgerlichen Dissidenten« in Kauf nahm. Wiederum jene gönnerhafte Geste, die Miłosz schon Jahrzehnte zuvor beobachtet hatte. Nun sagt dies alles mehr aus über die bei uns herrschenden Konfessionen oder die Herrschaft des »revolutionären Kitsches« (Milan Kundera) und nichts über den Charakter und die Dynamik der Kräfte in einem Raum, von dem wir kaum mehr wissen, als Zeitungsleser gewöhnlich wissen. Solche Selbstsicherheit läßt sich kaum irritieren durch Verweise auf »Tatsachen«. Und das solidarische Wort aus der »nicht-richtigen Ecke« verdächtigt diejenigen, die der Solidarität versichert werden, nur noch mehr.

Im Ost-West-Konflikt auf europäischem Boden sind die tollsten Koalitionen und Kombinationen zustande gekommen, eine babylonische Sprachenverwirrung der Ideologen, so daß allein schon dies ausreichend sein sollte, ein Bedürfnis nach Auflösung der Grenzen und Abgrenzungen zu provozieren. An einer Grenze, die von einem »Entweder-Oder« markiert ist, tut sich solche Auflösung besonders schwer. Wir haben das Hören verlernt; die dort haben ihr Ohr geschärft. Sie lesen ohnehin zwischen den Zeilen, und die leiseste Änderung des Rundfunkprogramms ist für sie der eindeutige Hinweis, daß etwas geschehen sein muß. Sie hören seit jeher in unsere Richtung. Sie kennen die Zwischentöne und die diversen Instrumente. Uns sind mit dem Verlust der Brücke hinüber in diesen Raum auch die Dolmetscher verlorengegangen, jenes Potential, das sich nur an Ort und Stelle, an der Reibungsfläche unterschiedlicher Sprachen und Kulturen ausbilden kann. Das Baltikum war ein solches »Übergangsgebilde« (Hermann Graf Keyserling), Ostpreußen, natürlich Prag und Südböhmen. Es ist damit ein Resonanzboden verschwunden und eine Fähigkeit des Hörens, die mit dem Verstehen der fremden Laute beginnt. Auch hier ist es eine Asymmetrie zu unseren Ungunsten, die selbst durch die Flut von Informationsmitteln und das große Register der Berichterstattungsmöglichkeiten nicht aufgewogen wird. Für die Ausbildung von Hörfähigkeit zählt auch der Raum und die Bildung, die ihr zuteil wird.

Aus der Sphäre des Politischen ist der Typ des Mitteleuropäers ohnehin verschwunden, läßt man die österreichische Ausnahme wieder einmal gelten. Dabei müssen wir die Maßstäbe nicht einmal so hoch ansetzen, wie Karl IV., in Paris und Bologna ausgebildet und Tschechisch, Deutsch, Italienisch, Französisch, Lateinisch sprechend, es für sich getan hat. Herrn Arnheim gibt es nur noch in der Literatur; die Diplomaten, wie der Brite R. H. Bruce Lockart, der Prag als »Beobachtungsstation für das Sturmgewölk« ausersehen hatte, der sich sowohl in den American Bars und Luxors zwischen Prag und Belgrad, aber auch in den soziokulturellen Milieus dieser Städte auskannte, dieser Schlag von Diplomaten scheint im Zeitalter der Intercontinentaldiplomatie ausgestorben, sehr zum Nachteil der Diplomatie im kleinen.

Und das literarische Osteuropa? Ist es nicht bis heute ein weißer Fleck auf der literarischen Landkarte Europas, ein Gebiet, auf dem »östlich von Deutschland vor dem weißen Hintergrund die Aufschrift ›Ubi leones‹ hätte prangen können, und diese Spezies von Waldtieren bezeichnete sowohl Prag (das nur gelegentlich in Zusammenhang mit Kafka Erwähnung fand) als auch Warschau, Budapest oder Belgrad. Erst fern im Osten tauchte dann wieder Moskau auf« (Czesław Miłosz). Miłosz kam aus Berkeley über Stockholm, wo ihm der Nobelpreis verliehen wurde, zu uns. Jaroslav Seifert mußte ebenfalls den Umweg über Skandinavien machen.

Es hat hier keinen Sinn, von den vielen Namen zu sprechen; das »Zeugnis der Poesie« dieser Region wiegt in den Bestsellerlisten nichts und in der literarischen Gesellschaft wenig. Sie liegen nicht im Trend. Oft ist ihre Chance nur, daß anderswo die Witterung umschlägt: in Amerika zum Beispiel, dann kehrt mancher Mitteleuropäer wieder nach Hause zurück. So ging es ja nicht nur Miłosz, sondern auch Gustav Mahler und Sigmund Freud.

Das Zunächstliegende ist etwas für Liebhaber oder Spezialisten geworden, das Fernste geht uns ungleich näher; die lateinamerikanische Literatur scheint uns weit mehr Aufschluß über den Zustand unserer Zivilisation zu geben als die an der Grenze verfaßte. Aber so ist es ja nicht nur in der Literatur. Glaubt man den Neuerscheinungen, den Anmerkungsapparaten und Bibliographien, dann gibt es Fortschritt der Wissenschaft nur in Harvard, Yale oder am MIT.

Die Intensität unserer Kooperation über den Atlantik hinweg, die Intimität, die wir uns dort im Umgang erworben haben, die Selbstverständlichkeit, mit der wir mit Aufmerksamkeit für das Exotische im buchstäblichen Sinne rechnen können – all dies ist nur möglich, wenn anderswo Energie gespart wird. Wir sind ohne weiteres bereit, den höchsten Preis für die Verarmung unserer Vorstellungswelt zu bezahlen. Allerdings ist die Eindimensionaliät des weiten Raums auch weniger aufreibend als die Vieldimensionalität des kleinen mittleren Europa.

Es gehen dort keine Pfade nach Utopia und keine Rolltreppen in die oberen Etagen des Erfolgs, der in der transatlantischen Welt doch in der einen Stadt, an einem bestimmten Punkt gemacht wird. Dafür gibt es dort auch keine Wallstreet und keine Börse. Die Erfolge der Kultur werden dort nicht nach dem Dow-Jones-Index notiert, sondern nach dem Verbreitungsgrad der auf der Maschine mit Kohlepapier abgeschriebenen Manuskripte; nach der Dauer des Tauziehens zwischen Regisseur und Zensur über die Aufführung eines neuen Stücks und nach der Unterstützung, die das Publikum der Truppe zukommen läßt, wenn es schiefgegangen sein sollte; nur ab und zu ahnt die Intelligenzija der westlichen Hauptstädte, daß ihre Kollegen *dort* ernster genommen werden. Sie blickt dann mit Neid hinüber und stellt verdutzt fest, daß es eine aristokratische Kultur geben kann, die vom Volk geliebt wird.

Überhaupt müssen wir unseren Vorbehalt gegen aus der Mode gekommene Wörter, Begriffe, Buchtitel, Arbeitsweisen aufgeben, wenn wir *dort* nicht gleich aus der Diskussion ausscheiden wollen. Es gibt dort nicht den Bruchteil von Zeitschriften, mit denen wir uns auf dem laufenden halten, dafür gibt es Elementarbestände, ablesbar an den Bücherrücken in den Regalen. Die »New York Review of Books« ist in der ganzen Stadt nicht aufzutreiben, aber der Verlust einer älteren Ausgabe von Petrarca oder Thomas von Aquin wiegt weit schwerer. Man legt dort erstaunlichen Wert auf die Vollständigkeit der Klassiker, der Ehrgeiz, sie in schönen, dauerhaften Ausgaben zu besitzen, ist allgemein – nicht zur Dekoration. Das Spektrum der Bücherrücken ist vielleicht nicht so bunt wie das Programm manches westlichen Verlages, dafür gibt es immer Abteilungen von Substantiellem und weniger Wichtigem, mit Nachdruck auf den ersteren.

Es wird nur über Bücher gesprochen, die auch gelesen wurden, und es kommt vor, daß Dichter sich bereitfinden, über ein Gedicht zu sprechen – über Rhythmus, Versmaß, Reim –, auch wenn dies von einem Physiker geschrieben wurde. Wenn nur ein Gran an diesen unerlaubten Pauschalisierungen über Beobachtungen *dort* wahr ist – der größere Ernst, die größere Ruhe, die größere Freiheit, die Konzentration – und selbst wenn wir zugeben, daß ein Moment falscher Romantik darin enthalten ist, die jedem unserer Gesprächspartner *dort* sogleich ruchbar wird, selbst dann hätten wir noch etwas gelernt: daß es Kultur auch außerhalb des Betriebes geben kann.

Indem sie sich hier wie dort der Überforderung durch den Betrieb entzieht, könnte sie etwas leisten, wozu dieser nicht in der Lage ist, nicht in Ost, nicht in West. Wir könnten endlich tun, nicht wozu wir Lust haben, sondern wozu wir bisher keine Zeit gefunden haben. Wir könnten uns von den Moden überholen lassen, bis sie uns wieder einholen. Wir gewinnen die Zeit zurück, die uns in aussichtslosen Verhandlungen gestohlen wurde. Wir gewinnen Muße zurück, die wir bisher einer unendlichen Spirale des Immer-wieder-Neuen-immer-schon-wieder-Überholten geopfert haben. Wir gewinnen einen Atem zurück, der auch für längere Strecken reichen wird.

Wir könnten wieder etwas sehen, was wir übersehen haben, hören, was wir überhört haben. Schon unsere Lage an der Grenze würde uns hindern, zu Voyeuren zu werden; was wir sehen erst recht. Um die Politik brauchten wir uns keine Sorgen zu machen: sie wird sich dann rühren, wenn sie auf uns zurückkommen muß, weil es nicht weitergeht in der Politik. Angst vor einer sentimentalen Restauration Mitteleuropas im Kopf brauchten wir auch nicht zu haben – selbst in den Cafés, in denen wir uns treffen, ist die Melange nicht mehr die alte.

Die Mitteleuropäer mögen vielleicht noch nicht soweit sein, eine gemeinsame Geschichte erzählen zu können. Doch welche Geschichten könnten sie erzählen! Vielleicht längst bekannte, nun aber zweisprachig, in zwei Zungen, doppelzüngig und wahr gegenüber der einen und der anderen Version, die an ihren je eigenen Akademien ausgegeben werden. Sie könnten von Städten erzählen, die stillgelegt worden sind oder verlandeten, obgleich sie nicht wie Brügge oder Ravenna am Meer gelegen waren, sondern mitten im Kontinent.

Warum ist der Mikrokosmos der mitteleuropäischen Mischzone literarisch fixiert, nicht aber der Mikrokosmos des entmischten doppelten Europas? Warum fasziniert uns Disneyland mehr als die Burg im Original?

Warum macht die Oral history noch halt vor der Geschichte der großen Völkerwanderung, warum treiben wir Lokalgeschichte, nicht aber eine der Ortsveränderung? Sind die Tage nach den letzten Tagen der Menschheit in Europa nicht mindestens genauso dramatisch wie die letzten Tage selbst? Gibt das Europa der Displaced persons nicht genug Stoff her für Lebensgeschichten? Durch welche Geisterbahn könnten sich die Intellektuellen in ihrer Freizeit kutschieren lassen?

Warum halten wir uns bei den Verwicklungen des »Oberst Redl« auf, schrecken vor den neuesten Verwicklungen im selben Raum – unter veränderten Bedingungen – aber zurück? Warum interessiert sich unser Theater so wenig für das Ost-West-Theater?

Warum haben wir uns noch nicht als Zuschauer auf beiden Seiten des »Großen Vorhangs« in Szene gesetzt?

Was ergibt sich aus der Kulturrevolution in beiden Teilen Europas für die Physiognomie der Gesellschaften?

Wie drückt sich der »Verlust der Mitte« in den Profilen der führenden Figuren des geteilten Europas aus, und wie müssen die Gesichter der Aufsteiger im niedergehenden Teileuropa modelliert sein?

Was bedeutet das Verschwinden der Grandseigneurs, der Kunst des Briefeschreibens für das Überleben Europas und was der Triumph von Jeans? Wo sind die Freibeutergeschichten derer, die durch die Städte Mährens oder Mecklenburgs gesegelt sind?

Was könnte die »mitteleuropäische Generation« (Stefan Zweig), die in alle Welt versprengt wurde, zu sehen bekommen, käme sie zurück, real oder imaginär, an die Orte ihres Lebens.

Wie müßten die Porträts von Menschen aussehen, die aus Tätern zu

Opfern geworden sind und aus Opfern zu Tätern – Europa ist voll davon.

Welche Spezies mußte sich herausbilden nach dem Ende des »Menschen ohne Eigenschaften« und des »Menschen ohne Alternative?« Das »ideologische Zeitalter« (Raymond Aron) hat sich noch nicht erledigt – welch reizvolles Unternehmen für die Ideologiekritiker auf beiden Seiten, es einmal mit einem neuen Transzendentalismus zu versuchen! Das Abenteuer der freien Fahrt zwischen Scylla und Charybdis, zwischen Apologie und Denunziation auszuprobieren!

Müßte nicht das mitteleuropäische Terrain der Casus für einen Intelligenzwettstreit aller Völkerrechtler sein, eine juristische Formel für eine Situation zu finden, die sich in eine juristische Formel eben gar nicht bringen läßt?

Welche Herausforderungen für die Übersetzer auf beiden Seiten, nicht nur Worte zu übersetzen, sondern einen Sinn, der immer nur verständlich wird, wenn alles mitbedacht ist: die Sprache der Gegenseite und die Art, wie die Gegenseite über Geschichte und Raum spricht.

Welch subtiles Sujet für die Semantiker, in der ost-westlichen Sprachenwirrnis den einen Kern herauszuarbeiten!

Welch herausforderndes Terrain für die Manager der Kultur, die endlich zeigen könnten, was in ihnen steckt: eine Ausstellung zwischen Prag und Berlin zustande zu bekommen – vielleicht sogar in beiden Teilen der Stadt. Gewiß wird die Leidenschaft für das »gemeinsame Erbe« auch den Kleinkrieg um die Details von Status und Weltlage nicht scheuen, sogar zu einem guten Ende führen.

Welch großer Augenblick, da die an den Rand versetzten Metropolen Wien und Berlin sich in ihrer alten Rivalität wiederfinden – diesmal rivalisierend in der Überwindung von Melancholie und Selbstmitleid, zeigend, was sie zu bieten haben! Die Spurenleser werden sich endlich in die Richtung in Bewegung setzen, wohin aller deutsche Spur geführt hat. Sie werden die zerstörten Berliner Bahnhöfe beim Wort, bei ihrem Namen nehmen und die Linie zurückverfolgen, die einst zu ihnen hingeführt hat und ohne die sie selbst gar nicht verständlich sind: von der Ruine des Anhalter, dem Schuttgelände des Görlitzer und dem gerade verschwindenden des Schlesischen Bahnhofs aus.

Die Touristen aller Schattierungen, Interessen- und Anspruchslagen haben viel Neuland vor sich, Reisen in offenes Gelände, Arbeit an einem Netzwerk, das zerfasert ist, Wiederherstellung von Zusammenhängen, die fragmentarisch oder blaß geworden sind. Es gibt im durch und durch erschlossenen Europa noch Monumente, die der Pilgerfahrten harren: der Volkshaus-Komplex des Architekten der tschechischen Sezession Jan Kotera in Prostejove oder die Jugendstilensembles des Michael O. Eisenstein in der Uliza Gajlja in Riga.

Es gibt keinen Grund, den alten Universalismus nur in der Form wiederaufleben zu lassen, daß die Polen zu ihrem Papst nach Rom fahren. Es gibt genügend andere Linien, die vorgezeichnet sind – etwa durch die alte Internationale der alten Hotels, die überall – von der Adria bis hinauf zum Baltischen Meer – dieselben Namen trugen: Metropol, Central Hotel, Savoy, Lewinson, Astoria, Hotel George. Sie sind leicht erkennbar an ihrer Lage, ihren Fassaden und Foyers, auch wenn die Namen und die Gäste mittlerweile nicht mehr dieselben sind. Es sind nicht immer Kleinodien des erlesenen Geschmacks, aber doch die Signatur einer stürmischen, über den ganzen Kontinent hingehenden Woge eines stürmischen Erneuerungswillens, einer Synchronisation des Stils inmitten der diversen Kulturen. Erst auf dem Weg von Brüssel nach Varna oder von Paris nach Moskau läßt sich erahnen, was der letzte Ausläufer eines bürgerlichen Universalismus zustande gebracht hat.

Wir rücken Landschaften in unserem Kopf zurecht: Menschenlandschaften, Stadtlandschaften, Kunstlandschaften, Literaturlandschaften. Wir sehen plötzlich Landschaften, von denen wir nie gehört haben, obgleich wir die Musik aus diesem Raum gehört haben. Wer denkt schon die Namen der großen Weltmusik zurück in die kleinen Orte, aus denen sie gespeist wurde! Nur wenige, die Schubert, Mahler, Bartok oder die anderen lieben und verehren, haben deren Geburtsorten schon einmal die Ehre erwiesen: Lichtental bei Wien, Rohrau an der Leitha, Kalischt bei Humpolec, Ansfelden oder Sankt Florian, Zelazowa-Wola, Nagyszentmiklós oder Hochwald im Mährischen. Wien ist sicherlich eine Welthauptstadt der Musik – wie aber konnte sie es werden ohne die Weltprovinz der Musik! Es ließe sich bei solcher Erkundung auf neue Weise etwas über die mitteleuropäischen Kompositionsverhältnisse in Erfahrung bringen, über geglückte und mißglückte Synthesen, wenn wir Bruckners und Hitlers Herkunftsregion im Kopf nicht mehr separieren.

Die Mitteleuropäer könnten den »Radetzkymarsch« fortschreiben, ohne epigonenhaft werden zu müssen. Sie könnten in Schwabendorf bei Brody beginnen, über Lemberg, Wien und Berlin nach Paris oder New York gelangen – nicht getrieben und nicht auf der Flucht, aber mit dem Wissen der Nachgeborenen. Sie könnten dem Kapitel »Hiob«

ein weiteres hinzufügen. Sie brauchen nicht anzuhalten beim Austroslawismus oder beim katholischen Revolutionstraum (Claudio Magris), sondern könnten nun alle Mystizismen der marxistischen Staatskirche durchmachen – wenigstens post festum. Der Entdeckung des Chassidismus könnten sie die Entdeckung vom Fortleben einer poetischen Spiritualität in den stillen Hauptstädten Ostmitteleuropas folgen lassen. Die Europäer des Westens haben die Chance noch nicht genutzt, die sie früher einmal sehr zum eigenen Vorteil genutzt haben: als nach dem Fall von Byzanz die Ikonenmaler, Steinmetze und Philologen zu Hunderten im Westen eintrafen; oder in der Zeit des Ersten Weltkriegs, als die Soldaten aus dem Osten nicht nur vom Krieg gezeichnet zurückkamen, sondern mit einem Wissen vom »Shtetl«. Solche Form der Kontaktaufnahme war folgenreich für die Intellektuellen im bürgerlichen Westend. Oder denken wir an die Zeit, da Berlin für ein paar Jahre fast eine Art zweites Petersburg geworden war: Ankerplatz für eine heimatlos gewordene Kultur mitten in Europa.

Die Mitteleuropäer von diesseits und jenseits könnten alle ihre traditionellen Formen durchspielen und aufeinanderprallen lassen: Tragödien des Ostens und die Komödien des Westens, Grotesken, in denen der Überlebende sich neu orientiert und Grotesken, die aus Langeweile geschrieben worden sind. Wir lassen im traditionellen Stil das alte Drama von Herr und Knecht, von Freiheit und Unterdrückung Revue passieren und sehen auf der Bühne nebenan die Dramen der neuesten Innerlichkeit. Wir sind gezwungen, wenn wir etwas Wahres zum Ausdruck bringen wollen, neue Genres zu kreieren, Schwänke, die immer auch tödlicher Ernst sind. Wir müßten das Unmögliche versuchen: die Einheit von Raum, Zeit und Handlung im zeitlich, räumlich und handlungsmäßig gespaltenen Kontinent zusammenzubringen.

Die Mitteleuropäer könnten Dialoge schreiben, die keine sind, sondern eher Gestikulationen, und Monologe, die die Zuschauer auf Anhieb verstehen, obgleich sie offensichtlich keinen Sinn ergeben – die inneren Monologe einer gespaltenen Kultur. Wir holen die Äußerlichkeit wieder zurück in die Innerlichkeit.

Uns reizt die Aufgabe, an einer Stelle, wo das Ende einer Staatsnation dokumentiert ist, das Museum einer Nation zu errichten. Wir sind fasziniert von der unlösbaren Herausforderung, ein Museum für etwas zu errichten, das nicht ins Museum gehört.

Wir treiben physiognomische Studien, bei denen das Gegenüber immer auch Subjekt ist. Wir stehen uns abwechselnd und wechselseitig Modell. Vielleicht ergibt das eine »europäische Selbsterkenntnis aus dem Kontrast« (Walter Schubart), die Gefahr narzißtischer Exzesse wäre jedenfalls vermindert.

In unseren physiognomischen Studien spielt eine Rolle die Mischung von alten und neuen Typen, von Fossilien aus der Zeit vor der Spaltung und den Epigonen des Jalta-Europa. Uns interessieren die älteren Damen und Herren mit den guten Manieren an der Hotelrezeption und die Jugend, die sich in Turnschuhen in Bedlmayers Café Europa lümmelt. Uns interessieren die Nuancen des internationalen Jargons, und wir lernen mit der Zeit, an den Relationen von offiziellen und Schwarzmarktkursen auf die wirtschaftliche Gesamtsituation des betreffenden Landes zu schließen. Wir kommen dahinter, daß Kleider nicht Leute machen und daß Kunstledermäntel und Anoraks nichts über die geistige Klasse aussagen.

Es eröffnet sich ein weites Feld für vergleichende Feldstudien über Zerstörungen, die der Krieg, und solche, die der Nachkrieg angerichtet hat; über Deformationen, die der Krieg, und solche, die ein Friede hervorbringt, der von der Angst, das Gleichgewicht des Schreckens zu verlieren, diktiert ist. Wir lassen uns anrühren von der unsäglichen Traurigkeit einer sonnabendabendlichen Stadt des östlichen Mitteleuropa, wenn sie so daliegt, in sich zusammengesunken und entspannt, wie die City einer westlichen Stadt am Sonntagmorgen, wenn die Lichter verloschen sind. Es stellt sich heraus, daß es *dort* noch das Dorf gibt, das sich auf die hoffnungslose Konkurrenz mit der Stadt erst gar nicht eingelassen hat oder nicht einlassen konnte und daher sein Gesicht gewahrt hat. Wir kommen aus den alten Städten des Ostens zurück – etwa nach Berlin – und können nun erst ermessen, was es bedeutet, neu angefangen zu haben: wir leben sozusagen in einem geschichtlichen Neubau größten Ausmaßes.

Die Mitteleuropäer können keinen Dschungel vorweisen, nur einen Dschungel der Ideen. Sie sind nicht arm an Ruinen, reicher aber noch an »Landschafts- und Staatsruinen« (Karl Haushofer). In der reinen Natur, die sie aufsuchen, ist immer schon jemand gewesen. Es geht ihnen wie Witold Gombrowicz in West-Berlin: nicht einmal eine Tasse Kaffee können sie trinken, ohne daß noch etwas anderes bedeutsam würde.

Wir tauschen uns aus, wenn wir von einem Forschungsaufenthalt aus Moskau nach Warschau oder von Berkeley nach Berlin zurückkommen. Natürlich sind wir fasziniert vom Rhythmus der Highways und der Eisenbahn; wir vergleichen, wie wir reagiert haben auf Belehrungen und Smalltalks, wir sprechen beide über die Bedeutungslosigkeit, zu der wir – ganz absichtslos – aus der Perspektive dieser fernen Punkte bestimmt sind. Wir erkennen uns darin nicht wieder. Wir gestehen uns ein, daß wir dort in der Ferne uns plötzlich deutlicher wahrgenommen haben und daß die Grenze plötzlich an Bedeutung verloren hatte. Europa, Mitteleuropa kommt uns angesichts soviel Robustheit und Unschuld älter vor, leidend an einem Übermaß historischer Reflexion, erzogen zu einem Denken, das sich in Vermittlungen bewegt. Die Tonlage in der mittleren Zone Europas ist eine andere.

Die Grenze in der Mitte und ein Platz an der Grenze durch die Mitte bieten eine Chance – sie zu nutzen, wäre doch das Mindeste. Wir werden sehen, was wir durch diesen prismatischen Punkt sehen werden. Wir werden hören, was wir durch diese Membran an Schwingungen aufnehmen können. Wir werden herausfinden, was uns verbindet – und solange ist die Mitte nicht verloren.

Die Lage der Deutschen mitten in Europa ist kompliziert genug: sie sind die paradoxen Mitteleuropäer par excellence. Die verlorene Mitte ist in Berlin kein literarischer Topos, sondern ein wirklicher Ort. Vielleicht ist auch deshalb die Unsicherheit und Befangenheit sich selbst, der eigenen Lage und den Nachbarn gegenüber größer als anderswo. Die Möglichkeiten eines Abkommens in der Gegenwart werden nicht selten auf Umwegen erkundet – etwa in der Auseinandersetzung um die gemeinsame Geschichte.

Das Problem der deutschen Identität wird als Problem der Identifikation mißverstanden, so als bestimmten Bündnissysteme darüber, was eine Nation ist. Die Deutschen West tun so, als könnten sie eine Antwort darauf, wer sie sind, an den Round tables der transatlantischen Gesellschaft finden. Freilich: dort weiß man einiges über die »boches«, über den Geist von Weimar und Buchenwald, über die alten Rivalitäten im Kampf um die Führung in Europa; man erinnert sich der V2-Einschläge in Coventry; in Washington weiß man vor allem, wie es weitergeht. Die Rampe indes stand irgendwo in den östlichen Wäldern. Noch im aufrichtigsten Wunsch der Versöhnung nehmen wir nicht wahr, daß wir mit zweierlei Maß messen. Warum fragen wir nicht die Polen und Tschechen, wenn es um deutsche Identität geht? Was könnten uns die Russen, die zu Millionen abgeknallt wurden, in puncto »deutsche Identität« sagen? Und was hat die Auslöschung des mitteleuropäischen Judentums mit der Frage, wer wir Deutsche sind, zu tun?

Selbst in unserer Befangenheit sind wir noch westlich orientiert, wir denken transatlantisch, wir nehmen die Halbierung des Spektrums unserer Nachbarschaften und ihres Wissens über uns in Kauf. Wir leisten es uns, uns nur die halbierte, vielleicht auch nur die halbe Wahrheit sagen zu lassen.

Das Fazit eines Postskriptums kann daher nur lauten: Wer die Deutschen sind, das werden sie weder aus der transatlantischen noch aus der transelbischen Schieflage in Erfahrung bringen können, sondern allein aus der europäischen Mittellage. Dies gilt erst recht für die Stadt, die nur noch als Berlin West oder nur noch als Berlin Ost zu existieren scheint.

Postskriptum 15 Jahre danach:

Länder des östlichen Mitteleuropa, allen voran Polen, die Tschechische Republik, Ungarn, die Slowakei, Slowenien, die baltischen Republiken, stehen heute vor der Aufnahme in die Europäische Union. Die Mitte Europas wird sich in absehbarer Zeit ostwärts verschieben. Das konnte man 1986, als dieser Essay das erste Mal erschien, nicht exakt vorhersagen, vielleicht aber doch ahnen. Man muß nun keinen Traum von Mitteleuropa mehr haben – er ist ein- und überholt worden. Der nach 1989 erhobene Einwand, daß der Gedanke von Mitteleuropa kläglich an den neuen Realitäten gescheitert oder daß er gar ursächlich für die Verschärfung der Konflikte im Südosten Europas gewesen sei, ist unhaltbar. Mitteleuropa ist keine Utopie, keine Idee, keine Erfindung, sondern eine Tatsache, die jeder, der sich dafür interessiert, auffinden, entdecken kann, eine historische Landschaft von großer Kohäsion. Es geht um Erfahrungen und Explorationen, weniger um ein Modewort, das mal Konjunktur hat, mal nicht. Es gibt neben dem mittleren Europa weitere Regionen von historischer Prägung und engem kulturellem Zusammenhang: das nordöstliche Europa um das Mare Balticum, die Schwarzmeerregion, das mediterrane Europa, Südosteuropa und das östliche. Sie alle sind Europas im Kleinen und werden aufs neue ihre Rolle spielen und den unendlichen Reichtum unseres Kontinents bezeugen.

Planet der Nomaden

Ein Gespenst geht um, nicht nur in Europa. Fast jeder hat schon einmal mit ihm zu tun gehabt. Es hat viele Namen: Wanderarbeiter, Fremder, Ausländer, Gastarbeiter, ausländischer Mitbürger, Flüchtling, Asylbewerber, Asylant, displaced person, Staatenloser, transnational, Apatride, undocumented oder non-documentado, Exilant, Migrant, Emigrant, Immigrant, – je nachdem. Aber letztlich sind das alles nur Namen für eine uralte, eine archaische Gestalt, die Gestalt des Nomaden. Der Nomade steht für ein Phänomen, das uns allen wenigstens dem Hörensagen nach wohl vertraut ist, für Migration, also für freiwillige oder auch erzwungene Ortsveränderung. Migration ist ein Massenphänomen. Weltweit sind Millionen von Menschen auf Wanderung. Aber selbst Spezialisten, die sich berufeshalber mit diesem Phänomen befassen, haben Schwierigkeiten, es zu definieren.

Das moderne Nomadentum hat viele Gesichter und spricht fast alle Sprachen der Welt. Es findet sich überall, selbst in Provinzen, die weitab von den weltgeschichtlichen Schütterzonen liegen, in denen die Bewegungen ausgelöst worden sind. Die modernen Nomaden kommen als boat people. Die Bilder von den Booten, die bis zum Sinken überfüllt sind, gingen durch die Weltpresse. Migranten sind überall, aber sichtbar werden sie nur da, wo sie aufgegriffen werden, wo ihre Schiffe von der Küstenwache aufgebracht und abgeschleppt werden; wo sie von Schleppern allein und ihrem Schicksal überlassen werden, ob in der Straße zwischen Durres und Brindisi, zwischen Tanger und Gibraltar oder auf dem Weg von Ciudad Juarez nach El Paso. Der Nomade taucht einfach auf, heute hier, morgen da. Er scheut keine Gefahr. Grenzposten versuchen ihn mit Detektoren und Infrarotgeräten aufzuspüren, aber er läßt sich nicht abschrecken. Er ist furchtlos, denn die Brücken hinter ihm sind verbrannt. Er wird gejagt – eine Million Menschen wurde in den Achtzigerjahren an der amerikanisch-mexikanischen Grenze pro Jahr geschnappt und zurückgeschickt –, aber er findet immer wieder einen Durchschlupf. Er kennt die am wenigsten bewachten Stellen der Wohlstandsfestung Europa. Deren High-Tech-

Geräte, Grenzschutz-Spezialisten, Helikopter und Patrouillenboote machen ihm nichts aus.

Es gibt schon lange keine Toten mehr an der Berliner Mauer und keine Märtyrer des Eisernen Vorhangs. Dafür werden an den Ufern der Grenzflüsse Tote angeschwemmt. An der Oder sind es schon über 30, am Rio Grande allein in den letzten zwei Jahren mehr als 300. An Grenzkontrollpunkten werden aus Containern blinde Passagiere tot geborgen. An Europas Grenzen und auf Europas Flüchtlingsrouten herrscht Kleinkrieg. Erforschung der Flüchtlingswege und Fluchtstraßen, Verbesserung der polizeilichen Fahndung, Durchführung von »Vorfeldkontrollen«. Das übernationale Europa wächst am ehesten da, wo es um die Abwehr der Fremden geht. Aber was nützen all die Lager und Vorfeldkontrollen, ob in Makedonien, Ceuta oder in der Straße von Brindisi! Wer einmal über die Grenze zurück- und abgeschoben wurde, wird seine zweite Chance nutzen. Irgendwann wird die Barriere überwunden, und irgendwann wird der Nomade untertauchen in den großen Städten, in denen Kontrolle schon nicht mehr möglich ist. Mit den weltweiten Migrationsbewegungen beschäftigen sich Innenminister, Pastoren, internationale Organisationen, Forschungsinstitute. Mit den Wanderungen beschäftigen sich Sicherheitsexperten, denn die Nomaden unterlaufen Grenzen, staatliche Gewaltmonopole und bedrohen so die Stabilität von Staaten. Experten analysieren das Gefälle zwischen reicher und armer Welt und empfehlen den Abbau des Gefälles und die Aufrüstung an den Grenzen. Internationale Organisationen vervollständigen Jahr für Jahr die Wanderungsdiagramme, zeichnen Kurven und liefern Empfehlungen.

Weltweit ist die Migration, weltweit ist die Angst vor ihr. Niemand will die illegalen Immigranten haben, aber irgendwann werden sie legalisiert. Migration ist ein »multinational billion-dollar-business« (Myron Weiner), also ist sie wie Drogenhandel, Prostitution und Waffenhandel Teil der Weltwirtschaft. Im Programm sind billige Routen – der Trip von Nordafrika nach Gibraltar kostete in den frühen Neunzigerjahren zwischen 150 und 750 US-Dollar; die teure Route Kabul – Moskau – Prag sogar 10 000 Dollar. Alle Welt hat Angst vor der Übermacht der Migration, aber die Welt, in der wir leben, würde nicht einen Tag ohne die Nomaden funktionieren. Die global gewordene Wirtschaft braucht die globale Migration: der reiche Norden ebenso wie Südafrika oder Singapur. Und ebenso haßt alle Welt die Migranten. Selbst in einer Stadt wie New York, dessen Bevölkerung mehr oder weniger aus Immigranten besteht, haben es die Immigranten, die zuletzt gekommen sind, nicht leicht. Es muß zu denken geben, wenn in einem so sehr von Minderheiten geprägten Staat wie Kalifornien die Frage der Integration von Minderheiten zu einem Hauptthema im Gouverneurswahlkampf werden kann.

Fast in allen europäischen Staaten ist die Frage der Immigration, der Aufnahme von Flüchtlingen und Asylsuchenden zum Gegenstand polarisierender Auseinandersetzungen, oftmals auch zum Ausgangspunkt für die Gründung rechtspopulistischer und ausländerfeindlicher Parteien geworden. Aber die Angst und das Gefühl einer übermächtig werdenden und vielleicht außer Kontrolle geratenden Einwanderung ist nicht nur ein Problem Europas und Nordamerikas. In den Golfstaaten hat die Aversion und Feindschaft gegen die Gastarbeiter aus dem nahen arabischen Ausland und aus Asien deutlich zugenommen. Migration verändert die ethnische Zusammensetzung von Staaten und kann Staaten aus dem Gleichgewicht bringen – in einer Welt, wo fast alle 180 Mitglieder der Vereinten Nationen multiethnisch sind, keine belanglose Frage. Migration verändert die spezifische Zusammensetzung von Gesellschaften, fördert oder sprengt die soziale Kohäsion und ist damit ein konfliktproduzierender Vorgang, also ein internationales Sicherheitsproblem.

Der Migrant bevölkert vorzugsweise Lager: Auffanglager, Abschiebelager, Durchgangslager, Filtrationslager, Internierungslager, Arbeiterwohnheime und Mietskasernen. Aber oft werden diese auf Zeit errichteten provisorischen Zeltstädte zum Lebensort für eine ganze Generation. Man bemitleidet sie, solange sie weit weg sind, aber wenn aus der Fernstenliebe Nächstenliebe werden soll, wird es schwierig. Am angenehmsten sind sie als Fernsehbild von weit weg, als theoretische Möglichkeit und als Beweis für die Schlechtigkeit der Welt. Sie sind eine Last für jedes Aufnahmeland, aber ohne sie geht nichts mehr. Sie sind nicht willkommen, aber sie werden gebraucht. Sie haben keine politische oder organisierte Vertretung, aber sie sind die ersten, die zu Sündenböcken gestempelt werden. Aus ihrem Vorhandensein beziehen Parteien, die sonst nichts zu sagen haben, den Anschein von Legitimität. An ihnen hält sich die vox populi schadlos. Sie nehmen die Arbeit weg, für die sich die Einheimischen längst zu schade sind. Sie besetzen die Arbeitsplätze, für die sich andere nicht mehr gewinnen lassen. Sie übernehmen die 3-d-jobs: dirty, dangerous, difficult. Schon daß sie anders sind, spricht gegen sie. Vor der Wucht ihrer Bewegungen kapitulieren die mächtigsten Staaten und Organisationen der Welt.

Es ist kein Zufall, daß sich bei der Beschreibung der Migration fast immer eine naturalistische Begrifflichkeit einstellt. Fast immer ist die Rede von Migrationswellen, Flüchtlingswellen, Migrantenströmen, von Ebbe und Flut. Wie immer auch diese Vorgänge im Bewußtsein der Beteiligten abgebildet und verarbeitet werden – nüchtern, realistisch, bis ins Phantastische übertrieben, alarmistisch oder hysterisch –, es muß ohne Zweifel etwas Großes im Spiele sein, eine Art Naturgeschehen, etwas von der Art eines Naturprozesses.

Flüchtlinge, Migranten

Der Migrant, der Flüchtling ist kein Phantom, sondern leibhaftige Realität. Massenhaft, mit Händen zu greifen, eine der eindrücklichsten Tatsachen des neuen Jahrtausends. Er ist keine Erfindung, sondern eine statistisch faßbare Größe. Die ganze Welt scheint in Bewegung geraten zu sein. Nach UN-Angaben waren 1993 rund 100 Millionen Menschen weltweit auf Wanderschaft, darin eingeschlossen etwa 15,5 Millionen Migranten in Westeuropa, 20 Millionen in den USA, 8 Millionen in Australien und Kanada und einige Millionen in den Golfstaaten. Diese Zahlen erfassen noch nicht jene illegalen Migranten, also jene große Zahl von »undocumented persons« oder »non-documentados«, die allein für die USA auf drei Millionen geschätzt werden; auch nicht jene etwa auf 280 000 Menschen geschätzte Gruppe von ausländischen Arbeitern, die sich in Japan aufhalten; auch nicht jene Million von Arbeitskräften in Malaysia, die aus Indonesien und Thailand gekommen ist, oder die Millionen Bangladeshis in Indien; in diese Rubrik fallen auch nicht jene Hunderttausende von Wanderarbeitern und Immigranten aus dem Maghreb, die in Spanien, Frankreich oder Italien untergetaucht sind. An die drei Millionen Maghrebins sollen sich illegal in Westeuropa aufhalten.

Nicht unter diese Zahl fallen auch jene Hunderttausende von Migranten, die sich nach der Auflösung der Sowjetunion in den nichtrussischen Republiken auf den Weg gemacht haben, vorwiegend als Angehörige der russischen Bevölkerungsgruppen in den unabhängig gewordenen Republiken Zentralasiens, des Kaukasus und des Baltikums. Eindrücklich und alarmierend ist auch die Zahl der Flüchtlinge, die 1992 weltweit auf rund 20 Millionen geschätzt wurde – die Displaced Persons, die in ihren Ländern blieben und etwa 25 Millionen Menschen umfassen, noch gar nicht mitgerechnet. Die Internationale

Arbeitsorganisation (ILO) spricht von 100 Millionen Arbeitsmigranten. Enorm zugenommen hat auch die Zahl der sogenannten Umweltflüchtlinge, also von Menschen, die nach Umweltkatastrophen wie Vulkanausbrüchen, Erdbeben, Wirbelstürmen, Überschwemmungen, oder aber auch der Überflutung von Wohngebieten beim Bau von Staudämmen oder als Folge der Desertifikation von Agrarland ihre Heimat verlassen mußten.

Die Entwicklung der Zahlen weist rasant nach oben. Während man 1976 noch 2,8 Millionen Flüchtlinge annahm, waren es 1980 schon 8,2 Millionen, 1985 schon 11,6 Millionen, 1990 aber schon 17,2 Millionen und 1993 rund 18,9 Millionen Menschen. 1996 war der Hochkommissar für Flüchtlingsfragen der Vereinten Nationen zuständig für rund 26 Millionen Menschen. Vielleicht sind es aber in Wahrheit auch doppelt so viele. Unter den top ten waren Afghanistan mit 2,35, Ruanda mit 1,7, Bosnien-Herzegowina mit 1,33 Millionen Menschen, Liberia mit 750 000, Irak mit 630 000, Somalia, Sudan, Eritrea, Angola, Sierra Leone mit jeweils rund 1,5 Millionen Flüchtlingen.

Im Zentrum der Flüchtlingsbewegung steht Afrika, genauer das östliche Afrika. Afrika stellt mit seinen Flüchtlingen fast ein Drittel der Gesamtzahl der Flüchtlinge in der Welt. Sie stieg von 2,7 Millionen im Jahre 1981 auf 5,4 Millionen im Jahre 1992. Fast die Hälfte der 54 afrikanischen Staaten ist am Zustandekommen dieser Zahlen beteiligt. In Asien stiegen die Zahlen im gleichen Zeitraum von 4,6 Millionen auf 7,2 Millionen. Ein großer Teil der wachsenden Flüchtlingszahl auch in Europa geht auf das Konto der Kriege in der Zeit des Zerfalls der Sowjetunion und Jugoslawiens.

Beträchtliche Migrationen wurden durch den Golfkrieg ausgelöst: an die 5,5 Millionen Arbeiter wurden gezwungen, aus Saudiarabien nach Jemen, aus Irak und Kuwait nach Süd- und Ostasien sowie nach Ägypten zurückzukehren.

Von der größten Bewegung war indes noch gar nicht die Rede, denn sie fällt weder unter die grenzüberschreitende Arbeitsmigration noch unter die durch Kriege und politische Gewalt ausgelöste Bewegung von Kriegs- und Bürgerkriegsflüchtlingen: von der Landflucht. Die Landflucht, also die Wanderung von den Dörfern in die Städte, vom Land in die alles organische Wachstum sprengenden Megacities, ist die gravierendste und umfassendste Bevölkerungsbewegung weltweit. Sie bildet gewissermaßen die Matrix, die Grundlage für alle anderen, uns mehr ins Bewußtsein tretenden politisch und wirtschaftlich motivierten Bevölkerungsbewegungen. »Die Landflucht ist mit weitem Abstand die umfangreichste Migrationsbewegung auf dem afrikanischen Kontinent« (Roland E. Richter).

So vielfältig die Gründe sind, welche Menschen veranlassen, ihre Heimat zu verlassen, so vielfältig ist auch der Typus der Migranten. Die Gründe reichen von der Landflucht bis zur Flucht vor politischer Verfolgung, von der Flucht vor Dürre und Naturkatastrophen bis zur Flucht ins »Gelobte Land« eines gesicherten oder gar luxuriösen Lebensstandards, von der Vertreibung im Zuge ethnischer Säuberungen bis zum prophylaktischen Zurückweichen vor kommenden Bürgerkriegen oder vor dem Zerfall einst mächtiger Staaten. Die gröbste und einfachste Unterscheidung ist die zwischen stummer Migration und einer durch Gewalt ausgelösten Migration. Die Definition in der Genfer Flüchtlingskonvention von 1951 mag hierzu nützlich sein: »Im völkerrechtlichen Sinne sind Flüchtlinge Menschen, die ihr Heimatland aus begründeter Furcht vor Verfolgung wegen ihrer Rasse, Religion, Nationalität, politischen Überzeugung oder Zugehörigkeit zu einer bestimmten sozialen Gruppe verlassen haben«. Doch sind die Grenzen zwischen Flüchtling und Migrant oftmals so wenig genau zu ermitteln wie die Grenzen zwischen offener und versteckter Verfolgung und Diskriminierung.

Was immer die Forschung über die Gründe der gewaltigen Wanderungsbewegung zutage fördern wird, die euphorische Vorstellung von einem Ewigen Frieden oder von einer Neuen Weltordnung, wie sie in den Tagen der welthistorischen Wende von 1989 entworfen und geträumt wurden, hat realistischeren Szenarien Platz gemacht. Europa war nach dem Zweiten Weltkrieg wenigstens befriedet, aber auch die Konflikte in Asien, Afrika und Lateinamerika waren im Rahmen der Teilung der Welt und der Abschreckung der beiden Supermächte fast überschaubar, übersichtlich, berechenbar geworden. Das Ende der Teilung der Welt hat diese Sicherheit mit sich genommen. Die große Barriere ist niedergerissen. Und es kam in Bewegung, was jahrzehntelang blockiert war.

Das Ende der geteilten Welt kam mit Bildern, die an die Frühzeit des Nachkriegs erinnerten, an ein Europa, in dem ein Millionenheer von Kriegsgefangenen, Ausgebombten, Evakuierten, Kriegsflüchtlingen, Umgesiedelten und Vertriebenen unterwegs gewesen war. Es hatte mehrere Jahrzehnte gebraucht, um die Spuren des Weltkriegs zu tilgen, die in Schutt und Asche liegenden Städte wieder aufzubauen und bewohnbar zu machen. Europa, der Kontinent der Entwurzelten, war, was niemand sich im Frühjahr 1945 so recht hatte vorstellen können, wieder seßhaft geworden. »Europe on the Move«, wie es der russisch-amerikanische Demograph Eugene Kulischer in seiner grandiosen Untersuchung vom Ende der 40er Jahre genannt hatte, war zur Ruhe gekommen. Der Kalte Krieg hatte die Grenze gezogen. Die Supermächte hatten sich eingegraben und lagen auf Lauer gegeneinander. Nichts konnte sich in Europa regen ohne das Wissen und Einverständnis des anderen – selbst Eruptionen wie 1953 in Berlin, 1956 in Posen und Budapest, 1968 in Prag, 1981 in Polen, als die Völker Mitteleuropas gegen die sowjetische Vorherrschaft rebellierten, konnten daran – kurzfristig – nichts ändern. Europa war nach beispiellosen Turbulenzen pazifiziert. Ein halbes Jahrhundert lang.

Ende des »Goldenen Zeitalters«

Die Turbulenzen des Weltkriegs und der unmittelbaren Nachkriegszeit mit ihren Völkerverschiebungen waren im »Goldenen Zeitalter«, wie Eric Hobsbawm die prosperierenden Jahrzehnte nach Ende des Zweiten Weltkrieges genannt hatte, aus dem Horizont und aus dem Gedächtnis der Europäer verschwunden. Flucht und Vertreibung, Umsiedlung, Hunger und Not – das war etwas, was weit weg, an der Peripherie, geschah. Mit der neuen Freiheit waren die Bilder gleichsam über Nacht wieder da: Was nach einem »Ende der Geschichte« ausgesehen hatte, erwies sich eher als das Ende einer Epoche, die sich im Nachhinein fast wie ein glücklicher historischer Ausnahmezustand ausnahm – wenigstens für die Menschen im Westen, die es nach Jalta besser getroffen hatten.

1989 war es mit der Ruhe dahin. Es gab keinen Eisernen Vorhang mehr und keine Mauer, die die Bewegung hätte aufhalten können. In anderen Teilen des Kontinents kehrten Grenzen wieder, wo es ein Jahrhundert keine Grenzen gegeben hatte. Bürger wurden zu Fremden und Ausländern im eigenen Land – das betraf nach dem Ende der Sowjetunion 1991 an die 25 Millionen Russen, die sich nun in der Diaspora – ob in Estland und Lettland oder in Georgien und Kasachstan – wiederfanden. Mit dem Krieg in Jugoslawien und im Kaukasus kehrten in Europa Bilder wieder, die längst in Vergessenheit geraten waren. Flüchtlingstrecks, Kinder an der Hand ihrer Mütter über unwegsame Paßstraßen geführt, Menschenprozessionen mit ihren auf Traktoren und Wagen verstauten Habseligkeiten; Zeltstädte und Lager; Szenen aus dem Flüchtlingsleben, die seit Menschengedenken immer dieselben geblieben sind – die Einrichtung im Provisorischen, das zum Dauerzustand wird; die archaische Situation von Zelt und Biwak; die Verteilung von Decken und Lebensmitteln. Modern und postmodern an diesen Szenen waren allenfalls einige neue Accessoires: das Handy, die Plastikplane, der Helikopter, von dem Lebensmittel abgeworfen wurden. Aus solchen Details war zu entnehmen, daß die Zeiten andere geworden waren, und daß wir uns am Ende des Jahrhunderts, in dem alles begonnen hatte, befanden.

Europa rieb sich die Augen. Was geschah, spielte sich eine Flugstunde von München oder Zürich entfernt ab. Die Flüchtlinge konnten morgen schon in der Menschenschlange vor dem Aufnahmelager irgendwo in Bayern oder in den Niederlanden stehen. Mit diesen ganz frischen Bildern vom Kriegsschauplatz, die allabendlich über die Fernsehschirme flimmerten, wurden andere Bilder reaktiviert, die so lange im Unterbewußtsein Nachkriegseuropas geschlummert hatten, und aus denen das befriedete Europa des Wiederaufbaus und der geglückten Integration hervorgegangen war. Von den Massakern in Ruanda und Burundi, in Zaire oder Timor, über die die ganze Welt im Bilde war, unterschieden sich diese Nachrichten dadurch, daß sie von Vorgängen in nächster Nähe berichteten und daß die Folgen für jedermann nachvollziehbar waren. Wer in Sarajevo gestern vertrieben wurde, konnte heute oder morgen an die eigene Tür klopfen. »World on the Move« war kein virtuelles Thema mehr, und damit wurde alles anders. Man stand vor der Frage, wie man sich praktisch zu verhalten habe und ob der Proklamation der Menschenrechte, die bis dahin nicht allzuviel gekostet hatte, nun mehr als nur ein Lippenbekenntnis folgen würde. Die Wirklichkeit war in den eigenen Horizont eingebrochen, und schnell stellte sich heraus, daß es nicht einmal einfach war, die Dinge, die sich mit beispielloser Wucht entfalteten, beim richtigen Namen zu nennen.

Weltgeschichte als Wanderungsgeschichte

Um die Klärung dessen, was den Menschen in Bewegung setzt, bemüht sich eine ganze Wissenschaft mit all ihren Abteilungen und Unterabteilungen in weltweit geführten Diskursen und Institutionen. In der Zeit der stabilen Grenzen und der aufgehaltenen Bewegung erschien Wanderung größeren Ausmaßes als Störung. Doch seither verhält es sich umgekehrt: Die Welt, in der kaum noch jemand an dem

Ort stirbt, an dem er geboren worden war, ist in gewaltiger Bewegung. Ist nicht gerade die Ortsveränderung typisch und zur Regel geworden für den modernen Menschen?

Wiederum sind es die Zahlen, die die Dimension dieser Vorgänge am besten verdeutlichen. 1997 lebten rund 90 Millionen Menschen außerhalb ihres Geburtslandes als Migranten oder Flüchtlinge, das ist immerhin jeder siebzigste unter uns. Rund 90 bis 100 Millionen Menschen sind unterwegs, davon 75 Millionen Arbeitsmigranten und 15 Millionen Flüchtlinge. Aber die Grenze zwischen Arbeitsmigration und Siedlermigration, zwischen Ortsveränderung auf Zeit und Ortsveränderung für immer, verwischt sich zusehends. »Bei der Unterscheidung zwischen Flüchtlingen und Migranten gibt es zunehmend Situationen, in denen die Abgrenzung schwierig oder gar unmöglich ist. Immer häufiger sind politische Verfolgung, wirtschaftliche Not und Zerstörung von natürlichen Lebensgrundlagen zu einem komplexen Ursachengeflecht verwoben. Für viele Betroffene ist die Unterscheidung aber lebenswichtig, weil bislang nur Flüchtlinge unter wirksamem internationalem Schutz stehen, während die Behandlung von Migranten weitgehend im Zuständigkeitsbereich der Staaten liegt« (Steffen Angenendt).

Sobald die Idee der Seßhaftigkeit nicht mehr selbstverständlich ist, ergeben sich viele Fragen. Man fragt nicht nur, warum so viele Menschen sich auf Wanderschaft begeben, sondern im Gegenteil: warum sie bleiben, wo es doch so viele Gründe gibt, wegzugehen. Man fragt sich, wie es um eine Globalisierungsdikussion, die mit Nachdruck geführt wird, stehen muß, wenn gleichzeitig die Globalisierung der Migration ausgeschlossen wird. Wie paßt die Forderung nach globaler Freiheit für das Kapital einerseits und nach Unterbindung oder Behinderung der globalen Migration zusammen? Man stößt auf die Widersprüche, die auch ein gutes Gewissen nicht ignorieren kann: Wie kann man allgemeine und universelle Bewegungsfreiheit fordern, wo doch klar ist, daß ihre Inanspruchnahme und universelle Realisierung die Welt ins Chaos stürzen würde? Wenn die ganze Menschheit versuchte, sich in Nordamerika oder Europa niederzulassen, käme es zu einem Weltbürgerkrieg. Die entwickelte Welt scheint auch angesichts dieses Dilemmas nicht von ihrer universalistischen Rhetorik abzurücken und lieber den Vorwurf der Doppelmoral und Heuchelei in Kauf zu nehmen.

Theoretisierungsversuche

Der mit der steigenden Migration ebenfalls wachsende Problemdruck hat die Migrationsforschung zur Arbeit angetrieben. Ökonomie, Demographie, Geschichtswissenschaften, Ethnologie – sie alle sind aufgerufen, das rätselhafte und bedrohlich erscheinende Phänomen zu analysieren und zu deuten. Die Forschung versucht zu ergründen, weshalb so ungeheure Menschenmassen sich in Bewegung setzen, zumal der Entschluß zur Migration ja alles andere als leicht ist. Sie untersucht, welche Rolle die verbesserten Kommunikationsmittel für die Horizontbildung und für die Herausbildung von Netzwerken und Migrationsrouten spielen. Sie stellt fest, daß die verbilligten und verbesserten Transportmöglichkeiten von großer Bedeutung sind und daß große Entfernungen – wie zwischen Manila und Kuwait oder der innerchinesischen Provinz und der amerikanischen Ostküste – heute kein ausschlaggebender Hinderungsgrund mehr sein müssen. Insofern sind, wie Ronald Skeldon gezeigt hat, verkehrstechnische Daten wie die Aufnahme des regulären Transatlantikverkehrs in den Fünfzigerjahren oder die Indienststellung der Boeing 747 auch Daten in der Geschichte der weltweiten Migration.

Push-and-Pull-Faktoren gehören nicht mehr nur zur ökonomischen Sphäre. Die Migrationsforschung erkennt die Pull-Funktion eines prosperierenden und arbeitskräfteintensiven Wirtschaftsgeschehens und die Push-Funktion von Naturkatastrophen oder Krieg. Sie widerlegt mit dem Hinweis auf das dicht besiedelte Java die oftmals geäußerte Annahme, daß es einen direkten Bezug zwischen Bevölkerungsdruck und Migration gebe, und kann der These, daß die am stärksten verelendeten Regionen auch die meisten Migranten hervorbrächten, empirisch nichts abgewinnen.

Natürlich hat die Wissenschaft, die sich mit dem Phänomen der Migration beschäftigt, den Ehrgeiz, ein Gesetz der Migration zu entdecken und zu formulieren. Nicht alle wollten sich mit der schlichten Annahme von einem einzigen Gesetz zufriedengeben, nach dem sich eine einmal in Gang geratene Migration selbst stimuliere. Aber es gibt auch harte Theorien, die aufs Ganze gehen. Sie laufen letztlich darauf hinaus, alle Geschichte in eine Geschichte der Wanderung aufzulösen. Dies ist schon angelegt in dem Satz des Begründers der Beschäftigung mit dem Phänomen der Migration, Edward G. Ravenstein, der bereits 1885 Gesetze der Migration zu formulieren versucht hatte und in der Migration einen Grundzug der menschlichen Evolution, gewissermaßen eine anthropologische Konstante, sah: »Migration ist gleichbedeutend mit Leben und Fortschritt; seßhafte Bevölkerung ist gleichbedeutend mit Stagnation«. Migration ist hier identisch geworden mit geschichtlicher Entwicklung an sich, und – so könnte man den Gedanken weiterführen – eine Feststellung oder ein Ende der Wanderung wäre soviel wie ein Ende der Geschichte selbst.

Es hat nicht an Versuchen gefehlt, die Weltgeschichte als eine Wanderungsgeschichte zu entschlüsseln. In der Hochzeit der europäischen Expansion, in der Blütezeit der kolonialen Welt zwischen 1900 und 1914 war daraus fast eine Mode geworden. Fast so sehr, daß Oswald Spengler, der Verfasser des »Untergangs des Abendlandes«, darüber spotten konnte: »Trifft ein Historiker heute auf ein Volk, das etwas geleistet hat, so ist er ihm gewissermaßen die Frage schuldig: von woher kam es? Es gehört zum Anstand eines Volkes, von irgendwoher gekommen zu sein und eine Urheimat zu haben. Daß es auch dort zu Hause sein könne, wo man es vorfindet, ist eine fast beleidigende Annahme. Wandern ist ein beliebtes Sagenmotiv ursprünglicher Menschheit, aber seine Anwendung in der ernsthaften Forschung ist nachgerade zu einer Manie geworden«.

Franz Oppenheimer, der große Staatsskeptiker, der später vor Hitler ins Exil floh, hatte es erstmals unternommen, die »krause Chiffreschrift der Wirklichkeit« zu entziffern, indem er das »Gesetz der geschichtlichen Bewegung«, ein »Gesetz der Strömung«, sichtbar zu machen suchte. In dieser Geschichte spielt der Nomade die zentrale Rolle. Man kann Oppenheimer zufolge sogar von einer Geburt der Staatlichkeit aus dem Geist des Nomadentums, der Unterwerfung der Seßhaften durch die Nomaden, der Erfindung der Sklaverei wie überhaupt der außerökonomischen Gewalt und der »Bewirtschaftung des Menschen durch den Menschen« sprechen.

Oppenheimer entwickelte seine Theorie gegen das, was er die heroistische Geschichtsauffassung nannte, also eine Lesart, die davon ausging, daß Geschichte und geschichtliche Bewegungen von starken Einzelpersonen, von Heroen, ausgelöst oder gar gemacht werde. »Die heroistische Geschichtsauffassung vermag nicht einmal die allergrößten und allergröbsten Ereignisse zu erklären«, spottete Oppenheimer. »Die grundlegende Tatsache des äußeren Erlebens der Menschheit sind die Völkerwanderungen. Von dem Augenblicke an, wo wie durch einen Nebel die Geschichtsanfänge sichtbar werden, bis auf unsere Zeit hinauf, kann man die Geschichte fast als die Lehre von den Wanderungen bezeichnen. Ein Nomadenvolk nach dem anderen strömt aus den unerschöpflichen Menschheitswiegen in den Weidesteppen Zentralasiens und Arabiens hinab in die Niederungen und macht sich seßhaft (...) Kein ›Heros‹ konnte die Strömung aufhalten oder ihre Folgen verhindern; selbst eine Persönlichkeit wie Bismarck konnte nicht mehr tun, als sie benutzen, indem er sich ihr anbequemte. Der genialste Staatenlenker ist in keiner besseren Lage als der Kapitän eines Segelschiffes; er kann den Wind nicht machen, sondern nur benützen«.

Entsprechend dieser Ansicht geht Oppenheimers Interesse dahin, die Geschichte in den »tiefen Strömungen des Ozeans der Menschheit« aufzufinden. Seine Definition lautete: »Das bestimmende Moment in der Geschichte sind die Massenströmungen vom Orte höheren Drucks zum Orte niederen Drucks« – von der Armut zum Wohlstand, von der Knechtschaft zur Freiheit. Oppenheimer verstand diese These durchaus als Anleitung zum Lesen der Weltgeschichte, von der Einwanderung der Hyksos ins Niltal bis zum Zusammenbruch des römischen Weltreiches, von der Expansion des Islam bis zu der »ungeheuren Wanderbewegung nach Nordamerika, welche eine neue gewaltige Großmacht und eine ganz andere Verteilung der politischen Kräfte erzeugt hat«.

Dieser Gedanke ist von Zeitgenossen Oppenheimers, den russisch-jüdischen Emigranten Alexander und Eugene Kulischer, ausformuliert worden. Die beiden Wissenschaftler, Söhne des großen russischen Gelehrten Michail Kulischer, waren Anfang der 20er Jahre aus Sowjetrußland geflohen und hatten sich in Berlin niedergelassen. 1933 mußten sie auch Deutschland verlassen. Alexander Kulischer wurde von Hitlers Schergen in Frankreich festgenommen und kam im Lager um, Eugene gelang die Flucht in die Vereinigten Staaten. Beide wußten also aus eigener Anschauung, wovon sie in ihrem gemeinsam verfaßten und 1932 veröffentlichten Buch »Kriegs- und Wanderzüge – Weltgeschichte als Völkerbewegung« sprachen.

Vielleicht ist am Ende der Periode der Stabilität und des »Goldenen Zeitalters« des Nachkriegs wieder ein Empfinden dafür aufgekommen, daß die Geschichte der Menschheit weniger von Seßhaftigkeit als von Wanderung, mehr von Krieg als von Frieden bestimmt war. In der Zeit des festgefrorenen Friedens muß der Gedanke merkwürdig und fast seltsam erschienen sein, der die »Weltgeschichte als Völkerbewegung« gedacht hatte. Alexander und Eugene Kulischer versuchten in ihrem Buch die »Mechanik der Völkerbewegungen« zu erfassen. Die Ursache der Massenwanderungen sahen sie in der »Ungleichheit der Bevölkerungsverhältnisse auf verschiedenen Teilen der Erdoberfläche«. Sie fanden, daß es ein Gefälle zwischen übervölkerten und zu wenig bevölkerten Gebieten gebe und daß es immer wieder zu einem »Abfluß« aus Gebieten mit größerem Bevölkerungsdruck kommen müsse. »Die Wanderungsbewegung richtet sich aus dem Gebiete, wo der Nahrungsspielraum relativ (d. h. im Verhältnis zur Einwohnerzahl) kleiner ist, in das Gebiet, wo er relativ größer ist oder dank der Einwanderung selbst relativ größer werden kann«. Hinter den großen geschichtlichen Bewegungen sahen sie eben jenen Bevölkerungsdruck, der sich ein Ventil suchte. Gestützt auf diese Bewegungen verspotteten sie – wie Oppenheimer, aber auch die ganze marxistisch-sozialdemokratische Tradition – die heroistische Geschichtsauffassung. Der Krieg war in ihrer Auffassung nur die Fortsetzung des Friedens mit anderen Mitteln, wenn »das Suchen nach Land und Brot zum Kampf um Land und Brot« werden mußte. »Die Kriegszüge sind eine Form der Wanderzüge«, heißt es ebenso lakonisch wie apodiktisch in Kulischers Buch von 1932. Der Krieg ist eine gewaltsame Massenbewegung, die mechanisch aus dem »differentiellen Bevölkerungsdruck« entspringt. Die eine Bewegung erzeugt eine weitere. Jedes »geschobene« Volk wird seinerseits, direkt oder indirekt, zum »schiebenden«, jedes »schiebende« zum »geschobenen« – so lange, »bis der Strom einem stärkeren Gegendruck begegnet«. »Die großen Bewegungen der einander schiebenden und drängenden Völker sind die wahren Magistralen der Weltgeschichte. Sie äußern sich in langen Ketten von Wanderungen, Raub- und Kriegszügen und Eroberungen. Tief unter der farbigen Fülle der Geschichtsereignisse wirken diese einfachen mechanischen Elementarmächte, und sie sind es im Grunde, welche die verschiedenen Geschichtsepochen voneinander trennen«.

So wie Oppenheimer versucht hatte, hinter den »Heroen«, also den »Männern, die Geschichte machen«, die wahren Triebkräfte zu benennen, so versuchten die beiden Kulischers die Dynamik jener Bewegung zu erfassen, die hinter der militanten oder militärischen Zuspitzung stand.

Blick zurück

Ist die Völkerbewegung erst einmal aus der Mechanik von Über- und Unterdruck erklärt, dann wird auch die ganze Weltgeschichte nach diesem Muster verstehbar. Am klarsten und im allgemeinen auch anerkannt ist dies bei der Periode der Völkerwanderung. Hier ist der Zusammenhang zwischen Geschichtsereignissen und Wanderbewegung, Kriegs- und Wanderzügen, Eroberungen und Staatsgründungen so etwas wie Gemeingut der Geschichtsschreibung geworden. Weniger gilt dies für die großen Expansions- und Wanderbewegungen des Islam, der Normannen, der Ostslawen oder die deutsche Ostkolonisation. Auch für das 18. Jahrhundert des Absolutismus scheint der Zusammenhang zwischen Krieg und Wanderzügen weitgehend entkoppelt, obgleich offensichtlich war, daß »die gewohnheitsmäßigen kriegerischen Verheerungen in diesem Zeitalter das wichtigste Mittel der Fortpflanzung der Bewegungen« waren. »Die kriegerische Bewegung trieb eine Wanderbewegung vor sich her und öffnete einer anderen Wanderbewegung den Weg. Die wirtschaftliche Zerstörung der vom Kriege heimgesuchten Gebiete führte zunächst zur Auswanderung, aber nachher zum Bedürfnis an Arbeitskräften für den Wiederaufbau«, schrieben Alexander und Eugene Kulischer in ihrem Buch.

Flucht der Steuerpflichtigen vor wachsendem Steuerdruck, Flucht der Leibeigenen vor der Knechtung durch die Zentralmacht waren die Hauptmotive für die Wanderung an die südliche und östliche Peripherie des Russischen Reiches und folglich auch für die Verschiebung und Festigung des Russischen Reiches. Klar im Bewußtsein war der Zusammenhang wiederum bei der großen transatlantischen Wanderung. Die Wanderbewegung wird zur Auswanderungsbewegung, die Migration zur Emigration. Die explosionsartig sich vermehrende Bevölkerung am Übergang von der Agrar- zur Industriegesellschaft wanderte ab in die Industriegebiete oder aber nach Übersee – eine Zahl, die bald alles in den Schatten stellte, was während der großen Völkerwanderung in Bewegung gesetzt worden war. Die Völkerwanderung ging vorwiegend in zwei Richtungen – nach Westen, nach Nordamerika, und führte zur Gründung und zum Aufstieg der Vereinigten Staaten, und nach Osten, wo sie zur Erweiterung und zur eurasischen Neubegründung des Russischen Reiches führte. Amerika saugt die Bevölkerungen ganzer Staaten auf – Irlands zum Beispiel. Die Übersee-Emigration ist das Ventil, das den Bevölkerungsdruck von den Industriestaaten Europas nehmen soll. Theoretiker wie Malthus propagierten die Große Wanderung als Lösung der sozialen Fragen und zur Beseitigung des Pauperismus. Von überall her ziehen die Mühseligen und Beladenen über den Atlantik, um auf Ellis Island Einlaß zu begehren und Amerikaner zu werden. Rund 50 Millionen Menschen wandern zwischen 1800 und 1940 aus Europa aus. Zwischen 35 und 40 Millionen Migranten finden zwischen 1820 und 1924 in den Vereinigten Staaten ihre neue Heimat. Allein über Ellis Island wanderten 12 Millionen Menschen ein, die aus der Alten Welt herübergekommen waren.

Die Immigrationsströme stimulieren sich und treiben sich gegenseitig voran, bis um 1890 das Siedlungswerk in den Vereinigten Staaten im großen und ganzen abgeschlossen ist, und sich inneramerikanisch neue Migrationsprozesse ergeben – vom Land in die Städte und vom Süden der Plantagen in den industriellen Norden. Auch die russische Wanderbewegung vor dem Ersten Weltkrieg und der Revolution wird durch die rasche Bevölkerungszunahme gefördert. Sie strebt in erster Linie in den Süden und den Südosten des Russischen Reiches sowie nach Fernost auf der Route entlang der Transsibirischen Eisenbahn, sodann in die industriellen Zentren.

Der Erste Weltkrieg erscheint in der Interpretation der Kulischers nicht zuletzt als das Resultat des Zusammenstoßes von Wanderbewegungen, denen der Ausweg nach Westen und nach Osten versperrt war. Die kriegerische Auseinandersetzung erscheint als Weiterführung des Wanderungsdrucks. Der Imperialismus der Vorkriegszeit liest sich in diesem Schema als »ein Haschen beengter Völker nach Räumen, die in Wirklichkeit nicht mehr existierten«. »Mit dieser Katastrophe schließt die Ära der großen anarchisch-freien Wanderungen, die Periode, in der eine rasche Erschließung der brachliegenden Schätze der Erde den alten Zirkel von Not-Krieg-Not wenigstens für einen Teil der Menschheit gebrochen hatte.«

Die Kulischers verlangen letztlich eine internationale Bevölkerungspolitik; es geht ihnen um eine rationale Verteilung der Weltbevölkerung, um eine planmäßige Steuerung und Anpassung der Bevölkerung an die zur Verfügung stehende Nahrung. Sie ahnten, daß die planmäßige Vermehrung der Bevölkerung nicht nur verantwortungslos war, sondern daß »diese Bevölkerungspolitik nur ein Name für Kriegsvorbereitung und Kriegshetze« war. Es klingt etwas an vom Pathos einer Generation von Aufklärern, der die Schrecken noch bevorstehen, wenn die Kulischers schreiben: »Die Mechanik der Völkerbewegungen ist eine Naturgewalt wie jede andere, die unter gewissen Bedingungen segensreiche, unter anderen katastrophale Wirkungen hervorbringt, die man nicht abschaffen, wohl aber, wenn ihre Gesetze ergründet sind, versuchen kann zu beherrschen und zum Gedeih statt zum Verderb der Menschheit zu lenken. Eine wahre Organisation des Weltfriedens wird nie eine Organisation des Weltstillstandes sein können. Sie wird vielmehr eine kraftvolle internationale Regulierung der Wander- und Kolonisationsbewegungen einschließen müssen. Sie wird den Anspruch eines Volkes auf Raum, wo es sein Brot im Schweiße seines Angesichts essen kann, ebenso berücksichtigen wie den Anspruch eines anderes Volkes auf Schutz eines durch schöpferische Kulturarbeit wohlverdienten Lebensstandards gegen niederdrückende Konkurrenz . . . .«

Es gehe darum, »Verschwörern gegen den Weltfrieden durch Entlastung und Sanierung der Brutherde des kriegerischen Ungeistes das Handwerk zu legen. Und damit wird die Menschheit erst die wahre Herrschaft über die Natur erringen: wenn sie es gelernt hat, die Naturkräfte, die sie selbst bewegen, zu beherrschen. Dieses alles ist heute noch Utopie. Nicht wegen der zahllosen Widerstände, die man hierbei überwinden müßte und die man ganz sicher einmal überwinden wird! Keine Interessen, keine Traditionen und keine Vorurteile haben je oder werden je Fortschritte der gesellschaftlichen Organisation verhindern können, die nicht auf bloßen humanitären Stimmungen, sondern auf exaktem Wissen beruhen. Diese wissenschaftliche Grundlage für eine Sicherung des friedlichen Ablaufs der Völkerbewegungen wird aber nur eine Lehre über die mechanischen Gesetze dieser Bewegungen geben. Wir sind weit davon entfernt, zu glauben, daß wir diese Gesetze schon enthüllt haben; daß sie existieren, daß man sie auffinden kann, dieses glauben wir bewiesen zu haben.«

Darin klingt, obwohl von der quasi-naturgeschichtlichen Wucht sozialer Prozesse – eben der Migration – die Rede ist, immer noch etwas vom Optimismus der Machbarkeit und Steuerbarkeit an, obwohl doch gerade die Kulischers die Grenzen politischer und organisatorischer Aktionen dargelegt haben. Die Kulischers hatten es, wie alle Demographen und Migrationsforscher, mit Prozessen langer Dauer zu tun. Ihre Optik öffnet den Blick hinter die Kulissen der politischen Entscheidungen und der ökonomischen Konjunkturen und gewinnt damit gleichsam eine Einsicht in die Hoffnungslosigkeit all jener Unterfangen, die per Dekret oder internationalem Vertrag, durch diplomatische Arrangements den buchstäblichen »Gang der Welt« aufhalten wollen.

Die Weltgeschichte wird, so betrachtet, noch einmal zurückversetzt, verflüssigt, in statu nascendi gebracht. Dies erlaubt uns einen Blick auf ein Stadium, in dem alles noch im Flusse war. Dieser Blick hat zwangsläufig etwas Erschreckendes. Denn er öffnet uns die Augen dafür, daß auch jene Verhältnisse, die wir als fest und endgültig ansehen, nur vorübergehend sind, daß die beste aller Welten nur ein Provisorium ist, und daß, was so stabil erscheint, nur Stabilität auf Zeit ist. Diese Auffassung verstößt gegen die keine Schranken respektierende Allmachtsvorstellung, die uns beseelt; sie bringt uns bei, daß wir mit der Einsicht leben müssen, daß noch die festesten Grenzen flüssig, die stabilsten Institutionen fragil sind. In diesem Geschichtshorizont gibt es Vorposten, die zurückgenommen werden, Städte, die versanden werden, Zentren des Lebens, die sich in Wüsten verwandeln werden, blühende Kulturen, die unter dem Asphalt verschwinden werden.

Alle Geschichte löst sich auf in Bewegung, und zwar die körperlichste aller Bewegungen, die Wanderung: die Alexanderzüge und die Errichtung des Römischen Weltreiches; die Völkerwanderung und die jüdische Diaspora; die Expansion Moskaus bis zum Pazifik und die Entdeckung der beiden Amerikas, deren Missionierung und Kolonisierung; die verschiedenen Erbfolgekriege und erst recht die Weltkriege; die Ausbreitung der kommunistischen Weltrevolution und ihr Steckenbleiben. Die Welt und jener Teil der Welt, der uns besonders nahe ist – Europa –, werden mit einem Male durchsichtig, transparent.

Geschichte im Rohzustand

Europa, die Welt – diaphan. Dieses Erlebnis stellt sich ein beim Blick auf die Karten, die wir umblättern. Die meisten der »10 Geschichtswunder«, die der Philosoph Helmut Fleischer ausgemacht hat, sind mit den großen Wanderungen verbunden: »Die Ausbreitung der Homines sapientes von ihren Ursprungsräumen über den ganzen Erdplaneten«; die Fortsetzung der ursprünglichen Besiedlungsgeschichten »mit anderen Mitteln«, »als Eroberungsgeschichte, die sich mitunter wie in Wellen sukzessive wiederholt hat«; als Korrelat zur Besiedlungs- und Eroberungsgeschichte die Linie der Ausrottungs- und Austreibungsgeschichte, »in deren Folge menschliche Siedlungsräume in extrem unwirtlichen Zonen entstanden sind«; die Herausbildung von »interregionalen Geschichtsketten« vom Orient über das Mittelmeer nach Nordeuropa, die vermittelt war über »territoriale und maritime Brükkenbildungen, Eroberungen oder anderen Transfer«; und schließlich die europäische Nachfolgezivilisation im Anschluß an die zerfallende römische, die sich bis heute weit über den Globus in die beiden Amerikas und andere Kolonisierungsräume ausgedehnt hat.

Die auf dem Weltatlas eingezeichneten Pfeile bekommen mit einem Mal eine Bedeutung, die über das bloß Illustrative hinausgeht. Sie sind der hilflose Versuch, die Dynamik der Wanderung, ihren zeitlichen

Verlauf und ihre räumliche Expansion mit graphischen und statischen Mitteln zu fassen. Ist es nicht ein »Geschichtswunder«, wie Helmut Fleischer es genannt hat? Die Ausbreitung des homo sapiens von seinen mutmaßlichen Höhlen im südlichen und südöstlichen Afrika nach Europa und Asien und über die eurasisch-amerikanische Landbrücke bis nach Feuerland? Der Schwarm von Booten, auf denen die Welt Ozeaniens irgendwann in Besitz genommen worden ist? Ist es nicht ein erschütterndes Erlebnis, den Migrationen und Kolonisationen auf die Spur zu kommen, aus denen sich irgendwann unsere geschichtliche Welt herausschälen wird, den Wanderungen ins Zweistromland und an den Nil, an den Indus und an den Gelben Fluß?

Wir können gut die Züge des Volkes Israel nachvollziehen und die Herausbildung der griechischen Welt an den Gestaden der Ägäis. Wir fühlen uns an die Beschleunigung in Zeiten der Globalisierung erinnert, wenn wir die Beschleunigung aller Bewegung im Römischen Weltreich, diesem Weltreich der gut gebauten Reichsstraßen und der »agrimensores«, nachvollziehen. Wir verstehen die Sprachenkarte Europas nicht ohne das Hin und Her, ohne Ebbe und Flut der großen Wanderung. Wir können uns die Wucht vorstellen, mit der die mongolischen Reiterheere in die besiedelten Räume hineingestoßen sind und eine ganz Eurasien erfassende Kettenreaktion ausgelöst haben – beginnend in Karakorum und auslaufend an der Atlantikküste. Wir ziehen noch einmal die Spuren nach, die die Wikinger, die Normannen, die Araber in der Welt hinterlassen haben, nein: mit denen sie die Welt gemacht haben.

Uns wird klar, wie groß die Wucht von Wander- und Kolonisationsbewegungen sein muß, wenn es zu Grenzverschiebungen kommt: von Völkern, von Sprachen, von Kulturen, Sitten und Gebräuchen, Verschiebungen von Süd nach Nord, von West nach Ost oder umgekehrt. Wir ahnen etwas von der Gewalt, die hinter der Zwangsmigration und der erzwungenen Besiedlung großer Teile der Welt stecken muß: hinter der Deportation von 11, vielleicht auch 20 Millionen Negersklaven auf die Plantagen der Neuen Welt, hinter der Verschickung von Sträflingen und Aufrührern nach Australien und Sibirien, hinter den Massendeportationen in den Gulag, mit denen Sibirien noch im 20. Jahrhundert zwangsbesiedelt worden ist. Unfaßbar stehen wir vor der großen Zahl. Ganze Kontinente müssen einmal aufgebrochen sein. Über 30 Millionen Inder haben zwischen 1830 und 1930 ihren Subkontinent verlassen, um sich in allen Teilen der Welt niederzulassen: im südlichen und östlichen Afrika, in Lateinamerika, auf den Inseln Ozeaniens. Wer kann es sich vorstellen, daß in gut zwei Jahrzehnten – 1900 bis 1924 – an die 18 Millionen Immigranten in die Vereinigten Staaten gekommen sind?

Und überall stoßen wir auf die Spuren der Welten der Diaspora. Kein Ort ist entlegen genug, um nicht für irgend jemanden Heimstatt zu werden. Keine Zeit, in der nicht das Netzwerk gewachsen oder zerstört worden ist. Wir finden Synagogen in China, in Indien, in Rabat, in Durban, in Addis Abbeba. Wir finden Sprachfetzen, Ornamentenreste, Grundrisse, Gesten, Ruinen und Klänge, an denen sich ablesen und heraushören läßt, daß es kaum einen Flecken der Welt gibt, der von der Großen Wanderung verschont worden wäre. Wir begreifen, warum es in allen Hochkulturen Mythen von der großen Wanderung gibt und warum all die Mythen von der Großen Wanderung so lebendig geblieben sind, warum Odysseus und Aeneas, Moses und Kolumbus Personen sind, die uns auch heute noch faszinieren. Sie sind immer noch unsere Zeitgenossen.

Vielleicht muß uns heute dieses mythische Personal sogar besonders teuer sein. Es könnte uns helfen, den Schreck zu überwinden, der jenen befällt, der sich in der Geschichte zu orientieren sucht.

Zwangsmigration, Umsiedlung, Vertreibung

Das 20. Jahrhundert hat man als »Jahrhundert der Flüchtlinge« bezeichnet. Es ist, als sollte dieser Titel mit den Flüchtlings- und Vertreibungsbewegungen der letzten Jahre des ausgehenden Jahrhunderts noch einmal bekräftigt werden. Mit den Nachfolgekriegen im zerfallenden Jugoslawien der neunziger Jahre ist der Flüchtling wieder zu einer Zentralgestalt in Europa geworden. Hunderttausende haben sich in den afrikanischen Staaten Ruanda und Burundi auf den Weg gemacht, um Massakern zu entgehen. Religiös motivierte Zusammenstöße haben in Osttimor eine Fluchtwelle ausgelöst. In der nachsowjetischen Staatenwelt sind Abermillionen ethnischer Russen heimat- und staatenlos geworden, haben sich auf den Weg gemacht oder sitzen auf ihren Koffern. Flüchtlingsströme suchen ihren zum Schlachtfeld gewordenen Städten zu entkommen. Was niemand sich vorstellen konnte, ist eingetreten: das Jahrhundert geht zu Ende mit einer Orgie von Gewalt, die gezähmt und gebändigt erschienen war.

Das »Jahrhundert der Flüchtlinge« ist etwas anderes als das Jahrhundert der Migration. Migration ist die große und kleine Ortsveränderung, die Tag für Tag, Jahr für Jahr stattfindet. Ohne sie gäbe es keine Zirkulation von Gütern, Menschen und Ideen. Auf dieser stummen Migration beruht alles gesellschaftliche Leben. Sie ist die Form seiner Entwicklung. Auf dieser stummen Bewegung beruht unsere funktionierende Zivilisation. Sie kennt ihre Konjunkturen, ihr Auf und Ab, ihre Verlangsamungen und Beschleunigungen. Die stumme Migration ist etwas für Soziologen und Demographen, die Prozesse von langer Dauer studieren, für die Statistiker von langen Wellen, für Monitoring-Dienste und soziale Frühwarnsysteme. Die stumme Migration ist eine Existenzform, an der wir alle irgendwie teilhaben, wenn wir einen Job suchen und ihn anderwärts finden, wenn wir unseren Lebensmittelpunkt verlagern, wenn wir für einige Zeit unsere angestammte Lebensumgebung verlassen, vielleicht ins Ausland gehen – vorübergehend oder für immer.

Diese Bewegung ist der Alltag einer sich immer mehr verwebenden Weltgesellschaft, die Form ihrer Vergesellschaftung, jenseits derer wir uns ein Leben schon nicht mehr vorstellen können. Sie ist conditio sine qua non.

Schock im 20. Jahrhundert

Ganz anders die erzwungene Migration, die Flucht, die Vertreibung, die Umsiedlung. Sie unterbricht alle Routinen und alle Gewohnheiten. Mit einem Federstrich oder einer Nacht-und-Nebel-Aktion ist alles zu Ende, was einmal das normale Leben gewesen ist. Man darf, wenn es gut geht, seine Siebensachen packen, ein Mindestgepäck, das meist genau in Kilogramm angegeben wird. Manchmal kann man von Glück reden, daß man mit dem bloßen Leben davongekommen ist. Flucht ist Einbruch der Gewalt. Sie hat mit Druck und Terror zu tun. Sie ist nicht die Weiterführung oder Beschleunigung der Bewegung. Mit ihr ist vielmehr alles zu Ende, was bis dahin gegolten hatte: die Lebensumgebung, die Verbindlichkeiten, die Rücksichtnahme, der Anstand, die Freunde und Bekannten, die Zugehörigkeit zu einer Welt. Flucht ist das Ende von Heimat. Wer verjagt wird, hat keine Rechte mehr, er ist nicht mehr Herr seiner selbst, sondern kann ganz nach Belieben und ohne das geringste Risiko für den, der sich an Leib und Leben oder Eigentum des Flüchtlings vergreift, herumgeschoben und verfrachtet werden. Mit der Flucht bricht alles zusammen, was bis dahin gegolten hatte.

Der Flüchtling ist zwar auch ein Migrant und auch ein Nomade, aber doch ein sehr besonderer. Er ist es wider Willen, unfreiwillig. Er will meist dorthin zurück, wovon der Migrant sich gelöst hat. Die Migration folgt den demographischen Kurven, die Flucht dem Zusammenbruch von Macht. Migrationen haben einen Vorlauf, sie durchlaufen bestimmte Muster, haben ein Ziel und ein Ende. Fluchten finden statt Hals über Kopf, im Tumult der Ereignisse, sie enden selten in der Rückkehr in die Heimat. Der Migrant darf mitnehmen, was er tragen kann, der Flüchtling kann höchstens so viel mitführen, wie die Flucht erlaubt. Auf den Gesichtern von Migranten mischt sich Sorge mit Hoffnung, auf den Gesichtern von Flüchtlingen ist nur Schrecken. Die Flüchtlingsbewegung ist eine pathologische Erscheinung in der Geschichte der Menschen. Sie mußte zu einer fast normalen Massenerscheinung werden in einem Jahrhundert, das wenigstens in der ersten Hälfte aus kaum etwas anderem bestand als gewaltsamen Zusammenstößen, aus Krieg, Bürgerkrieg und Revolution. Die Zahl der gewaltsam Umgesiedelten und Vertriebenen in Europa im 20. Jahrhundert wird mit 40 bis 80 Millionen Menschen angegeben.

Der Säuberungswahn der Moderne

Die Epoche der beiden Weltkriege hat den Flüchtling als Massenerscheinung hervorgebracht. Der »Dreißigjährige Krieg« des 20. Jahrhunderts hat für Abermillionen von Menschen Entwurzelung und gewaltsame Ortsveränderung mit sich gebracht. Er beginnt 1914 mit der Generalmobilmachung der großen Reiche, die alsbald in den großen Völkerkrieg übergeht. Die Zeit der Kabinettskriege ist längst vorbei, auf den Schlachtfeldern stehen sich die modernen, nach Millionen zählenden Massenarmeen gegenüber, hinter deren Feuerkraft die Wucht ganzer Nationalökonomien und mobilgemachter Gesellschaften steht. Nach Millionen zählen auch die Gefallenen und die Insassen der Kriegsgefangenenlager in ganz Europa. Nach Hunderttausenden zählen auch die Zivilisten, die aus dem Frontgebiet evakuiert werden müssen. Sie werden ins Landesinnere geschafft, samt den Industrien und Hochschulen – im Grunde eine ebenso große Deportation wie Transplantation. So werden Bevölkerungen verschoben, noch bevor es Flüchtlinge gibt.

Die Reiche zerbrechen. Sie werden überholt von den Bewegungen, die sie selber entfesselt haben. Am Ende lösen sich die alten Vielvölker-

Imperien auf und an ihre Stelle treten die neuen Nationalstaaten, die in Wahrheit Vielvölkerstaaten sind: mit Minderheiten, die zu groß sind, als daß sie sich einfach assimilieren könnten; in Staaten, die zu ungefestigt und deren dominante Eliten zu sehr mit Minderwertigkeitskomplexen belastet sind, als daß sie ein entspanntes Verhältnis zu den vielen Ethnien, Kulturen und Konfessionen in den eigenen Grenzen haben könnten. Und dies auf einem Kontinent, der zu vergiftet ist nicht nur vom Krieg, sondern vom Siegfrieden, der nur neuen Haß und Revanchegedanken ausbrütet.

Europa ist 1918/1919 im Augenblick des Friedens voll von neuen, aber zu kurz gekommenen, gekränkten, beleidigten Völkern und Völkerschaften. Das Ende der alten »Völkergefängnisse« hat die Leidenschaften nicht beruhigt, sondern ihnen erst einmal vollen Lauf gelassen. So ist Europa voll von Irredentismen, Revanchismen und einer überwältigenden Sehnsucht, das Störende, das Nichtdazugehörige, das Fremde, das »Art- oder Sozialfremde«, wie es im nationalsozialistischen und kommunistischen Jargon dann hieß, loszuwerden. Der Krieg aller gegen alle, in den die Situation nach dem Ersten Weltkrieg ständig umzukippen drohte, schafft sich Luft in einem leidenschaftlichen und rücksichtslosen Säuberungs- und Tilgungswahn, für den die Losung der »nationalen Selbstbestimmung« nur willkommene Maskierung für ganz anderes ist: Wenn die anderen verschwunden sind – so lautet die Botschaft – wird Friede herrschen; Friede wird sein, wenn die anderen – so die Konsequenz – ausgesondert, verbannt, unschädlich gemacht, über die Grenzen expediert, als »Unruheherd« liquidiert sind.

So wird überall in Europa an der Vervollkommnung des je Eigenen gearbeitet, mit einer Leidenschaft, die vor nichts zurückschreckt. Es wird germanisiert, polonisiert, rumanisiert, magyarisiert, bulgarisiert, tschechisiert. Die »Misere der Kleinstaaterei« (István Bibó) wird nur noch übertroffen durch das Elend derer, die am eigenen Leib den Säuberungsfuror zu spüren bekommen. »Nationale Minderheiten« entstehen, wo es vorher nur Untertanen des Zaren, des Sultans, der Donaumonarchie gegeben hatte. Unter den mißtrauischen Augen des Völkerbundes entsteht ein Minderheitenrecht, weil bestimmten Gruppen der Gesellschaft die allgemeinen Bürgerrechte vorenthalten werden. Die Sprachen werden zum Schlachtfeld, die Kulturen zum Medium des Hasses, die Parlamente zum Sprachrohr der Diffamierung und Volksverhetzung.

Eine neue Nation entsteht in Europa – die Nation der Apatriden, der Staatenlosen, der Vaterlandslosen, die niemand haben will und die sich auf keine Macht mehr berufen können. Die neuen Nationalstaaten gehen dazu über, die Minderheiten aus sich herauszuschleudern, herauszutreiben oder herauszuoperieren. Die Grenzen der neuen Staaten decken sich meist nicht mit dem Territorium der Titularnation, deren Sprache und Kultur. Ein Drittel der Ungarn lebt jenseits der Grenzen des 1919 in Trianon zusammengeschnittenen Vorkriegs-Ungarn. Ein Drittel der Bevölkerung Polens sieht ihr Heimat- oder Vaterland jenseits der Grenzen der 1918 wiedererstandenen Zweiten polnischen Republik: Ukrainer, Weißrussen, Litauer, Deutsche. Für die Vaterländer sind sie wiederum meist nur fünfte Kolonnen, Spielmaterial, Instrumente zur Durchsetzung eigener Interessen. Am schlimmsten sind jene dran, die keinen eigenen Staat haben: die Juden. Um sie wird sich niemand kümmern, wenn sie, von allen verlassen, von den Deutschen für den Völkermord abtransportiert werden.

Europa wimmelt von Ausgeschlossenen, Rechtlosen, Vogelfreien. Hannah Arendt hat diese schockierende Erfahrung nach der »Urkatastrophe« des Ersten Weltkrieges wie kaum jemand anderer artikuliert. »Die Bürgerkriege, die sich zwischen die beiden Weltkriege schoben, waren nicht nur blutiger und grausamer als früher; sie hatten Völkerwanderungen zur Folge, wie sie Europa seit Jahrhunderten, ja, seit Jahrtausenden nicht mehr gekannt hatte. Und ungleich ihren glücklicheren Vorgängern, den Vertriebenen der Religionskriege, konnten diese Scharen von Flüchtlingen und Staatenlosen trotz besten Willens aller Beteiligten und großer humanitärer Anstrengungen innerhalb Europas nirgends wieder ansässig gemacht werden. Wen immer die Ereignisse aus der alten Dreieinigkeit von Volk-Territorium-Staat, auf der die Nation geruht hatte, herausgeschlagen hatten, blieb heimat- und staatenlos; wer immer einmal die Rechte, die in der Staatsbürgerschaft garantiert waren, verloren hatte, blieb rechtlos. Nichts, was seit dem Ersten Weltkrieg sich wirklich ereignete, konnte wieder repariert werden, und kein Unheil, nicht einmal der Ausbruch eines zweiten Weltkrieges, konnte verhindert werden. Jedes Ereignis hatte die Qualität einer Katastrophe, und jede Katastrophe war endgültig. (...) Staatenlosigkeit ist das neueste Phänomen, die Staatenlosen sind die neueste Menschengruppe der neueren Geschichte. Entstanden aus den ungeheuren Flüchtlingszügen, welche unmittelbar nach dem Ersten Weltkrieg einsetzten und in deren Verlauf eine europäische Nation nach der anderen Teile ihrer Bevölkerung über die Grenzen des Territoriums jagte und aus ihrem Staatsverband entließ, sind die Staatenlosen das traurigste Produkt der europäischen Bürgerkriege und das deutlichste Zeichen für die Zerrüttung des Nationalstaates«.

Man könnte die Geschichte Europas in der ersten Hälfte des 20. Jahrhunderts als die Geschichte gewaltsamer Ortsveränderung beschreiben. Es würde sich rasch herausstellen, daß fast jede Nation in Europa ihren Tribut entrichtet hat, und daß viele dabei waren, den ungeheuren Wirbel zu entfachen, in dem die Menschenlandschaft Europas um und um gepflügt worden ist. Das wäre von vornherein nur machbar, wenn man sich den Beschränkungen nationaler Historiographie entzöge, denn die Menschenströme waren grenzüberschreitend. Es bedürfte von vornherein der Kenntnis mehrerer Sprachen, denn die Recherche und die Erzählung würden einseitig, wenn sie nur in einer Sprache vorgenommen würden. Am weitesten würden wir vermutlich kommen, wenn wir uns auf einzelne einließen und wenn wir ihnen das Wort erteilten. Wir würden in Europa kaum eine Biographie finden, in der der Sturm der Geschichte nicht eine Spur hinterlassen hat. Fast jeder Sohn fände einen Vater, jeder Enkel eine Großmutter, die davon etwas zu berichten hätte – in Polnisch, Russisch, Ungarisch, Jiddisch, Deutsch, Bulgarisch, Griechisch – oder kürzer: in fast allen europäischen Sprachen.

Wer lang genug gelebt hat, hat vielleicht mehr als nur ein Reich und mehr als nur einen Staat überlebt. In seinem Paß ließe sich die Veränderung der Grenzen, der Zugehörigkeit seines Geburtsortes zu verschiedenen Staatswesen nachlesen, und in seinen Arbeitsunterlagen könnte man sehen, daß er europaweit unterwegs war – in den Treuhandstellen Ost, in den Filialen von IG Farben oder Siemens Kiew. Aus dem Soldbuch könnte man ersehen, daß ein Teil der Jugend mit Bewegungen quer über den Kontinent vertan wurde – vom Atlantikwall bis zur Wolga, von Narvik bis zum Kaukasus. Und noch würden sich Menschen finden, denen die Nummer auf den Oberarm tätowiert ist. Es sind jene, die auf offener Straße in Budapest oder in Amsterdam oder in Hanau verhaftet wurden oder die ihren ordentlichen Gestellungsbefehl bekommen haben, um sich einzufinden am Bahnhof, von dem dann die Reise im Viehwaggon »nach Osten« ging. Wir würden die Angehörigen einer ganzen Generation treffen, die in ihrer Jugend aufs Land »verschickt« worden ist, Hunderttausende auf dem Land, in den Provinzen, abseits der Städte, auf die die Bomben fielen. Die Zahl jener, die im Flüchtlingstreck Hunderte von Kilometern zurückgelegt, vereiste Flüsse überquert, auf zerbombten Gleisen ausgeharrt und vielleicht mehrmals auf der Flucht die Richtung geändert haben, ist unvorstellbar groß. Wir würden auf Menschen treffen, die sogar zwei- oder dreimal ihre Heimat verloren haben und die mehr als einmal in ihrem Leben ganz von vorne begonnen haben.

Europa hat Millionen wider Willen zu Abenteurern, Zeltbewohnern, Insassen von Baracken gemacht. Menschen mit Vergangenheiten, Menschen, die etwas Ungewöhnliches erlebt haben – nicht, weil sie Abenteurernaturen waren, sondern allein deshalb, weil es sie ins »Jahrhundert der Flüchtlinge« verschlagen hatte. Auf einem Kontinent, auf dem rund vierzig Millionen Menschen, vielleicht auch achtzig Millionen, im Laufe von drei Jahrzehnten »umgesetzt«, »ausgesiedelt«, »eingesiedelt«, vertrieben, deportiert worden sind, ist allein die statistische Wahrscheinlichkeit sehr groß, daß vielleicht jeder dritte oder jeder vierte irgendwie etwas mit dem großen Tumult des Jahrhunderts zu tun hat: als Angehöriger ausschwärmender Armeen, als Dienststellenleiter bei der Organisation von Deportationen, als graue Gestalt in einem Internierungs- und Kriegsgefangenenlager, als Ost- und Zwangsarbeiter, als Vertreter einer Rasse oder eines Volkes, die nichts mehr zu sagen haben sollten, als Angehöriger einer Klasse, deren Zeit angeblich abgelaufen war und die »auf dem Müllhaufen der Geschichte« landen sollte. Versuchten wir, aus diesen Berichten uns ein Gesamtbild zu machen, so stießen wir auf die Zäsuren und Brüche, von denen in den europäischen Geschichtsbüchern die Rede ist.

Die Obsession, alle Konflikte der Welt durch die Entfernung des Anderen – einer Volksgruppe oder einer sozialen Klasse – aus der Welt schaffen zu können oder schaffen zu müssen, wurzelt tief im 19. Jahrhundert. Man mußte, um Frieden zu schaffen, die streitenden Parteien nur trennen. Es mußten alle nur dieselbe Sprache sprechen, und es gab keinen Sprachenstreit mehr. Es bedurfte nur einer Entfernung der störenden Gruppe, und schon war der Friede gesichert. Die Idee der Vereinheitlichung ist so alt wie die Überforderung durch komplizierte Situationen. Aber sie hat in der Moderne zwei wesentliche Formen angenommen: die des nationalen und nationalistischen Einheitsgebildes und die der klassenlosen und konfliktbereinigten Volksgemeinschaft. Ihr Zustandekommen um fast jeden Preis ist die Geschichte des 20. Jahrhunderts.

Als Theoretiker des Gedankens zur Schaffung des ethnisch »reinen« Staates kommen mehrere Anwärter in Frage. Sicher ist, daß dieser Gedanke weit ins 19. Jahrhundert zurückreicht. Wie der Historiker Theodor Schieder in seinen begriffsgeschichtlichen Studien herausfand, wurde die Idee vom ethnisch »reinen« Staat offensichtlich von

Heinrich Luden (1780–1847) schon im Jahre 1814 in seiner Schrift »Das Vaterland oder Volk und Staat« formuliert. Der von Fichte und Schelling beeinflußte, in Jena lehrende Historiker, der in der Zeitschrift »Nemesis« einen »volkhaft bestimmten Liberalismus« vertrat, schrieb: »Einmal könnte man die Bürger eines fremden Volkstums über die Naturmarken unseres Staates entfernen und auf diese Weise unseren Staat reinigen; zweitens könnte man versuchen ... die Eigentümlichkeit der fremden Bürger in unserer Eigentümlichkeit auflösen. Das erste aber würde schrecklich sein und unmenschlich! Wohin sollte man dann die Unglücklichen vertreiben, wenn man auch Gewalt genug hätte und von ihren Volksgenossen keine Rache befürchten dürfte? (...) Die schönsten Gefühle der menschlichen Brust empören sich gegen eine solche Grausamkeit ...«

Ein halbes Jahrhundert später (1855) heißt es bei einem nationalistischen Vordenker wie Paul de Lagarde: »Es ist zweifellos nicht statthaft, daß in irgendeiner Nation eine andere Nation bestehe; es ist zweifellos geboten, diejenigen welche (...) jene Dekomposition befördert haben, zu beseitigen. Es ist das Recht jedes Volkes, selbst Herr auf seinem Gebiet zu sein, für sich zu leben, nicht für fremde«. Im 20. Jahrhundert faßt der Führer der Alldeutschen, Heinrich Claß (1868–1953), die »Abtretung menschenleeren Landes« und eine großzügige Politik der Evakuierung als »Hilfsmittel äußerster Not« ins Auge. Und noch etwas später formuliert Paul Schiemann (1876–1944), ein deutschbaltischer Politiker und Vizepräsident der Europäischen Minderheitenkongresse: »Die Konsequenz des so aufgefaßten Selbstbestimmungsgedankens ist entweder die gewaltsame und brutale Transplantation von ganzen Bevölkerungsteilen aus einem Staat in den anderen mit allen ihren verderblichen Folgen« oder eben die Assimilation, das Aufgehen der Minderheiten im Mehrheitsvolk.

Es ist von einem ethno-nationalistischen Standpunkt nur noch ein kleiner Schritt bis zur »ethnographischen Flurbereinigung«, die in die Zusammenführung und Konzentration der »Splitter deutschen Volkstums« und die »Ausscheidung nichtdeutschen Volkstums« münden sollte. Was zuerst vielleicht nur ein romantischer, gemeinschaftsseliger Gedanke war, schlug später um in Nationalismus und militanten Volkstumskampf, der in seiner radikalisierten rassistischen Version schließlich auch den alten Nationalstaat aushöhlte und zerstörte.

Krieg und Massenbewegungen

Der Krieg ist der Vater auch der großen Völkerverschiebungen. In den Balkankriegen, die dem Ersten Weltkrieg vorausgehen, kommen die kriegführenden Mächte Bulgarien, Griechenland und das Osmanische Reich überein, ihre jeweiligen feindseligen Minderheiten – die muslimischen Bewohner Bulgariens und die christlich-orthodoxen Untertanen des Sultans – vertraglich geregelt auszutauschen. Es kommt nicht mehr dazu, denn der Ausbruch des Weltkrieges macht den Plan zunichte. Die Weltkriegsarmeen machen erste große Erfahrungen in Massentransporten und Bevölkerungsverschiebungen. Deutsche und jüdische Untertanen des russischen Zaren in Riga, Lodz, Kowno, Wilno werden zu Hunderttausenden ins Reichsinnere geschafft, weil man ihnen mißtraut und sie für potentielle fünfte Kolonnen des Kaisers hält.

Der Krieg ist überhaupt der große Motor der Bevölkerungsbewegung. Er reißt Millionen von Männern aus ihrem Arbeitsleben und preßt sie in die Armeen, er holt die Frauen vom Herd und aus den Dörfern in die Munitionsfabriken, er reißt auf die denkbar radikalste Weise die Menschen aus ihren idyllischen Vorkriegsverhältnissen heraus – es wird nie mehr ein Zurück in die gute alte Zeit geben. Der Krieg ist der große Beschleuniger, der Agent millionenfacher Entwurzelung und Entvölkerung. Er führt die Resultate herbei, die kein noch so revolutionärer Agitator hätte herbeiführen können: die Zerstörung aller Traditionen und Bindungen, den demographischen und sozialen Umsturz. Sein Resultat ist soziale Revolution, Entvölkerung, Hungersnot, und tritt zuerst in Erscheinung am schwächsten Glied in der Kette der alten Mächte – in Rußland.

Krieg und Bürgerkrieg machen aus Rußland ein Land und ein Volk auf Wanderschaft, den Beginn einer Bewegung, die Jahrzehnte nicht zum Stillstand kommt. Aus dem Bauernland wird mit Feuer und Stahl binnen zweier Jahrzehnte ein Industrieland mit Abermillionen Bauern, denen nichts anderes übrig bleibt, als in die aus allen Nähten platzenden Städte und Industriesiedlungen abzuwandern, eine »Flugsandgesellschaft«, wie Moshe Lewin es genannt hat, in deren Chaos das einzig sichtbare Zeichen der Ordnung Gewalt und Terror sind. Die Zerstörung der bäuerlichen Individualwirtschaft und die Abwanderung der entwurzelten Massen in Stalins Revolution nach 1929 preßt zusammen, was im westlichen Europa sich zwei Jahrhunderte Zeit hatte lassen können, und nimmt das Schicksal der Zerstörung aller traditionellen Wirtschafts- und Lebensformen Asiens und Lateinamerikas in den nächsten Jahrzehnten vorweg.

Aber die soziale Revolution in Rußland ist nicht die einzige Erschütterung, die Europa in einen Kontinent der Entwurzelten und Flüchtlinge verwandeln wird. Die Friedensschlüsse von Versailles, Trianon, St. Germain, Sèvres bringen keinen Frieden, sondern nur einen vorübergehenden Waffenstillstand, mit dem weder die Sieger noch die Besiegten zufrieden sind. Man muß die Minderheiten loswerden und deren Ruf nach nationaler Selbstbestimmung eindämmen. Und so wandern die Deutschen, die seit vielen Generationen im Baltikum gelebt hatten, aus den neuen Republiken an der Ostsee – Estland, Lettland, Litauen – ab. Fast überall hat man etwas an den neuen Grenzen und den ethnischen Mischverhältnissen auszusetzen: in Polen, in der Tschechoslowakei, natürlich im Königreich Serbien, Kroatien und Slowenien – das spätere Jugoslawien –, wo die komplizierteste Völkermischung vereinigt war. Und dort, wo ein modus vivendi gänzlich unmöglich war, schritt man zu »chirurgischen Operationen«. So wurde im Abkommen von Lausanne 1923 erstmals völkerrechtlich das Projekt eines Bevölkerungsaustausches festgelegt und anschließend in die Tat umgesetzt: anderthalb Millionen kleinasiatischer Griechen wurden ins Mutterland transferiert, während 300 000 muslimische Bewohner Thrakiens in die Türkei überstellt wurden. Eine Aktion, die noch bis in die dreißiger Jahre hinein andauerte und die für die Politiker lebendiger Anschauungsunterricht für Bevölkerungstransfers als Lösung für interne und ethnische Konflikte war.

Die Praxis wurde wiederaufgenommen in den Abkommen zwischen Hitler und Mussolini über die Lösung der Südtirolfrage 1939, in den Abkommen zwischen Hitler und Stalin über den wechselseitigen Austausch von Volksdeutschen in der zur Sowjetunion gerechneten Einflußsphäre im östlichen Europa, in den Wiener Schiedssprüchen von 1940, aber auch in den Entscheidungen der Konferenzen der Anti-Hitler-Koalition in Teheran, Jalta und Potsdam, in denen der »Bevölkerungstransfer« – diesmal der deutschen Bevölkerung im östlichen Europa – als legitimes und probates Mittel der radikalen Konfliktlösung und der Herstellung von homogenen Nationalstaaten angesehen wurde.

War die Idee, daß nur der ethnisch homogene Nationalstaat wirklich ein sicherer und integrer Staat sei, so etwas wie Allgemeingut im Denken der europäischen politischen Eliten der Zwischenkriegszeit, so verhält es sich mit dem Projekt der vollständigen Neuordnung der

»ethnographischen Karte Europas«, die Adolf Hitler im Oktober 1939 angekündigt hatte, anders. Die Vision des nationalsozialistischen Europa sah die Herstellung »reinrassiger« Siedlungsgebiete vor, was die Entfernung und Liquidierung großer Bevölkerungsgruppen und ganzer Völker einschloß. Die »Ansetzung von deutschem Volkstum und Blut«, die Herstellung von geschlossenen Siedlungsgebieten, der Bau von »Siedlungsbrücken« dort, wo die »Volkssubstanz« zu schwach war, die Aussiedlung von »fremdem Blut«, die Auflösung der gemischten Siedlungsgebiete und der Übergangszonen und Gemengelagen, einschließlich der Ermordung der jüdischen Bevölkerung waren die wesentlichen Aspekte der nazistischen Europa-Vision.

Das Programm der »ethnischen Säuberung« schlug gegen die in Mittel- und Osteuropa ansässigen Deutschen um, als der Krieg sich gewendet hatte. Die Deutschen, die das Projekt der »ethnischen Entmischung« am radikalsten vorangetrieben hatten, wurden nun selber von ihr eingeholt. Zwischen den Trümmern des alten Europa irrten Millionen von Menschen umher. Ihre Ströme kreuzten sich. Niemals waren mehr Menschen in Europa obdachlos und heimatlos als in den letzten Kriegsjahren. Bombenflüchtlinge, Evakuierte, die befreiten Insassen der Konzentrationslager und die wenigen Überlebenden der Vernichtungslager, die niemanden mehr hatten, zu dem sie hätten heimkehren können, die Zwangsarbeiter, die in ihre Heimatländer aufbrachen, ohne zu wissen, was sie dort erwartete; die Welle der Flüchtlinge, die von der Roten Armee westwärts getrieben wurde, die Ausgewiesenen und Heimatvertriebenen aus den östlichen Reichsprovinzen, die Reste der geschlagenen Armeen und die Armeen der Sieger – alles zusammengenommen ergab wahrlich ein »Europe on the Move«.

Doch während in Europa die Völkerverschiebung Ende der vierziger Jahre mehr oder minder zu Ende gekommen war, lief sie in der außereuropäischen Welt erst an, auch hier mit beängstigenden Zahlen und Größenordnungen – 15 Millionen Menschen, die bei der Teilung der britischen Kolonie zwischen Indien und Pakistan ausgetauscht wurden; 3,5 Millionen, die den Armeen im Koreakrieg und der anschließenden Teilung des Landes auswichen, und später noch Hunderttausende von europäischen Siedlern, welche die in ihre Unabhängigkeit entlassenen ehemaligen britischen, französischen, portugiesischen und holländischen Kolonien verließen und nach Europa zurückkamen, Millionen, die sich vor den siegreichen chinesischen Kommunisten nach Hongkong oder Taiwan retteten. Erst die Teilung der Welt im

Kalten Krieg, das neue Gleichgewicht des Schreckens, brachte jene Stabilität und jene »Sicherheit« mit sich, die für eine Weile den Strom der Flüchtlinge und der Migration zu dämpfen und stillzustellen schien.

Archäologie der Flucht

Es führt kein Weg zurück in die in gewissem Sinne grenzenlosen Vielvölkerwelten. Die alten Reiche sind dahin, wie modern uns Post-Modernen auch viele ihrer Errungenschaften erscheinen mögen. Die mit dem 20. Jahrhundert verbundene Regression hat niemand härter zu spüren bekommen als die Flüchtlinge und Exilanten. Sie sind Experten für Fluchterfahrung. Sie können das, was sich in Europa verändert hat, messen an der Vervielfachung der bürokratischen Hemmungen, Hindernisse, Schikanen, an der Perfektionierung der Prozeduren der Abschottung und Verbarrikadierung. Stefan Zweig, einer jener Experten der Fluchterfahrung, der sich Ende 1942 im brasilianischen Exil das Leben nahm, beschrieb eindringlich den Schritt zurück im Zeitalter von Nationalismus und Kommunismus. »In der Tat: nichts vielleicht macht den ungeheuren Rückfall sinnlicher, in den die Welt seit dem Ersten Weltkrieg geraten ist, als die Einschränkung der persönlichen Bewegungsfreiheit des Menschen und die Verminderung seiner Freiheitsrechte. Vor 1914 hatte die Erde allen Menschen gehört. Jeder ging, wohin er wollte und blieb, solange er wollte. Es gab keine Erlaubnisse, keine Verstattungen, und ich ergötze mich immer wieder neu an dem Staunen junger Menschen, sobald ich ihnen erzähle, daß ich vor 1914 nach Indien und Amerika reiste, ohne einen Paß zu besitzen oder überhaupt je gesehen zu haben. Man stieg ein und stieg aus, ohne zu fragen und gefragt zu werden, man hatte nicht ein einziges von den hundert Papieren auszufüllen, die heute abgefordert werden. Es gab keine Permits, keine Visen, keine Belästigungen; dieselben Grenzen, die heute von Zollbeamten, Polizei, Gendarmerieposten dank des pathologischen Mißtrauens aller gegen alle in einen Drahtverhau verwandelt sind, bedeuteten nichts als symbolische Linien, die man ebenso sorglos überschritt wie den Meridian in Greenwich. Erst nach dem Krieg begann die Weltverstörung durch den Nationalsozialismus, und als erstes sichtbares Phänomen zeitigte diese geistige Epidemie unseres Jahrhunderts die Xenophobie: den Fremdenhaß oder zumindest die Fremdenangst.

Überall verteidigte man sich gegen den Ausländer, überall schaltete man ihn aus. All die Erniedrigungen, die man früher ausschließlich für Verbrecher erfunden hatte, wurden jetzt vor und während einer Reise jedem Reisenden auferlegt. Man mußte sich photographieren lassen von rechts und links, im Profil und en face, das Haar so kurz geschnitten, daß man das Ohr sehen konnte, man mußte Fingerabdrükke geben, erst nur den Daumen, dann alle zehn Finger, mußte überdies Zeugnisse, Gesundheitszeugnisse, Empfehlungen vorweisen, mußte Einladungen präsentieren können und Adressen von Verwandten, mußte moralische und finanzielle Garantien beibringen, Formulare ausfüllen und unterschreiben in dreifacher, vierfacher Ausfertigung, und wenn nur eines aus diesem Schock Blätter fehlte, war man verloren.

Das sind scheinbare Kleinigkeiten. Und auf den ersten Blick mag es meinerseits kleinlich erscheinen, sie überhaupt zu erwähnen. Aber mit diesen sinnlosen ›Kleinigkeiten‹ hat unsere Generation unwiederbringlich kostbare Zeit sinnlos vertan. Wenn ich zusammenrechne, wie viele Formulare ich ausgefüllt habe in diesen Jahren, Erklärungen bei jeder Reise, Steuererklärungen, Devisenbescheinigungen, Grenzüberschreitungen, Aufenthaltsbewilligungen, Ausreisebewilligungen, Anmeldungen und Abmeldungen, wie viele Stunden ich gestanden in Vorzimmern von Konsulaten und Behörden, vor wie vielen Beamten ich gesessen habe, freundlichen und unfreundlichen, gelangweilten und überhetzten, wie viele Durchsuchungen an Grenzen und Befragungen ich mitgemacht, dann empfinde ich erst, wieviel von der Menschenwürde verlorengegangen ist in diesem Jahrhundert, das wir als junge Menschen gläubig geträumt als eines der Freiheit, als die kommende Ära des Weltbürgertums. Wieviel ist unserer Produktion, unserem Schaffen, unserem Denken durch diese unproduktive und gleichzeitig die Seele erniedrigende Quengelei genommen worden! (...) Ständig sollte man fühlen, mit freigeborener Seele, daß man Objekt und nicht Subjekt, nichts unser Recht und alles nur behördliche Gnade war. Ständig wurde man vernommen, registriert, numeriert, perlustriert, gestempelt, und noch heute empfinde ich als unbelehrbarer Mensch einer freieren Zeit und Bürger einer geträumten Weltrepublik jeden dieser Stempel in meinem Paß wie eine Brandmarkung, jede dieser Fragen und Durchsuchungen wie eine Erniedrigung. (...) Jede Form von Emigration verursacht an sich schon unvermeidlicherweise eine Art von Gleichgewichtsstörung. Man verliert – auch dies muß erlebt sein, um verstanden zu werden – von seiner geraden Haltung, wenn man nicht die eigene Erde unter sich hat, man wird unsicherer, gegen sich selbst mißtrauischer. Und ich zögere nicht zu bekennen, daß seit dem Tage, da ich mit eigentlich fremden Papieren oder Pässen leben mußte, ich mich nie mehr ganz als mit mir zusammengehörig empfand. Etwas von der natürlichen Identität mit meinem ursprünglichen und eigentlichen Ich blieb für immer zerstört. (...) Es hat mir nicht geholfen, daß ich fast durch ein halbes Jahrhundert mein Herz erzogen, weltbürgerlich als das eines *citoyen du monde*, zu schlagen. Nein, am Tage, da ich meinen Paß verlor, entdeckte ich mit achtundfünfzig Jahren, daß man mit seiner Heimat mehr verliert als einen Fleck umgrenzter Erde«. Soweit Stefan Zweig über seine »Welt von gestern«.

Sie ist untergegangen, und wir können eine Ahnung von ihrem Reichtum und der in ihr herrschenden Spannung bekommen, wenn wir ein wenig Archäologie treiben. Überall finden wir die Spuren einer einmaligen Kultur, die deshalb so reich war, weil sie eine Kultur der Schattierungen, der Vermischungen, der Vieldeutigkeit und Vielsprachigkeit war. Niemand wird die Bibliopole der Bukowina wiederbeleben können. Konstantinopel und Alexandria sind dahin. Was Wien und St. Petersburg einmal waren, das können wir in interessanten und glänzenden Büchern nachlesen. Es wird nie mehr das Sthetl und die Welt der mitteleuropäischen Metropolen geben, sondern allenfalls New York, wo all das, was diese untergegangenen Metropolen einmal ausgezeichnet hat, irgendwie weiterlebt. Wir haben viele Städte der Begegnung und Vermischung der Kulturen verloren, und es tröstet uns kaum, daß wir so großartige Städte wie Los Angeles, Toronto oder Vancouver als Entschädigung bekommen haben.

Die alten Städte bilden sich neu – und das ist das Werk der Nomaden, der Beduinen, der alten Städtegründer. Es geht nicht um multikulturellen Kitsch, sondern um die Frage, ob wir in Europa und anderswo an die schon einmal erreichte Komplexität und Konfliktfähigkeit der großen multiethnischen und kosmopolitischen Zentren der Vorkriegswelt anknüpfen können. Was heute als multikulturell diskutiert wird, hat es schon einmal gegeben – in Konstantinopel, Alexandria, St. Petersburg, Lodz, Czernowitz und anderswo. Es fiel den Säuberern zum Opfer.

Was heute geschieht, ist eine Rückgewinnung von Komplexität, Konfliktfähigkeit, Weltläufigkeit an anderer Stelle. Ihre Hauptschauplätze sind die großen Zentren einer neuen grandiosen Vermischung: New York, Shanghai, Miami, London, Paris, Moskau, Kairo, Singapur, Bombay. Die neuen Zentren liegen an den Routen der internationalen Migration. Sie sind die bevorzugten Ankerplätze der nomadisierenden Spezies. An ihnen bildet sich die Sprache aus, die weltweit verstanden wird. Hier erweist sich der Nomade wiederum als Städtegründer. Es sind Städte für Ankommende, die bleiben, für Immigranten, die zu Seßhaften werden, und von Seßhaften, die zu Bürgern werden. Sie tauchen unter, um sich im rechten Augenblick zu erkennen zu geben als Stadt in der Stadt. So werden aus provisorischen Ankerplätzen wiederum Ewige Städte, und bald sieht man den neuen Städten nicht mehr an, daß sie das Werk von Entwurzelten sind, die gezwungen waren, ganz von vorn zu beginnen.

Flüchtlinge und Migranten waren immer Kulturstifter wider Willen: die Elfenbeinschnitzer aus Byzanz, die Mosaikenmaler aus Palermo, die Moriskos und Spaniolen, die nach Salonika geflohen sind, die Armenier, die in Madras sich niedergelassen haben. Die Zeichen der Wanderung, die es überall und zu allen Zeiten gegeben hat, sind unscheinbar und auch nur für jene bedeutsam, die sich für diese Wunder der wandernden Spezies interessierten. Die Reste rußlanddeutscher Siedlungen entlang der Wolga oder des nördlichen Kaukasus; die armenischen Kirchen in Beirut; die griechischen Familien in Istanbul; die Zeitungen der russischen Diaspora in Paris, New York und Berlin. Es waren die Flüchtlinge aus Marseille und Lissabon, die Amerika zum Zentrum der westlichen Zivilisation gemacht haben. Aus dem brain drain wuchs die kommende Weltmacht und aus den Reihen der »unwanted refugees«, wie Michael Marrus die Flüchtlinge aus Mitteleuropa genannt hatte, kamen die künftigen Nobelpreisträger.

Über den entvölkerten und ruinierten Städten der einstigen Kriegszonen bildeten sich neue menschliche Siedlungen und bald wieder Städte, denen nur das geschulte Auge ansah, daß die Zeit der Verwilderung noch nicht allzulang zurücklag. Die neuen Städte, die inmitten der alten heranwachsen und diese zu sprengen drohen – Istanbul, Kairo, Moskau –, haben vielleicht nicht den Zauber der alten kosmopolitischen Metropolen, aber dafür die Vitalität und die Wucht derer, die sich behaupten und durchsetzen müssen. Sie sind nichts für Nostalgiker, sondern für Macher. Ihr Kosmopolitismus speist sich aus einer Welt, in deren Zentrum nicht mehr Europa steht, und aus Menschenströmen, die ganz andere Hoffnungen und Erwartungen haben.

Global flows. Alles fließt

Die Welt ist in Bewegung auch ohne Massenflucht, Völkerverschiebung und Vertreibungen. Um alle Bewegungen zu übersehen, müßte man weit weg sein, so weit weg wie ein Wettersatellit, dessen Aufnahmen die Strömungen und Turbulenzen in der Erdatmosphäre sichtbar machen. Das ist die Perspektive, aus der Hans Magnus Enzensberger auf die »Große Wanderung« blickte: »Eine Weltkarte. Schwärme von blauen und roten Pfeilen, die sich zu Wirbeln verdichten und gegenläufig wieder zerstreuen. Unterlegt ist dieses Bild mit Kurven, die farbig getönte Zonen verschiedenen Luftdrucks voneinander abgrenzen: Isobaren und Winde. Hübsch sieht eine solche Klimakarte aus; aber wer keine Vorkenntnisse hat, wird sie kaum deuten können. Sie ist abstrakt. Einen dynamischen Prozeß muß sie mit statischen Mitteln abbilden. Nur ein Film könnte zeigen, worum es geht. Der normale Zustand der Atmosphäre ist die Turbulenz. Das gleiche gilt für die Besiedelung der Erde durch den Menschen.«

Es sind ganz verschiedene Ströme, Ströme verschiedener Masse und unterschiedlicher Wucht, die sich da begegnen, sich kreuzen oder überlagern: die alltägliche Pendelbewegung, aus der sich der Rhythmus unseres Arbeitslebens ergibt; die große Wanderung, die man kaum mit bloßem Auge als vielmehr in den Kurven und Zahlenkolonnen der Demographen und Statistiker ablesen kann; die unmerkliche Bewegung der »Flugsandgesellschaft«, in deren Dünen sich tektonische Verschiebungen ankündigen; die stumme transnationale oder transkontinentale Migration der Arbeiter ebenso wie die Flugrouten in die Paradiese des heutigen Massentourismus. Es gibt Punkte, von denen aus sich das Schauspiel dieser Tag für Tag und Jahr für Jahr ablaufenden Bewegung beobachten läßt.

Orte der Bewegung

Uns beeindruckt die gleichermaßen wuchtige wie disziplinierte Bewegung des alltäglichen Berufsverkehrs, der kleinsten Form täglicher Wanderung: Wenn man etwa vom Flugzeug auf die Highways hinunterblickt und in den massenhaften Bewegungen der geordneten Verkehrsströme den geregelten Rhythmus von Arbeit und Freizeit, von Wochenende und Wochenanfang, erkennt und in den Strömen die berechenbare Bewegung der Pendler, ohne die die Städte tot und leblos wären. Unsere Gesellschaft existiert dank und in dieser Bewegung. In dieser großen Bewegung zirkulieren Arbeit, Gedanken, Güter, Menschen. Es ist immer das grandiose Schauspiel des Austausches menschlicher Arbeit, das man zu sehen bekommt: ob zur Stoßzeit im Zentrum einer beliebigen Stadt oder an einer Ausfallstraße, an einer großen Kreuzung, auf einem Bahnhof oder auf einem Flughafen, wo das Rattern der Anzeigetafeln die Frequenz der Flugbewegungen, die Schübe von Ankunft und Abflug anzeigt.

Mit jedem Rattern, das eine Landung anzeigt, kommt eine Bewegung zu ihrem Ende, und mit jedem Rattern, das einen Start anzeigt, beginnt eine andere. Stunde für Stunde. Tag für Tag. Woche für Woche. Monat für Monat. Jahr für Jahr. Das Geräusch signalisiert, daß die Bewegung anhält, daß alles funktioniert. Käme sie zum Stillstand oder fiele sie einmal aus – es wäre die Anzeige eines Ausfalls, einer Katastrophe. Die Anzeigetafeln demonstrieren die Choreographie der Bewegungen, den Rhythmus von Landen und Starten, von Kommen und Gehen. Sie spannen das Netzwerk aus, auf dessen reibungslosem Funktionieren unsere Zivilisation beruht. Die ganze Welt läuft für jeden sichtbar auf den Anzeigetafeln in Frankfurt/Main, Heathrow, JFK-Airport oder Hongkong zusammen. Wer sie nur eine Stunde aufmerksam studiert, könnte etwas von der Topographie der globalen Zirkulation und von der weltweiten Vernetzung unseres Alltagslebens verstehen: Thessaloniki, Palma, Johannesburg, Nairobi, New York, Amsterdam, Seoul, Buenos Aires, Odessa, Palermo und so weiter und so fort.

Die Bewegungen von einem Ende der Welt zum anderen sind aufeinander abgestimmt, auch wenn es keinen globalen Meisterchoreographen gibt. An ihrer reibungslosen Vermittlung ist ein Arbeitskörper beteiligt, der im Hintergrund bleibt und von sich kein Aufhebens macht. Wer sich in diesem System bewegt, rechnet damit, daß Zeiten und Termine eingehalten werden. Es gibt nichts, was nicht kalkulierbar wäre. Und es gibt nichts, worauf man nicht angemessen reagieren könnte. Das schließt die große Bewegung um die Welt ein ebenso wie das Umsteigen in die kleine Welt abseits der Metropolen. Die Unterbrechung der Zirkulation wäre nicht nur ein unersetzlicher Zeitverlust, sondern ein Systemfehler, der zeigte, daß kein Verlaß ist auf die störungsfreie Bewegung.

Was immer politisch geschehen mag, wie immer die diplomatischen Beziehungen auch sein mögen – der Verkehr fließt. Das Netz ist der Verkehr und der Verkehr ist die Welt. Entfernungen spielen, seit es die transkontinentalen Verbindungen gibt, kaum noch eine Rolle. In einer

Welt, in der Zeitgleichheit hergestellt ist, gibt es keine wirklichen Verzögerungen mehr. Wir sind alle Bewohner der gleichen Zeitheimat. Das global village gibt es wirklich. Man kann Heimaten verlassen, wenn es sich herausstellt, daß man anderswo seine Zelte neu aufschlagen kann. Die Revolution der Kommunikations- und Verkehrsmittel hat Schluß gemacht mit der Resignation vor der Unüberwindlichkeit der Distanz, die so lange so disziplinierend auf die Menschen gewirkt hat. Die Revolution der Verkehrsmittel hat neue Räume produziert und eine neue Kartographie der Migration. Im Zeitalter, das immer mit dem Namen Panamerican verbunden sein wird, ist der Atlantik zu einem Binnenmeer zwischen der europäischen und nordamerikanischen Küstenregion geworden, und die Metropolen der nördlichen Halbkugel sind alle in Reichweite der großen Bassins, in denen sich Kraft und Elend des Südens sammelt. Die Frequenz der Flüge über den Pazifik hinweg hat den Pazifik, den Stillen Ozean, in ein großes Wasser verwandelt, das im Ernst niemanden mehr behindern wird, seiner Arbeit in Japan oder China nachzugehen, wenn sie sich anbietet. Eine verschwenderische Ökonomie hat es möglich gemacht, daß die shopping tour über Tausende von Kilometern hinweg zur Selbstverständlichkeit geworden ist. Man fliegt zum Einkaufen aus Moskau, Riga, Bukarest nach Abu Dhabi oder von Wladiwostok nach Tokio. Man überquert den Indischen Ozean, um der Arbeit nachzugehen: Zwischen 1969 und 1989 waren es immerhin rund 12 Millionen, die zwischen ihrer Heimat in Indien, Pakistan, den Philippinen oder Thailand und ihren Arbeitsplätzen im Mittleren Osten pendelten. Karatschi und Manila sind auf diese Weise Nachbarstädte von Kuwait City geworden, und sogar in Seoul wartet man auf die monatlichen Überweisungen der in der Ölregion verdienten Dollars.

Tourismus: Die Leichtigkeit des Seins

Zu der großen Bewegung, die sich auf den internationalen Flughäfen der Welt noch ungeschieden einfindet, um sich dann in die verschiedensten Destinationen zu verteilen, gehört auch der moderne Massentourismus, der einen der bedeutendsten Wirtschaftszweige darstellt, der Jahr für Jahr Hunderte von Millionen Menschen verfrachtet. Tourismus, die Fahrt ins Traumland, hat auf den ersten Blick wenig zu tun mit der Mühsal der Arbeitsmigranten oder gar der Verzweiflung der Gejagten und Flüchtlinge. Es mutet zynisch an, wenn man die erträgliche Leichtigkeit des Seins, die in den Korridoren der Urlaubswelt herrscht, in irgendeinen Zusammenhang mit Flucht und Überlebenskampf bringt. Nicht der geringste Teil derer, die Tag für Tag rund um den Globus unterwegs sind, die die internationalen Flughäfen bevölkern, die die Reisekilometer bestreiten, sind Touristen.

Sie sind unterwegs zu Zielen, die sie aus Katalogen, Prospekten, Websites herausgesucht haben. Sie bewegen sich auf Routen, zu denen sie niemand gezwungen hat, sondern die sie sich zurechtgeträumt haben: Santo Domingo, Seychellen, Mauritius, Madagaskar, Tahiti, Algarve. Traumlandschaften, von denen vor einem Jahrhundert nur Künstler träumen konnten, die der europäischen Zivilisation müde geworden waren. Heute sind es Abermillionen, die wie selbstverständlich ihren Platz an der Sonne beziehen, alljährlich, vielleicht sogar mehrmals in einem Jahr. Die Verteilung erfolgt nicht nach den Gesetzen der Diaspora. Niemand tut ihnen Zwang an. Sie campieren nicht in Durchgangs- oder Auffanglagern, sondern in Hotels verschiedener Güteklasse, allesamt aber einem Mindestkomfort genügend. Die Ziele tendieren dazu, sich zu überbieten: immer weiter, immer exotischer, immer ausgefallener. Nur wer weit reist, gilt noch etwas. Nur wer dort gewesen ist, wo noch niemand gewesen ist, hat etwas zu berichten.

Der Tourismus ist eine Hauptform massenweise und weltweit praktizierter Ortsveränderung, einer eigentümlichen Form von Massenmigration, eines zivil gewordenen Drangs zu einem Platz an der Sonne. Er erschließt neue Gebiete und hinterläßt andere dafür ausgepowert oder ausgeplündert. Er schafft neue Industrien und erledigt jahrhundertealte Gewerbe. Er schafft Enklaven der erträglichen Leichtigkeit des Seins. Die Rentner des reichen Nordens streben an die Sonne. Schon heute halten sich zehn Prozent der britischen Rentner vorwiegend in den Ferienlandschaften Südfrankreichs, Spaniens und Italiens auf. Wer es sich im Alter leisten kann, zieht aus dem Norden der USA in den Süden, in die sun cities Floridas, Arizonas und Kaliforniens. So entsteht eine eigentümliche Topographie des Rentnertums wie umgekehrt eine Migration in den Hilfs- und Pflegeberufen, in Sex und Entertainment, die schon heute sichtbare und massive Auswirkungen hat – finanziell, infrastrukturell, kulturell, medizinisch.

Die Fortbewegungsweise wird so verallgemeinert, daß es fast keinen Unterschied macht, wohin es einen im Last-minute-Angebot verschlägt. Bei Grenzüberschreitungen sind keine Abenteuer mehr zu bestehen. Vor Überraschungen warnt schon der Prospekt. Man hat nichts mehr zu verlieren. Nicht-programmierte Zwischenfälle – die Entführung eines Ehepaars hier, ein Attentat auf eine Reisegruppe dort – sind die Ausnahme, welche die Regel bestätigt. Eine ganze Armada fliegt das Millionenheer an die Traumziele. Man braucht nur einen Paß und ein europäisches Durchschnittseinkommen.

Die Flucht in die Traumlandschaften und die Flucht in die Wohlstandslandschaften berühren sich nicht, man fliegt nicht in derselben Klasse und vermutlich auch nicht mit derselben Fluggesellschaft. Man vermischt sich allenfalls für den Moment, in dem alle anstehen müssen in der Schlange vor dem Schalter der Paßkontrolle, in den Transiträumen und Ankunftshallen der Flughäfen.

Megastädte: Flugsand-Gesellschaft

Und doch sind diese millionenfachen Bewegungen nichts gegen die wahrhaft großen und elementaren Wanderungsströme, deren wuchtigster noch immer der vom Land in die Stadt ist. Er ist zum reißenden Strom geworden. Die größten Migrationen und Flüchtlingsbewegungen vollziehen sich im Abseits. Die Landflucht hat in den letzten 30 Jahren das Antlitz der Entwicklungsländer radikal verändert. Es ist eine Fluchtbewegung, die die Grenzen der Länder nicht überschreitet. Ihr sichtbarster Ausdruck ist die Wucherung von Megastädten, wie sie die Geschichte noch nicht gesehen hat: Karatschi, Bombay, Kairo, Nairobi, Lagos, Johannesburg, Mexico City.

Die überwältigende Masse der weltweiten Migration entfällt auf diese Stadt-Land-Binnenwanderung sowie auf eine Wanderung innerhalb der armen Welt. Die Bevölkerung in den Entwicklungsländern wird von den 300 Millionen Menschen, die in den fünfziger Jahren in Städten lebten, auf vier Milliarden im Jahre 2025 ansteigen. Man rechnet mit 50 Megastädten, unter ihnen Städte wie Teheran mit 17 Millionen, Kalkutta mit 20 Millionen oder Mexico City mit 25 Millionen Menschen. Hinter den Zahlen stehen grandiose und in ihrem Umfang und in ihren Folgen beispiellose Vorgänge der sozialen und kulturellen Entwurzelung und Neubildung. In ihnen gehen traditionelle soziale Strukturen, gehen Stammes- und Clanwelten zugrunde – Netze, in denen Menschen seit Menschengedenken gelebt hatten und aufgehoben waren.

Es geht nicht nur um den weiten Weg aus dem Busch in die Stadt an der Küste, sondern um den Sprung in ein anderes Zeitalter. Soziale Beziehungen brechen ein und müssen an neuer Stelle, fast aus dem Stand, ohne alle Voraussetzungen, neu aufgebaut und begründet werden.

In den Agglomerationen Afrikas, Asiens und Lateinamerikas sammeln sich die Sandkörner der »Flugsandgesellschaft«. Die Dimension dieser Hyperurbanisierung wird von den radikalen Entwurzelungsvorgängen noch weit übertroffen. Die Megapolen Afrikas, Amerikas und Asiens sind Welthauptstädte bäuerlicher Immigration und der Binnenkolonisation. »Eine dreiviertel Milliarde Asiaten, Afrikaner und Lateinamerikaner – rund ein Sechstel der heute existierenden Menschheit – ist während nur dreier Jahrzehnte, zwischen 1950 und 1980, aus ländlichen Gebieten in Großstädte abgewandert«, schrieb Mitte der achtziger Jahre Gerhard Schweizer. Weltweit strömten pro Tag schätzungsweise 75 000 arbeitssuchende Menschen in explosiv wachsende Städte. »Diese Flut übertrifft an Masse alle bisherigen Völkerwanderungen der Geschichte. Wenn die Entwicklung so weitergeht, wird bereits um das Jahr 2000 jeder zweite Erdbewohner in einem Ballungsraum leben.«

Aus europäischer Perspektive wird meist nur die Nord-Süd-Wanderung wahrgenommen, während die Süd-Süd-Wanderung, die für die Entwicklung vor Ort von so großer Bedeutung ist, ignoriert wird. Es ist offensichtlich, daß der Push-and-Pull-Mechanismus, der Migrationen stimuliert und am Laufen hält, an vielen neuen Stellen wirksam geworden ist: zwischen den Boomzentren Südostasiens wie Singapur und Malaysia sowie Taiwan und Korea, die zum Attraktionspunkt der Migration in diesem Raum geworden sind. Dies gilt für Städte wie Bangkok in Thailand oder Bangalore in Indien, die nicht nur regional, sondern international bedeutende Dienstleistungszentren geworden sind – Entwicklungen, die vor einigen Jahren noch ganz undenkbar und unvorhersehbar waren.

Ost-West-Tangente

Trotz der Fixierung auf die Nord-Süd-Wanderung gilt es zu beachten, daß im neuen Europa eine Ost-West-Wanderung eingesetzt hat. Das Verschwinden des Eisernen Vorhangs und der Zerfall des Sowjetimperiums haben eine Wanderung ausgelöst (oder wieder in Gang gesetzt), die jahrzehntelang aufgestaut war. 1989 gab es ans Hysterische grenzende Mutmaßungen über die Größenordnung der neuen Invasion – von 20 Millionen Menschen aus der ehemaligen Sowjetunion war die Rede, die auf das westliche Europa zukommen würden. Zwar hat diese Ost-West-Migration wieder eingesetzt, doch es scheint sich eher um einen Normalisierungsvorgang zu handeln.

Zu den Migranten gehören etwa Volksdeutsche in Ostmitteleuropa und den Ländern der früheren Sowjetunion, die nun ihre bisherige Heimat verlassen. Zu ihnen gehören auch Hunderttausende sowjetischer Juden, die nach Israel oder Amerika ausgereist sind, aber auch Armenier, bulgarische Türken und andere. Eine große Bewegung der Repatriierung, des spontanen Bevölkerungsaustausches, ist im Rahmen der ehemaligen Sowjetunion zu beobachten. Mehr als 25 Millionen Russen fanden sich nach dem Ende der Sowjetunion außerhalb der Grenzen der Russischen Föderation. Zu Hunderttausenden haben sie, kaum unterstützt von staatlichen oder humanitären Stellen und ganz auf sich gestellt, ihre Heimat in Georgien, Usbekistan oder Kasachstan verlassen und sind in die Russische Föderation gezogen, wo sie oft, aber keineswegs immer, Verwandte oder Bekannte haben. Über Nacht zur Diaspora geworden, von ethnischen Konflikten, Kulturkämpfen und ethno-nationalistischen Revanchismen bedroht, räumen sie jahrhundertealte kulturelle Bastionen, manchmal um ihr nacktes Leben zu retten, meist, weil sie für sich und ihre Kinder keine Zukunft mehr in ihrer alten Heimat sehen.

Ihre Tragödie wird höchstens vom Unglück jener übertroffen, die zurückweichen vor den Folgen ökologischer Katastrophen, die ihnen buchstäblich die Lebensgrundlage zerstört haben – in chemisch und radioaktiv verseuchten Territorien, Zonen, in denen die Infrastruktur, die das Überleben bisher ermöglichte, zusammengebrochen ist.

Die Ost-West-Migration knüpft zum Teil an alte Muster und Bewegungsabläufe an. Wie immer ist die Suche nach einem Lebenserwerb das zentrale Motiv. So hat sich ein neuer Arbeitsmarkt herausgebildet. Etwa für die Abertausenden, die den Ameisenhandel auf den wichtigsten Routen etabliert haben: Zwischen den russischen und ukrainischen Städten und Istanbul; zwischen Wladiwostok und Chabarowsk und Hokkaido und Südkorea; zwischen den Städten auf beiden Seiten der russisch-chinesischen Grenze. Dazu gehören auch die illegalen ukrainischen und georgischen Gastarbeiter in Moskau; die Esten und Letten in Stockholm oder die litauischen Autohändler in Berlin; die ukrainischen und weißrussischen Bauarbeiter auf den Baustellen von Warschau und Prag und die Polen von Berlin, ohne die die ganze neue Berliner Ökonomie gar nicht mehr denkbar wäre.

Arbeitermigration gibt es natürlich auch außerhalb Europas. In den Ölländern des Mittleren Ostens und Afrikas wurden bis in die frühen achtziger Jahre hinein an die vier Millionen Arbeiter aus asiatischen und arabischen Ländern »importiert«. Nigeria rekrutierte in den Nachbarländern zwei Millionen Arbeiter, Venezuela rief ebenfalls eine Million Fremder ins Land. Singapur rekrutierte Arbeiter in Indonesien und Malaysia. Zehntausende von Vietnamesen arbeiteten in den Kombinaten des früheren Sowjetblocks – von Swerdlowsk im Ural bis Magdeburg an der Elbe.

Wanderung und Verbrechen

Niemand verläßt seine Heimat ohne Not. Es bedarf einer starken Zuversicht, daß mit der Ankunft in der neuen Heimat alles anders werde. Beim Aufbruch in die unbekannte Zukunft werden Brücken abgebrochen. Es steht fast immer viel auf dem Spiel. Es geht um den bisherigen Lebensplan, um den Abbruch von Beziehungen, in denen man bisher aufgehoben war. Die Entscheidung zum Aufbruch setzt alles auf eine Karte: es geht um Lebensentscheidungen und daher auch um die Bereitschaft zu höchstem Risiko und fast immer um viel Geld. Wer in Not ist, ist hilfsbedürftig und leicht erpreßbar. Die Not der vielen wird zur Quelle des Reichtums von wenigen, wenn man es nur versteht, jene Stellen zu besetzen, die alle jene Mühseligen und Beladenen passieren müssen auf ihrem Weg ins »Gelobte Land«. Migranten sind leicht erpreßbar. Sie wollen weg, sie müssen weg. Daher ist ihnen fast alles recht, was ihnen weiterhilft. Man braucht Papiere, also besorgt man sie sich; in fast allen Herkunftsländern gibt es einen unübersehbaren schwarzen und grauen Markt, auf dem man fast alles bekommen kann: Pässe, Visa, Adressen, Tickets. Noch lange vor der Grenzüberschreitung ins Gelobte Land sind die fälligen Honorare zu entrichten: an die Schleuser, an die Beschaffer der Papiere, vielleicht auch an korrupte Beamte in Botschaften und Konsulaten. Da die Abwehr der Migranten im letzten Jahrzehnt immer mehr perfektioniert wurde, die Mauer immer höher und die Grenzen immer undurchlässiger geworden sind, muß auch der Grenzübertritt immer listiger, intelligenter und aufwendiger vorbereitet und organisiert werden. Menschenhandel, Schleusung und Schlepperei von Abertausenden von Menschen ist zu einem Großgeschäft geworden mit allem, was dazu gehört: viel Geld, Erpressung, Gewalt. Doch ist das nur einer der zahlreichen Aspekte, die im öffentlichen Bewußtsein Migration fast automatisch in die Nähe von Kriminalität gerückt haben. Wesentlicher ist aber etwas anderes. Im Zeitalter der Globalisierung ist auch das Verbrechen zum global player geworden. In vielen Fällen wird man sogar sagen können, daß die kriminelle Intelligenz rascher, treffsicherer und zielstrebiger die neuen Möglichkeiten der globalen Welt erkannt und für sich ausgebeutet hat als die zivile Intelligenz, die fast immer zu langsam ist und zu spät kommt, weil sie auf die Einhaltung institutioneller Prozeduren mit allen damit verbundenen Hemmungen angewiesen ist. Sie muß sich ans Gesetz halten, wo die Gegenseite keine Hemmungen zu haben braucht. Die Kriminellen wickeln ihre dunklen Geschäfte per Handy ab, während im Parlament noch über die legalen Möglichkeiten des Abhörens von Telephonen beraten wird. Sie investieren, wo sie in Wahrheit doch nur Geld waschen. Die kriminelle Intelligenz folgt den Wanderungsströmen, die sie nicht geschaffen hat, und nutzt sie für sich, so gut es geht. Die Durchgangsstationen der Wanderung sind auch die Transitpunkte des Menschenhandels. Die dunkle Seite des Wegs in ein besseres Leben ist oft auch der Weg in die Abhängigkeit und Ausbeutung. Was zunächst als Europäisierung des Arbeitsmarktes erscheinen könnte, ist bei näherem Hinsehen die Bildung eines Heeres von recht- und schutzlosen Wander- und Saisonarbeitern. Vieles spricht dafür, daß die transnationale Kooperation und Globalisierung des Untergrunds weiter vorangeschritten ist als die Kooperation auf dem Parkett der internationalen Diplomatie. Nur mühsam hält die Datenerfassung der Grenzschützer Schritt mit den grenzüberschreitenden Bewegungen der mafiotischen Strukturen. Die Technologie der Überwachung bleibt hinter der Hightech des Untergrunds zurück. Die Internationale der Waffenhändler ist oft besser ausgerüstet als die internationalen Organisationen, die sie kontrollieren und unterbinden sollen. Am Nachschub von Mädchen und jungen Frauen aus Osteuropa hängt die boomende Sexindustrie in den Rotlichtvierteln von Wien, Budapest, Stettin und Hamburg. Und keine noch so intelligent operierende Sittenpolizei vermag etwas auszurichten gegen den Menschenhandel, dessen mächtigster Stimulus Nachfrage und Appetit in den Ankunftsländern ist. 100 Milliarden Dollar wurden, so lauten Schätzungen vom Anfang der neunziger Jahre, durch die Kanäle des internationalen organisierten Verbrechens bewegt, die Hälfte davon allein im Drogengeschäft. Migrations- und Fluchtrouten sind oft identisch mit den Routen, auf denen Menschen, Drogen, Autos geschmuggelt werden. Menschenketten, persönliche, vielleicht sogar familiäre Zusammenhänge sind die sicherste Gewähr für die Abwicklung riskanter Transaktionen und Transfers. Das alles hat dazu geführt, daß Migration und Kriminalität in einen fast unauflösbaren Zusammenhang gerückt sind. Jeder harmlose Migrant – ob Gastarbeiter, politischer Flüchtling oder Asylbedürftiger – läuft von nun an Gefahr, mit dem Dealer in einen Topf geworfen und als Krimineller abgestempelt zu werden. Fast aussichtslos erscheint es, die Konjunktion von Verbrechen und Migration auflösen und dem uralten Feindbild vom Fremden als dem dubios-gefährlichen entgegentreten zu können. Und doch hängt daran weit mehr als nur die Einhaltung des Toleranzgebotes gegenüber Fremden. Die bürgerliche Gesellschaft, die Fremde unter Verdacht stellt, nur weil sie Fremde sind, untergräbt letztlich auch das Fundament, auf dem sie selber ruht.

Angst vor den neuen Barbaren

Während der Strom politischer Flüchtlinge aus dem Osten nur noch eine historische Reminiszenz ist (Budapest 1956, Berlin 1961, Prag 1968, Warschau 1981), reißt der Flüchtlingsstrom aus anderen Weltgegenden nicht ab. Das betrifft vor allem Afrika. Schon das Zustandekommen der unabhängigen Staaten war verbunden mit großen Flüchtlingsbewegungen: die Angehörigen der Kolonialmächte gingen zurück in ihre Mutterländer, so in Moçambique, Angola oder in Algerien. Vor allem aber bezahlten zahllose Stämme einen blutigen Preis für willkürliche und sinnlose Grenzziehungen der alten Kolonialmächte. Die Zahl der Flüchtlinge und Displaced Persons in der sogenannten Dritten Welt ist von einigen Millionen in den späten fünfziger Jahren auf etwa 25 bis 30 Millionen anfangs der neunziger Jahre gestiegen.

Eine immer größere Gruppe von Flüchtlingen entfällt auf die »Umweltflüchtlinge«, die nach Katastrophen wie Überschwemmung, Dürre, Entwaldung, Desertifikation oder Wassermangel gezwungen sind, ihre angestammten Siedlungsgebiete zu verlassen und sich nach neuen Lebensmöglichkeiten umzusehen. Wassermangel kann dabei ebenso eine Rolle spielen wie Überschwemmungen. In Bangladesh, das heute schon doppelt so dicht besiedelt ist wie die Niederlande, werden als Folge des Ansteigens des Meeresspiegels in den nächsten 25 Jahren voraussichtlich zwischen 20 und 25 Millionen Menschen obdachlos werden.

Es ist keine Entspannung in Sicht. Die Stabilisierung der Weltbevölkerung auf einem »vernünftigen Niveau«, was immer das heißen mag, die Konsolidierung demokratischer Herrschaftsformen und der Menschenrechte, die Vermeidung weiterer ökologischer Zerstörungen und eine nachhaltige wirtschaftliche Entwicklung werden erst auf längere Sicht greifen. Programme, die der Migration entgegenwirken könnten – etwa Ansiedlungsprogramme, um die Abwanderung in die Slums der Megastädte zu verlangsamen oder gar Stadtbewohner wieder auf das Land zurückzuholen –, sind kaum finanzierbar.

Die Weltbevölkerung wird weiter anwachsen, vor allem in den Entwicklungsländern. Am Ende dieses Jahrhunderts werden manchen Schätzungen zufolge vielleicht 14 Milliarden Menschen auf der Erde leben; etwa 95 Prozent des Bevölkerungswachstums in den nächsten 30 Jahren werden dabei auf die Entwicklungsländer entfallen. Der demographische Druck wird weiter zunehmen. Letztlich wird der Druck auf die erste und die zweite Welt erst nachlassen, wenn die Ursachen der Migration beseitigt sind, wenn sich die Schere zwischen Arm und Reich ein Stück weit schließt, wenn die hohe Erwerbslosigkeit beseitigt wird und die Kosten für Migration, auch die psychischen Kosten für Migration, zunehmen.

Über die Hauptziele der weltweiten Migration besteht kein Zweifel. Das »Gelobte Land« liegt in Europa und Amerika. Dorthin zu gelangen, rechtfertigt fast jeden Aufwand. Das Geschäft der Schlepper und Schleuser gehört heute weltweit zu den einträglichsten Branchen. 1950–1980 waren der wichtigste Ankerplatz der Immigration die USA, die in diesem Zeitraum mit 25 Millionen Menschen – gegen 50 Prozent der weltweiten Migration überhaupt – aufnahmen, gefolgt von Westdeutschland mit 9 Millionen, Frankreich mit 4 Millionen, Kanada und Australien mit je 3,5 Millionen, während Israel zwischen 1949 und 1992 rund 1,5 Millionen Immigranten aufgenommen hat.

Seit 1990 ließen die USA rund 750 000 Menschen pro Jahr ins Land; zwei Drittel davon waren Verwandte und Angehörige von Einwohnern der USA, 160 000 reguläre Immigranten, 120 000 anerkannte Flüchtlinge. Aber die legale und gesteuerte Einwanderung gibt nur einen Teil des Problems wieder. Die Zahl der illegalen Immigranten nach den Vereinigten Staaten belief sich im gleichen Zeitraum auf jährlich drei bis vier Millionen, die Hälfte davon aus Mexico. Durch Amnestie und Naturalisierung wird praktisch auch die illegale Immigration legalisiert. Die im Ausland geborene Bevölkerung der USA stieg von 9,6 Millionen Menschen im Jahre 1970 auf 19,8 Millionen im Jahre 1990.

Im Goldenen Zeitalter des Wirtschaftswunders zwischen 1950 und 1970 zogen rund fünf Millionen Menschen aus den Mittelmeerländern, aus der Türkei, aus Spanien, Italien und Portugal, aber auch aus dem Maghreb, nach Norden, in die Bundesrepublik, in die Schweiz, nach Holland und Belgien, nach Skandinavien und Frankreich. Etwa die gleiche Zahl von Menschen verließ Europa in Richtung Amerika.

Die Zahl der Ausländer (non-citizens) lag in Deutschland im Jahre 1995 bei über 7 Millionen oder 8,8 Prozent, in Österreich bei 723 000 oder 9 Prozent, in Frankreich bei 3,5 Millionen oder 6,3 Prozent, im Vereinigten Königreich mit über 2 Millionen bei 3,4 Prozent und in der Schweiz mit etwa 1,3 Millionen bei fast 19 Prozent der Gesamtbevölkerung, während die entsprechende Zahl in Japan nur bei etwa 1,4 Millionen oder 1 Prozent der Gesamtbevölkerung lag.

Von den über sieben Millionen in Deutschland registrierten Ausländern leben 40 Prozent schon mehr als 15 Jahre in der Bundesrepublik, 50 Prozent mehr als 10 Jahre. Seit den siebziger Jahren werden in der BRD jährlich etwa 100 000 Kinder ausländischer Eltern geboren. Jeder elfte Einwohner der Bundesrepublik (rund neun Prozent) ist nicht deutscher Staatsangehöriger. In der Schweiz ist der Anteil sogar noch höher und liegt bei etwa 20 Prozent.

Der Import von Gastarbeitern hat überall, so auch in ganz Europa, eine große Diaspora entstehen lassen und nachhaltig den Alltag und die Kultur der Aufnahmeländer verändert. Der Anteil dieser Gastarbeiter an den Erwerbstätigen ist mitunter dramatisch hoch, wenn er auch nirgends jenes extreme Ausmaß erreichte wie in den Ländern am Golf, wo die Arbeitsmigranten gewissermaßen den breiten Sockel für eine schmale Schicht der einheimischen Bevölkerung darstellen; in Bahrain etwa kommen 39 Prozent, in Oman 45 Prozent, in Kuwait 71 Prozent und in Quatar 81 Prozent der Arbeitskräfte aus Asien. Japan ist unter den Industrieländern die große Ausnahme. Mit seinem beispiellosen wirtschaftlichen Boom zog es keine Arbeitskräfte ins Land – abgesehen von der Zeit des Zweiten Weltkrieges, als rund zwei Millionen Koreaner als Zwangsarbeiter ins Land geholt wurden, von denen die Mehrheit nach Kriegsende zurückkehrte. Vielmehr investierte die japanische Wirtschaft in Ländern mit billigen Arbeitskräften. Daher ist der Anteil ausländischer, vor allem illegaler Arbeitskräfte in Japan vergleichsweise gering – 1992 sollen es an die 280 000 gewesen sein.

Die Periode der massiven Zuwanderung von Arbeitern endete in Europa 1973 mit dem Ölschock und der nachfolgenden wirtschaftlichen Rezession. Es setzte indes der Nachzug der Familienmitglieder ein, so daß die Zahl der Immigranten dennoch zunahm und eine zweite und dritte Generation von in den Gastländern geborenen »Immigranten« heranwuchs. Viele Länder, die bis dahin Emigrationsländer gewesen waren, wurden nun auch Immigrationsländer, wie der Fall Italiens zeigt. Italien war nach 1945 der Ausgangspunkt einer bedeutenden Emigration sowohl nach Übersee wie nach Nordeuropa. Nach 1975 wurde es selber zum Immigrationsland, vor allem für Migranten aus Nordafrika, aus Somalia und Nigeria, in den jüngeren Jahren auch aus dem Balkan. Auch Spanien, das seit den sechziger Jahren viele Gastarbeiter nach Nordeuropa geschickt hatte, wurde zum Immigrationsland; es zählte 1991 bereits 300 000 illegal sich aufhaltende Afrikaner, die meisten aus Marokko.

Diese Zahlen illustrieren auch die erstaunliche Absorptions- und Integrationskraft, die modernen und »fertigen« Gesellschaften in der Regel nicht zugetraut wird. Das erstaunlichste Beispiel dafür ist Deutschland, speziell Westdeutschland nach 1945. Deutschland nahm nach 1945 die aus den östlichen Reichsteilen und aus dem mittleren und östlichen Europa ausgewiesenen und vertriebenen Deutschen auf, integrierte sie und baute nicht zuletzt auf dieser »demographischen Revolution« sein »Wirtschaftswunder« auf. Das zweite Beispiel sind die Vereinigten Staaten, das Einwanderungsland par excellence, das vor dem Ersten Weltkrieg pro Jahr etwa eine Million Einwanderer aufgenommen hatte, zunächst ganz erheblich aus dem Vereinigten Königreich, vor allem aus dem von Hungersnöten geplagten Irland, dann immer mehr aus Ost- und Südeuropa. Allein in dem Jahrzehnt von 1900 bis 1910 kamen insgesamt 8,8 Millionen Menschen ins Land. Die Lage änderte sich erst mit dem Immigration Act von 1923, als die Einwanderung eingeschränkt wurde (für asiatische Einwanderer hatte es zuvor schon Beschränkungen gegeben).

Am meisten spitzte sich das Problem der Migration zu in der Frage des Verhältnisses zu politischen Flüchtlingen und der Gewährung von Asyl. Ungefähr 18 bis 20 Millionen Flüchtlinge werden in der Welt gegenwärtig gezählt. Die meisten von ihnen fanden Zuflucht in den Nachbarländern – etwa aus Afghanistan in Pakistan und Iran, aus Palästina in den arabischen Ländern, aus Äthiopien, Eritrea, Sudan, Somalia, Liberia in der Elfenbeinküste und Guinea, aus Moçambique und Angola in Tansania und Südafrika. Das weltweite Flüchtlingsproblem schlug sich in Europa und Amerika nieder in einer rasch ansteigenden Anzahl von Asylbegehren. 1980 lag deren Zahl in Deutschland bei 230 000, 1991 bei 550 000, und 1992 schon bei 660 000, womit Deutschland zum größten Aufnahmeland unter den Industrieländern geworden war.

Nur ein Fünftel der Asylsuchenden wurde als in wirklicher Notlage befindlich anerkannt; dennoch blieben rund 80 Prozent auf irgendeine Weise in den Aufnahmeländern und durchliefen die teuren und zeitraubenden Anerkennungsprozeduren, deren Kosten Ende der achtziger Jahre das Budget der UN-Flüchtlingsorganisation, das für 15 Millionen Menschen ausreichen muß, um das Zehnfache überstieg. Mitte der neunziger Jahre sah es so aus, als würden die Asylströme die Ströme der Arbeitsmigration übertreffen. Deutschland war Hauptaufnahmestaat für politische Flüchtlinge. Deutschland hat 1995 insgesamt 800 000 Menschen aufgenommen – Großbritannien nur 55 000, Schweden 36 000, Frankreich 56 000, die USA 720 000, Kanada 210 000. Die Länder der Bundesrepublik nahmen in den 90er Jahren nicht nur Asylbewerber auf, sondern vorübergehend auch hunderttausende Flüchtlinge des jugoslawischen Bürgerkriegs.

Die Große Wanderung als Déjà-vu

Nirgendwo können diese Vorgänge besser verstanden werden als in Europa. Vieles, was heute an seiner Peripherie geschieht, ist ihm aus eigener Erfahrung geläufig. Es ist erst wenige Generationen her, da aus dem agrarischen das industrielle Europa geworden ist. In Generationenfrist waren Millionen von Bauern aus ihrer angestammten Heimat abgewandert in die neuen Industriezentren, in denen es Arbeit und Lohn gab: in die Industriezentren an der Ruhr und in Oberschlesien, in Manchester und den Donbas. Fast reicht noch die familiale Erzählung an die befreiende und zugleich traumatisierende Erfahrung der Freisetzung und der Entwurzelung zurück, an jene Jahre, in denen aus Bauern Arbeiter und aus Arbeitern Städter wurden. Europa kennt das Drama, das sich nun auf anderen Kontinenten zeitverschoben wiederholt. In diesem qualvollen Prozeß wurde der ganze Kontinent buchstäblich umgepflügt. Aus ihm ging die Welt hervor, in der wir heute leben.

Europa selbst war in seiner jüngsten Geschichte beides: Ausgangspunkt einer beispiellosen Emigration nach Übersee und Aufnahmeland einer ebenso beispiellosen Immigration. Wir müssen den Blick, den wir heute auf andere richten, einmal an uns selbst erproben. Was wir heute an den Megastädten der Entwicklungsländer mit Erschrekken feststellen, das gab es schon einmal im Laufe der ersten Industrialisierung. Manchester, Lodz, Berlin, Budapest, St. Petersburg; schon einmal gab es jene Bewegung vom Dorf in die Stadt, von der Landwirtschaft in die Industrie, die die Elendsviertel der Städte über Nacht anschwellen ließ. Die Zeit war voller düsterer Prognosen über den Zusammenbruch der Zivilisation. Doch der Untergang Europas kam nicht aus den Elendsvierteln, sondern von den Schlachtfeldern der Weltkriege.

Etwa die Hälfte der Bevölkerung Europas ist nach Amerika ausgewandert. Auch aus der Schweiz sind viele ausgewandert. Zu Beginn des 20. Jahrhunderts etwa eine halbe Million, das waren rund 12 Prozent der Bevölkerung. Aus diesem Überschuß an Kraft, nicht nur aus der Not der Elenden, entstand die Neue Welt. Vor hundert Jahren war Migration ein Hauptfaktor bei der Bevölkerungsverteilung. Auf dem Höhepunkt zwischen 1881 und 1910 absorbierte der permanente Emigrationsstrom nach Nordamerika und Australien etwa 20 Prozent des drastischen Bevölkerungswachstums in Europa, während heute die Emigration nur zwei bis drei Prozent des Bevölkerungswachstums abführt.

Aus dieser Skizze könnte man zwei Schlußfolgerungen ziehen. Die erste betrifft die Größenordnung der Migration. Nicht Seßhaftigkeit, sondern Wanderung scheint der Normalfall zu sein. Vielleicht ist das Erstaunen über die Welt in Bewegung nur ein altmodischer Reflex aus einer Welt, die dabei ist, zu vergehen. Es bleiben nur noch wenige Bereiche, die nicht in den Kreislauf der Geldwirtschaft und des Weltmarktes gerissen sind. Nicht die Bewegung des Marktes, sondern die bloße Subsistenzwirtschaft ist die Ausnahme geworden. Die zweite Beobachtung betrifft die fast wundersame Aufnahme- und Absorptionsfähigkeit von Gemeinwesen, die offensichtlich erhebliche Zuwanderungen verarbeiten können, ohne aus dem Gleichgewicht zu geraten. Ja, mehr noch: die darin sogar eine Kraft der Erneuerung, der Verjüngung und Modernisierung für sich entdeckt haben.

All das könnte optimistisch stimmen. Doch die Situation ist in vielem neu und präzedenzlos, denn das Europa am Beginn des 21. Jahrhunderts ist schon nicht mehr jenes, das aus den Stürmen der Weltkriegsepoche hervorgegangen ist.

Die zweite Entführung der Europa

Europa kann sich aus der globalen Migration nicht heraushalten, selbst wenn es wollte. Kein noch so perfektes System der Grenzkontrollen kann dem Druck und der Intelligenz von Nomaden standhalten. Für moderne Nomaden liegt Europa, egal von welchem Punkt aus, in Reichweite einiger Flugstunden. Man kann noch so weit entfernt sein, irgendwie findet sich immer jemand, der weiterhilft, eine Adresse hat und zum Einstieg in die andere Welt verhilft. Die Netzwerke bestehen aus Familien, Stämmen, humanitären oder auch nur kriminellen Organisationen. Sie reichen von Shanghai nach Newark, New Jersey, und von Kabul über Moskau nach Berlin.

In den europäischen Metropolen, die im 20. Jahrhundert so grausam von ihren Minderheiten gesäubert worden sind, wachsen neue Minderheiten heran. Diese verstecken sich nicht. Sie haben ihre eigenen Zeitungen und ihre eigenen Radio- und Fernsehsender. Sie sind mit der Heimat – ob in Anatolien, Sri Lanka oder Nigeria – über Satellitenschüssel oder Handy verbunden. Sie brauchen ihre Wohnung, ihren Kiez, den Club, das Café, in dem sie sich regelmäßig treffen, nicht zu verlassen. Sie können bei sich bleiben. Sie wollen etwas sein und vor allem etwas werden, aber gewiß geht ihr Ehrgeiz nicht unbedingt dahin, zum Beispiel Deutscher zu werden. Sie sind anders als ihre Vorfahren, die es noch darauf abgesehen hatten, sich möglichst rasch und möglichst reibungslos zu assimilieren, das neue Idiom zu erlernen und unterzutauchen im Staatsvolk. Europa ist für sie nicht mehr das letzte Wort oder das Maß aller Dinge. Lange hat man sie nur als Arbeitskräfte haben wollen, und heute, da man bereit ist, ihnen Staatsbürgerrechte zu gewähren, ist ihr Interesse dafür eher reserviert. Erst bekamen sie sie nicht, und nun brauchen sie sie nicht mehr. Erst sollten sie nicht integriert werden, und nun können sie auch ohne Integration leben. Sie haben ihre eigene Kultur, ihre eigenen Läden, ihre eigenen Cafés, sogar ihre eigenen Schulen.

Europa hat eine neue Diaspora. Sie ist türkisch, nordafrikanisch oder indisch. Sie hat ihre eigenen Gebetshäuser, ihre eigenen Medien, ihre Dichter und Lehrer. Die Migranten haben ihren eigenen Kanon und fordern schon allein dadurch die Autorität des heimischen Kanons heraus. Ihr Gott ist ein Gott neben dem einen Gott. Sie sind nicht einfach zu definieren. Sie sind manchmal »Ausländer«, die nie in ihrer Heimat oder in der Heimat ihrer Eltern waren, und sie sind zugleich Staatsbürger türkischer oder griechischer Herkunft. Sie sprechen mindestens zwei Sprachen und erfinden eine dritte – Kanaksprak oder Spanglish zum Beispiel. Sie haben ihre eigenen Schulen, und so gibt es in Washington D.C. heute beispielsweise 18 koreanische und 16 chinesische Schulen. Sie haben wenigstens zwei Loyalitäten, vor allem aber eine dritte: die gegenüber dem Ort, an dem sie leben – die Banlieue-Zonen von Paris, Berlin-Kreuzberg, Brixton im Süden von London. Sie bringen die Kalender des christlich-säkularen Europa und des Islam irgendwie unter einen Hut. Dieses Leben in zwei oder mehreren Kulturen ist anstrengend, manchmal auch überfordernd, aber irgendwie funktioniert es in den großen Städten Europas. Europa hat wieder eine Vielfalt produziert, an der es schon einmal irre geworden war und die es nicht ausgehalten hat. Das Seßhaftwerden der neuen Nomaden ist ein Problem für den Nationalstaat alter Prägung. Jeder Staat geht auf seine Weise mit der neuen Lage um. In England oder Frankreich bekommt Bürgerrechte, wer im Lande geboren wurde – ius soli –, in Deutschland ist es bis in die jüngste Vergangenheit eine Sache von Herkunft und Abstammung – ius sanguinis.

Wenn der Aufenthalt von »Gastarbeitern« über mindestens drei Jahrzehnte hinweg so erstaunlich konfliktfrei verlief, dann gewiß in erster Linie deshalb, weil die Zugewanderten Arbeit fanden. Die Arbeitswelt integrierte mehr als jedes noch so gut gemeinte Integrationsprogramm. Nun geht den entwickelten Gesellschaften selber die Arbeit aus, und der wichtigste Motor der Integration fällt damit weitgehend aus. Dennoch bleibt der wichtigste Verbündete der Zuwanderer der Bedarf Europas an Immigranten. Nicht wenige sehen in systematischer Immigration sogar den Schlüssel für die Lösung fast aller in Europa sich anbahnender Probleme: der Überalterung, des Mangels an Fachkräften oder der Finanzierung der Sozial- und Rentensysteme.

Die Bevölkerung Europas altert und nimmt zugleich ab. Wer aus Kairo, Johannesburg oder Mexico City zurückkehrt, glaubt sich in Europa in einem Altersheim. Menschen über 60 machen bereits 17 Prozent der Bevölkerung im industrialisierten Europa aus, und im Jahre 2025 werden es mehr als ein Viertel der Gesamtbevölkerung sein. Im Jahr 2030 wird jeder zweite Deutsche älter als 60 Jahre sein. Die EU-Bevölkerung wird bis 2050 von 370 Millionen auf 305 Millionen abnehmen. Schon um den gegenwärtigen Bevölkerungsstand zu halten, wäre eine bedeutende Immigration notwendig. Im Falle Schwedens, das nur 8 Millionen Einwohner hat, bedeutete diese eine Aufnahme von 100 000 Menschen pro Jahr. In Deutschland würde, so eine andere Berechnung, die Bevölkerungszahl bei einer konstanten Kinderzahl pro Frau bis zum Ende des Jahrhunderts auf rund 30 Millionen abnehmen. Um die Bevölkerungszahl Europas zu halten, müßten also – so eine der von Herwig Birg geführten Berechnungen einer UN-Studie – 188 Millionen Einwanderer zum Ausgleich zuziehen. Das ist illusionär, zeigt aber doch, wie dringlich das Problem ist.

Europa ist aus verschiedenen Wanderungswellen, Eroberungskriegen, Umsiedlungen und Vertreibungen hervorgegangen. Die Einwanderung aus anderen Kulturen wird sein Gesicht und vielleicht auch seinen Geist verändern. In fünfzig Jahren werden die Europäer von heute vielleicht ihren Kontinent nicht wiedererkennen. Diese Perspektive mag für die Europäer, die auf die kulturellen Leistungen und demokratischen Institutionen ihres Kontinents stolz sind, schmerzlich sein. Aber die Welt der Nomaden lebt fort. Sie lassen sich durch Grenzen und border patrols nicht abschrecken. Der Stier wird Europa wieder entführen, zumal sie in ihrem Alter keine Chance mehr hat, ihm zu entfliehen.

Zeitgenosse Odysseus

Es ist an der Zeit, in den Migranten nicht nur die passiven Opfer, die sie freilich oft genug waren, zu sehen, sondern auch die Akteure, die sie zweifellos ebenso sehr sind. Sie sind die Düne, die getrieben wird, aber auch der Wind, der vorantreibt. Die Netzwerke der Diaspora sind dann etwas anderes als nur die Hilfswerke einer community of despair, sondern Träger einer neuen Kultur, transnationals als Vorboten von Neuem und Anderem. Sie hängen oft weniger an staatlichen Subsidien als die alten, etablierten Minderheiten und Diskriminierten, da sie gelernt haben, sich selbst zu helfen und sich durchs Leben zu schlagen.

Auf diese andere Seite der Migration, vielleicht kann man sie die revolutionäre nennen, hat Vilém Flusser hingewiesen, selber Zeit seines Lebens Flüchtling und Migrant, also einer, der es wissen muß. »Wir, die ungezählten Millionen von Migranten (seien wir Fremdarbeiter, Vertriebene, Flüchtlinge oder von Seminar zu Seminar pendelnde Intellektuelle), erkennen uns dann nicht als Außenseiter, sondern als Vorposten der Zukunft. (...) Die Vietnamesen in Kalifornien, die Türken in Deutschland, die Palästinenser in den Golfstaaten und die russischen Wissenschaftler in Harvard erscheinen dann nicht als bemitleidenswerte Opfer, denen man helfen sollte, die verlorene Heimat zurückzugewinnen, sondern als Modelle, denen man, bei ausreichendem Wagemut, folgen sollte.«

Hier kündigt sich die Geburt eines neuen Geschlechts an, das aus dem »Zusammenbruch der Seßhaftigkeit« hervorgeht und sich anschickt, die Reflexe, die der Mensch sich in der Kultur der Seßhaftigkeit und des Ackerbaus antrainiert hat, abzustreifen. Auch bei Vladimir Nabokov, dem großen russisch-amerikanischen Schriftsteller, einem

Emigranten, der mit seiner Familie vor der bolschewistischen Revolution geflohen war, finden wir so gar keinen jammernden oder larmoyanten Ton, sondern eher so etwas wie die Arroganz des durch Emigration von allem und zu allem frei gewordenen Migranten. »Wenn ich auf jene Jahre des Exils zurückschaue, sehe ich mich und Tausend anderer Russen ein seltsames, aber keineswegs unangenehmes Leben in materieller Armut und intellektuellem Luxus führen, ein Leben unter völlig belanglosen Fremden, geisterhaften Deutschen und Franzosen, in deren mehr oder minder unwirklichen Städten wir, die Emigranten, zufällig unser Domizil genommen hatten. (...) Unsere völlige physische Abhängigkeit von dieser oder jener Nation, die uns kühl politisches Asyl gewährt hatte, wurde schmerzlich offenbar, wenn irgendein erbärmliches ›Visum‹, irgendein teuflischer ›Personalausweis‹ beantragt oder verlängert werden mußte, denn dann versuchte die gierige bürokratische Hölle, sich um den Bittsteller zu schließen, und er mochte alt und grau werden, während seine Akte in den Schreibtischen von Konsuln und Polizeibeamten mit Rattenbärten praller und praller anschwoll. Dokumenty, hat man gesagt, seien die Plazenta des Russen. Der Völkerbund rüstete Emigranten, die ihre russische Staatsangehörigkeit verloren hatten, mit dem sogenannten Nansen-Paß aus, einem höchst minderwertigen Dokument von kränklich grüner Farbe. Sein Inhaber war wenig mehr als ein auf Bewährung entlassener Verbrecher und hatte die größten Strapazen auf sich zu nehmen, wenn er etwa ins Ausland reisen wollte – je kleiner die Länder, desto mehr Umstände machten sie. (...) Nicht alle von uns waren willens, Bastarde oder Gespenster zu sein. Manche russische Emigranten erinnern sich mit süßer Genugtuung, wie sie hohe Beamte in verschiedenen Ministerien, Préfectures und Polizeipräsidien beschimpften und beschummelten.«

Lob des Nomaden

Der Migrant als neuer Typ, Nomadentum nicht als Schicksal, sondern als Chance. Vieles spricht dafür, daß dem so ist und daß dieses Lob des Nomaden nicht bloß den Versuch bildet, aus der Not des Flüchtlings die Tugend des zu allem freien Nomaden zu machen. Der neue Mensch ist unterwegs, und er scheint überall da am Werk, wo sich etwas tut. Er ist mobil. Er besteigt, wenn er die Aussicht hat, auf den Baustellen am Persischen Golf zu arbeiten, in Bangkok das Flugzeug und richtet sich auf eine Pendelexistenz ein, die Jahre dauern kann. Solche Reisen sind nichts fürs Sentiment, sondern für den Lebensunterhalt. Am Golf haben die Migranten in den letzten Jahren künstliche Paradiese aus Hotels, Golfplätzen, Hafenanlagen, goldenen High-Tech-Basaren und vollklimatisierten Malls gebaut. Alle Untersuchungen bestätigen, daß es nicht die Ärmsten der Armen sind, die sich auf den Weg gemacht haben, sondern jene, die wenigstens die erhebliche Anfangssumme aufbringen können, die man aufbringen muß, wenn man den Sprung in die weite Welt hinaus wagt.

Das moderne Asien kommt ohne das Können und den Fleiß der Migranten nicht mehr aus. Schon heute sind die amerikanischen, kanadischen oder australischen Universitäten ohne den Zustrom von chinesischen oder koreanischen Talenten nicht mehr vorstellbar. Asien ist eines der neuen Quellgebiete des internationalen brain drain geworden. Schon heute stellen Inder eine überwältigende Zahl der Unternehmer in Silicon Valley. Welche Rolle sie spielen könnten, wenn sie, ausgestattet mit dem Know-how der besten Universitäten der Welt, in ihre Heimat zurückkehren, sieht man allein daran, daß viele Architekten des modernen Asiens einst ihre Karriere an europäischen Ausbildungsplätzen begonnen haben: Zhou Enlai, Deng Hsiaoping, Ho-Chi-Minh, die Anführer der Thai-Revolution 1823, der »Vater des modernen Singapur«, Lee Kuan Yew. Freilich auch die Schlächter von Pnom-Penh, die an der Sorbonne studiert hatten.

Abertausende von *skilled transients* aus den Ländern der früheren Sowjetunion haben ihren Weg in die internationale intellektuelle Zirkulation genommen, Zehntausende von russischen Wissenschaftlern jüdischer Herkunft sind mittlerweile in Israel, für immer oder nur vorübergehend. Sie alle – die afghanischen, saudischen, jemenitischen, algerischen, ägyptischen, palästinensischen Studenten – sind so etwas wie das Salz der Erde, Multiplikatoren, historische Agenten für kulturellen Transfer und globales Lernen.

Skilled transients kommen nicht nur aus den Entwicklungsländern; die Maschinerie der global cities würde ohne die skilled transients gar nicht funktionieren. Sie tun ihren Job – ob in Helsinki, Warschau oder in der City of London – und sind überall zu Hause, wo sie ihn ausüben können; sie sind die Stammkunden der internationalen Flughäfen. Diese Migration wird vermutlich nie die Dimension der euro-amerikanischen Wanderbewegung erreichen, aber unerheblich ist auch sie nicht.

Aber was geschieht, wenn die lateinamerikanische Immigration in die Vereinigten Staaten die kulturelle Hegemonie der WASPs, der White Anglo-Saxon Protestants, in Frage stellen wird? Spitzer stellt sich diese Frage in den Staaten am Persischen Golf. In den Vereinigten Emiraten gibt es 1,5 Millionen Migranten, das sind etwa 90 Prozent der Einwohner. In Saudiarabien sind es rund 4 Millionen, also gut 25 Prozent der Bevölkerung. Die meisten von ihnen waren nach dem 1973 einsetzenden Ölboom gekommen, und eine der Hauptfolgen des Golfkrieges war die Rückkehr von fast einer Millionen asiatischer Arbeiter aus Kuwait und etwa 275 000 vor allem aus Ägypten stammender Arbeiter aus dem Irak. Mit anderen Worten: das reibungslose Funktionieren der für die globale Ökonomie so zentralen Ölförderung wie auch das Wohlergehen der wichtigsten Ölstaaten hängt ganz entscheidend an den *non-nationals* und Wanderarbeitern. Nirgends ist das so offensichtlich wie in den Golfstaaten und deren doppelter Population. Aber es gibt mittlerweile recht viele Gesellschaften, in denen nichts mehr läuft ohne die Migranten. In 43 Ländern stellen die *non-nationals* über fünf Prozent der Bevölkerung, in 42 Ländern liegt ihr Anteil bei über zehn Prozent und in 29 Staaten beläuft sich die migrant population auf über 20 Prozent. In den USA stellten 1997 etwa 16 Millionen foreign-born workers rund 12 Prozent der 135 Millionen Beschäftigten. Im Jahre 1999 waren 20 Prozent der neu eingestellten Arbeitskräfte Immigranten, im Gastronomie- und Hotelgewerbe sogar 75 Prozent. Hier wird auch deutlich, daß die enorme Nachfrage nach Arbeitskräften der Hauptmotor für die Immigration ist.

Man sollte die sozialen und kulturellen Folgen der Vertragsarbeiter-Migration nicht unterschätzen. Selbst die Kuli-Migration nach Nord- und Südamerika war, trotz aller Diskriminierung und trotz allem Rassismus, folgenreich. Die Wendung der Kultur des amerikanischen Westens über den Pazifik hinweg nach Südostasien hat nicht zuletzt mit dieser frühen Begegnung mit Asien zu tun und nicht erst mit den asiatischen Talenten und Aufsteigern an den amerikanischen Universitäten. Südafrika ist ohne den Einfluß der indischen Gewerbetreibenden ganz undenkbar, und das neue Elend vieler ostafrikanischer Staaten läßt sich mit der Vertreibung ihrer indischen Mittelschicht erklären.

In einer weiter zurückliegenden Geschichte ließen sich auf der ganzen Welt genügend Belege finden für die Fruchtbarkeit und die kulturellen Folgen der Migration, auch der Arbeitsmigration: ob das die polnischen Arbeiter in den Industrierevieren an der Ruhr oder in Nordfrankreich waren, die Hugenotten in Brandenburg, die Juden und die Armenier oder die Hongkong-Chinesen. Fast immer zeigt sich: Migranten sind die Avantgarde der Innovation und Modernisierung. »Refugee mentality« ist oft ein mentales Plus, nicht zwingend ein Defekt. Oft sind es Migranten, die Neues wagen und risikoreiche Unternehmen initiieren. Auf sie ist die Rolle übergegangen, die Max Weber dem »Geist des Protestantismus« bei der Entstehung des modernen Kapitalismus zugeschrieben hat. In ihnen mischt sich die Situation des neu und ganz von unten Anfangenmüssens, des Traditionsbruchs mit dem Improvisierenkönnen, mit der Fähigkeit, eine Zeit lang in Provisorien zu leben. Nachkriegswestdeutschland, aber auch Korea mit seinen Millionen von Kriegsflüchtlingen sind Beispiele für gelungene Modernisierung, die auf Entwurzelung basiert. Es wäre ein Glücksfall für das nachsowjetische Rußland, wenn seine nach Millionen zählenden Remigranten zum Motor der fälligen Modernisierung werden würden.

Improvisationsfähigkeit, ethnisch und kulturell bedingte Kohäsion der jeweiligen Diaspora, Elastizität, Anpassungsfähigkeit und Durchsetzungskraft und nicht zuletzt Vielsprachigkeit – all das macht die Nomaden zu Agenten sozialer und kultureller Veränderung. Schon heute ist die wachsende Gemeinde der *transnationals* – weit über die Szene des internationalen Showbusiness, der Sportgrößen, der Mitarbeiter der internationalen Organisationen hinaus – das Rückgrat und der personale Träger der Globalisierung. Von ihnen nimmt man kaum Notiz. Sie zirkulieren lautlos innerhalb ihrer Firmen und Gesellschaften.

Arbeitsmigranten verdienen Geld, viel Geld. Die von ihnen veranlaßten Geldtransfers machen in einigen Staaten – wie zum Beispiel Pakistan – heute einen Großteil des Nationaleinkommens und des nationalen Budgets aus. Sie stellen eine der wirksamsten Formen von Modernisierung und Entwicklungshilfe dar. Aus ihren finanziellen Transfers erklärt sich die Blüte ganzer Landstriche in Portugal, an der türkischen Schwarzmeerküste oder in Sizilien. Erst recht nicht unterschätzen darf man die molekularen kulturellen Prozesse und Modernisierungseffekte, die mit jeder neuen Reise, mit jeder Rückkehr nach Hause, mit jedem neuen mitgebrachten Geschenk erzeugt werden. Kaum jemand konnte ahnen, daß die in Korea, auf den Philippinen oder in Vietnam stationierten GIs mit ihren Frauen und Kindern der koreanischen, philippinischen und vietnamesischen Immigration in die Vereinigten Staaten einen so kräftigen Impuls geben würden.

Migranten sind »Zersetzer«. Sie haben die weite Welt gesehen und können nicht mehr umstandslos zurück in die Welt, aus der sie kamen.

Sie verändern unweigerlich die Milieus, denen sie entstammen. Sie kommen aus den Städten, in denen sie arbeiten, zurück in die Dörfer, die sie verlassen haben. Aber sie werden nichts so lassen, wie es war, als sie fortgingen. Das patriarchalische System, das seit urdenklicher Zeit geherrscht hatte, bröckelt und stürzt unweigerlich ein, je länger die Abwesenheit des Familienoberhaupts andauert. Die Frauen treten an ihre Stelle. Sie übernehmen notwendigerweise Funktionen und Arbeiten, die ihnen ansonsten nur in Folge einer großen Kulturrevolution zugefallen wären. Migration war immer auch eine Emanzipation fast en passant.

Das gilt erst recht für die Frauen, die in die weite Welt hinausgehen: als Krankenschwestern, als Pflegerinnen, als Karrierefrauen, als Au-pair-Mädchen oder als *mail-order-brides*, die ihre Reise nach Sydney, Kuwait oder Zürich antreten. Selbst jener Aspekt des Frauenhandels, der in Zeitungsinseraten in Europa, Amerika oder den Golfstaaten auftaucht – »asiatische Frauen dienend, anschmiegsam, unterwürfig, exotisch« – hat eine umstürzende Seite. Die Migration unterminiert unweigerlich die alten Hierarchien und Autoritäten. Sie setzt die Herkunftskultur dem Vergleich und der Konkurrenz der Ankunftskultur aus und zwingt die Migranten, sich in beiden bewegen zu lernen, zu Bürgern der Welt im buchstäblichen Sinne zu werden. Die modernen Verkehrsverhältnisse haben Pendelbewegungen und eine Art ubiquitärer Existenz möglich gemacht, die es erlaubt, je nach Lage der Dinge, der wirtschaftlichen Konjunktur zumal, den Lebensmittelpunkt zu wählen – zwischen Hongkong und Kalifornien. So entsteht eine Kultur der Bilokalität mit ganz neuen Möglichkeiten der kulturellen Teilhabe.

Am Ende steht ein nach Millionen zählender neuer Phänotyp, der mühelos sich an beiden Welten orientiert, oder auf beiden Seiten der Ozeane, wenn schon nicht seine Heimat, so doch seine Wohnung haben kann. Prozentual und statistisch mag diese Gruppe von *astronauts* und *parachutists* unerheblich sein, in den Zentren des *global village* ist sie bereits unübersehbar. Der eminente Raum, in dem die Angehörigen des neuen Geschlechtes zirkulieren, sind die großen Städte und die sie verbindenden Korridore. Dieser Nomade ist in der Welt zu Hause, nicht weil er die Korridore der internationalen Flughäfen liebt, sondern weil das seine Existenzweise ist, weil es anders nicht mehr geht, so wenig wie die Welt ohne die Knotenpunkte der global cities noch auskäme.

Migranten sind Meister der Improvisation. Die Flüchtlinge in Nachkriegsdeutschland wurden, weil entwurzelt, in besonderer Weise die Träger der Erneuerung von Wirtschaft und Gesellschaft. »Sie mußten sich – waren sie einmal entschlossen, ihr Schicksal nicht abwartend hinzunehmen – anpassen und eingliedern, aber nicht passiv, vorhandene Lücken einer stabilen Gesellschaft füllend, sondern aktiv, ihr Erbe neu erwerbend und zur Geltung bringend, die vorgefundene Gesellschaft mit beeinflussend und ändernd. (...) Eingliederung ist ein revolutionärer Vorgang. Wenn sie mit restaurativen Vorzeichen versucht wird, kann sie nicht gelingen«. Die Migranten fungierten als Katalysatoren, schrieben die Autoren einer soziologischen Studie über die Vertriebenen in Nachkriegsdeutschland. Die Vertreibung hatte einen »beweglichen Menschentypus« geschaffen. »Die Flüchtlinge werden zu einer Art modernem Robinson Crusoe im Zeitalter der Technik und Zivilisation, bekommen in der Trümmerlandschaft des vorher hochindustrialisierten Deutschland zwischen 1945 und 1948 kaum einen Nagel oder Hosenknopf auf normale Weise zu kaufen, geschweige denn Hausrat, Kleidung und dergleichen«. Der Flüchtling hat die traditionellen und eher konservativen Milieus in Deutschland zersetzt und entschieden die »Entbäuerlichung« und die »Verstädterung« beschleunigt.

Kant und die Apatriden

Das könnte einen optimistisch, sogar euphorisch stimmen hinsichtlich der Ankunft des Weltbürgers, der schon immer als das Nonplusultra, fast als das Endprodukt der Entwicklung des Menschengeschlechts gedacht worden ist. In welchen – meist sympathischen – Zügen wurde er nicht ausgemalt und herbeidefiniert: er war polyglott, vorurteilsfrei gegenüber allem anderen, mühelos mit seiner pluralen Identität jonglierend, wahrhaft aufgeklärt und republikanisch. All das erinnert an den Gedanken, den Immanuel Kant schon in seiner Schrift »Vom ewigen Frieden« vor gut 200 Jahren formuliert hat. Dort schrieb er, daß »die Idee eines Weltbürgerrechts keine phantastische und überspannte Vorstellungsart des Rechts, sondern eine notwendige Ergänzung des ungeschriebenen Kodex, sowohl des Staats- als Völkerrechts zum öffentlichen Menschenrechte überhaupt, und so zum ewigen Frieden« sei. Ausdrücklich meinte er dies nicht nur als philanthropische Geste, sondern als Teil einer »allgemeinen Hospitalität«. Er meinte damit »das Recht eines Fremdlings, seiner Ankunft auf dem Boden eines andern wegen, von diesem nicht feindselig behandelt zu werden. Dieser kann ihn abweisen, wenn es ohne seinen Untergang geschehen kann; so lange er aber auf seinem Platz sich friedlich verhält, ihm nicht feindlich begegnen. Es ist kein Gastrecht, worauf dieser Anspruch machen kann (wozu ein besonderer wohltätiger Vertrag erfordert werden würde, ihn auf eine gewisse Zeit zum Hausgenossen zu machen), sondern ein Besuchsrecht, welches allen Menschen zusteht, sich zur Gesellschaft anzubieten, vermöge des Rechts des gemeinschaftlichen Besitzes der Oberfläche der Erde, auf der, als Kugelfläche, sie sich nicht ins Unendliche zerstreuen können, sondern endlich sich doch nebeneinander dulden zu müssen, ursprünglich aber niemand an einem Orte der Erde zu sein mehr Recht hat, als der andere«.

Der erste Einwand gegen diesen Gedanken ist ein ganz praktischer, unmittelbar aus der Erfahrung sich ergebend: Es läßt sich leicht ausmalen, was geschähe, wenn ein jeder »ein Besuchsrecht, welches allen Menschen zusteht«, in Anspruch nähme. Der Konflikt um jene Orte, die mehr gefragt sind als andere und an denen sich das große Gedränge ergäbe, ist absehbar. Dann aber: Das neue Geschlecht der Weltbürger, das Gestalt anzunehmen beginnt, ist eine eher marginale und statistisch nicht ins Gewicht fallende Erscheinung. Der global citizen erscheint vor dem Hintergrund zusammenbrechender Staaten, von Bürger- und Stammeskriegen, ethnischen Säuberungen und Massakern, angesichts des Stroms von geschätzten 25 Millionen Flüchtlingen eher als Ausnahme und Luxusgeschöpf.

Und schließlich: Die Welt hat allen Grund, nicht so sehr davon überzeugt zu sein, daß sie die ihr bevorstehenden Prüfungen besser bestehen wird als jene, vor denen sie in der Vergangenheit versagt hat. Es gibt in dieser Hinsicht bittere historische Lehren. Die wiederholt proklamierten Menschenrechte galten in dem Augenblick, wo ihre Inanspruchnahme etwas gekostet hätte, nichts mehr oder nur noch wenig. Hannah Arendt, auch sie eine vom »Jahrhundert der Flüchtlinge« geprüfte Migrantin, hat dies wiederum im Hinblick auf die Lage der Staatenlosen bemerkt: »Der Begriff der Menschenrechte brach, wie Burke es vorausgesagt hatte, in der Tat in dem Augenblick zusammen, wo Menschen sich wirklich nur noch auf sie und auf keine national garantierten Rechte mehr berufen konnten. Sobald alle anderen gesellschaftlichen und politischen Qualitäten verloren waren, entsprang dem bloßen Menschen keinerlei Recht mehr. (...) Die Staatenlosen, die Überlebenden der Vernichtungslager, die Insassen der Konzentrations- und Internierungslager, sie alle jedenfalls bedurften keiner Burkeschen Argumente, um einzusehen, daß die abstrakte Nacktheit ihres Nichts-als-Menschseins ihre größte Gefahr war. Sie waren damit in das zurückgefallen, was die politische Theorie den ‹Naturzustand› und die zivilisierte Welt die Barbarei nannte«. Und weiter schreibt sie in »Elemente und Ursprünge totaler Herrschaft«: »Es ist die alte Vogelfreiheit, welche die Staatenlosigkeit heute über die Flüchtlinge in aller Welt verhängt ...«

Heroische Gelassenheit

Durch die Geschichte ziehen sich die Bilder der Apatriden, die niemand haben will, der Abgewiesenen und letztlich dem Tod Preisgegebenen – von der Odyssee des Hapag-Lloyd-Dampfers »St. Louis«, dem die Landung in den USA verweigert wurde und der seine Passagiere zurückbrachte nach Europa, wo sie später der »Endlösung« zum Opfer fielen, bis hin zu den boat people. Über allen hängt der Urteilsspruch des kanadischen Ministerpräsidenten Mackenzie King, der auf der Konferenz in Evian 1938, als es um die Rettung der europäischen Juden ging, gesagt hatte: »None is too many – schon keiner ist zuviel.«

Trotz dieser düsteren Erfahrungen bei der Behandlung Verfolgter und tödlich Bedrohter wird die Welt mit der Migration leben müssen und vielleicht sogar deren konfliktlösende Seite erkennen. Europa und Amerika, die die weltweite Migration als Bedrohung empfinden und sich als Zielländer von nicht mehr bewältigbaren Migrations- und Flüchtlingsströmen sehen, können ohne Migration längst nicht mehr leben. Das Bedürfnis der entwickelten Gesellschaften nach Zuzug und Aufrechterhaltung der Bevölkerungszahl wird vermutlich das Tor offen halten. Globalisierung ohne Migration gibt es nicht. *Capital flow* ohne *migration flow* ist sinnlos. Die »unsichtbare Hand« ist weiter als staatliche oder internationale Gesetzgebung.

Es wird vielmehr um die Frage gehen, wie der Zustrom einigermaßen reguliert werden kann. Angemessen wäre wohl eine Haltung heroischer Gelassenheit, also das Vermögen, die Nerven zu bewahren in einer Situation, in der sich ohnehin nichts beschleunigen und nichts abkürzen läßt.

Es gibt keinen Grund anzunehmen, daß die Welt, die einmal 50 Millionen Europäer aufgenommen hat, heute nicht in der Lage sein sollte, eine Zahl, die gewiß kleiner sein dürfte, zu verkraften. Globale Welt ohne *global citizens* gibt es nicht. Die neue Welt bringt den Bewohner hervor, der ihr angemessen und vielleicht sogar gewachsen ist. Das ist die Stunde der Nomaden. Ohne sie wären wir verloren.

Kommunalka oder Kommunismus als Lebensform

Die östliche Welt, die einmal Ostblock hieß, wird neu vermessen. Das Verschwinden des Ostblocks hat den gesamten Denk- und Analyseraum transformiert. Jenseits des »Ostblocks« kommt eine Geschichtsregion in den Blick, die in der Perspektive auf das politisch-administrative-militärische Gebilde Ostblock nicht aufgeht. Das Verschwinden der großen Grenze, die wir so gut kannten, hat den Blick freigegeben auf die vielen kleinen Grenzen, von deren Existenz wir kaum etwas ahnten. Wir haben es nicht mehr mit »Sowjetmenschen« zu tun, für die Kommunismusexperten von einst zuständig waren, sondern mit Russen, Ukrainern, Tschetschenen, Abchasen, über die uns die Völkerkunde informiert. Wir müssen, wenn wir wissen wollen, wo die Fronten verlaufen, wieder Erdkunde treiben, die in Zeiten, wo es nur noch Systeme gab, außer Gebrauch gekommen war. Wir beginnen zu verstehen, daß unser Wissen vom Zentrum, wo bisher alles entschieden wurde, wertlos geworden ist und daß wir von den Regionen, an denen jetzt alles hängt, fast nichts wissen.

Mit dem Sowjetreich ist auch die Sowjetologie untergegangen und mit ihr jene ganz und gar auf Systeme fixierte Denkweise. An die Stelle eines mehr oder minder als homogen angenommenen Systems treten Räume – geographische, soziale, kulturelle, ethnische, religiöse. Mit dem Verschwinden der alten Macht ist auch deren ideologische Selbstdarstellung hinfällig geworden – damit aber auch jene Auseinandersetzung, die im Lesen von Diamat-Lehrbüchern oder ZK-Kommuniqués den Schlüssel für das Verständnis der östlichen Welt sah. Nirgendwo war die Rede vom System als »Reduktion von Komplexität« zutreffender als beim östlichen »System«. Nun ist die Komplexität wieder sichtbar geworden. Es ist klar, daß von der Depolitisierung und Deideologisierung die geschichtliche Arbeit nur profitieren kann. Eine Formation und Konstellation, die bis in unsere Gegenwart hineingereicht hatte, in der und mit der wir gelebt hatten, ist Vergangenheit geworden. Ob wir es Ostblock, realen Sozialismus, Kommunismus, Gesellschaft sowjetischen Typs, Totalitarismus usf.

nennen, der Gegenstand ist nun erst aus einem gegenwärtigen zu einem geschichtlichen geworden. Geschichten von etwas sind erst erzählbar, wenn sie Vergangenheit geworden sind. Die erste und elementare Voraussetzung für eine Historisierung dieses »Phänomens« ist erfüllt.

Wir machen uns mit einer Gegenwart vertraut, für deren Wahrnehmung kein Organ existierte, und brechen zu einer Geschichte auf, für die es bisher keinen Platz gibt in den Geschichtsbüchern. Es sind die weißen Flecken, die der Kalte Krieg in unseren Köpfen hinterlassen hat.

Signaturen. Die Würde der Oberfläche

Der Raum, um den es geht, beginnt, wenn man das militärisch-politische Gebilde Ostblock, das der Osten auch war, hinter sich gelassen hat und eintritt in das, was man Lebenswelt nennt. Man betritt sie, wenn man an den mächtigen Portalen der imposanten Gebäude, in denen die Bürokratie hauste, vorbeigegangen ist. Man hat bisher von ihr wenig Aufhebens gemacht, da sie nicht der Rede wert war – weder für die Mächtigen dort noch für die Beobachter der Macht hier. Uns aber interessieren nicht so sehr die Parteitage, an denen der »Gang der Geschichte« vorzugsweise abgelesen wird, sondern die Lebenszeit der Menschen, die zwischen ihnen verstrich. Der Gegenstand ist uns so nah, daß er übersehen wird, und so fremd, daß er fast schon wieder etwas Exotisches ist. Er fiel bislang der modernen Arbeitsteilung zum Opfer, in der die Reporter und Journalisten für die Welt der Erscheinungen, für die Oberfläche zuständig sind und die Soziologen und Historiker für ein Wesen der Sache, das sich dahinter verberge. Das Resultat ist bekannt: die Literatur über das »Wesen des Kommunismus« wuchs umgekehrt proportional zum Wissen um die Lebenswelt. Erfahrungsverlust und Modellbildnerei sind so nur zwei Seiten derselben Medaille. Theorie hat indes etwas mit »theoria«, also mit Anschauung zu tun. Wir müssen wieder lernen, unseren Sinnen zu vertrauen und den Erscheinungen ihre Würde zurückzugeben, so riskant es sein mag; denn die Welt der Modelle ist übersichtlich, die der Erscheinungen des Lebens nicht. Wenn es heute Geheimnisse zu lüften gilt, dann sind es weniger die »Kremlgeheimnisse«. Wir können uns endlich um die Lösung der Rätsel kümmern, die hinter keiner Fassade verborgen sind, sondern offen zutageliegen.

Das postsowjetische östliche Europa hat uns einen grandiosen

Trümmerhaufen von kulturellen Formen hinterlassen, die sich über Jahrzehnte hin abgelagert hatten und die nun in einer Art postmodernem Basar der Geschichte in alle Winde verstreut werden – wie die Offiziersmützen und Thermoskannen vor dem Brandenburger Tor. Unsere Fundstücke sind banal und allen geläufig: es ist die allgegenwärtige Schlange, in der Sowjetmenschen einen Großteil ihrer Lebenszeit verausgabt haben, die aber keine Spur in der Soziologie oder in der Historiographie hinterlassen hat – anders als der »ML«, zu dem es eine nicht enden wollende redundante Literatur gibt. Es ist die *kommunalka*, jene Gemeinschaftswohnung, in der Generationen von Menschen ihr Leben verbracht haben und die zur Wiege des *sowjetski obras shisni*, des *Soviet way of life* geworden ist. Wir haben Geschichten der Parteikämpfe, aber keine Geschichte der Renitenz, der einzigen Waffe, die den *Kolchosniki* in ihrem Kampf mit dem Staat verblieben war. Wir haben vor uns den Klub des Betriebes oder Instituts, jenen Ort der Geselligkeit in einer Gesellschaft, in der die Orte des Halböffentlichen untergegangen sind und sich neue bildeten. Allen geläufig ist der überdimensionierte Platz, dessen Konfiguration schon besagt, daß er nicht für Öffentlichkeit, sondern für Inszenierungen von Öffentlichkeit – Paraden, Umzüge usf. – bestimmt ist. Zu denken ist an die Ästhetik der Waren, die keine Waren sind, an eine Zeit, die keinen Preis hat, und an einen Raum, für den sich niemand zuständig fühlt. Hierher gehört auch die Reise im Zug, die uns sogleich vor Augen führt, daß der Raum, den wir durchmessen, jede Direktive aus dem Zentrum verschluckt und wirkungslos macht. Ich denke an das Gewühl und den harten Kampf an den Metroeingängen, für deren Verständnis wir kein »Sozialismus-Modell« im Kopf haben müssen, wenn wir es verstehen wollen – denn etwas Ähnliches haben wir in Kairo oder in Mexico City gesehen. Ich denke an die wegelosen Landstriche und Dörfer, die unerreichbar geworden sind, sobald Regen oder Schnee gefallen sind – ein ganzes Land außerhalb des Geltungsbereichs der »Moskauer Zeit«. Jedem Touristen ist das Leeregefühl in Erinnerung, das ihn beim Anblick der grauen Flächen befiel: er war in einer Welt ohne Reklame. Wir denken an das alljährliche Feiertagsritual im Mai und Oktober, das angeblich soviel mit Politik zu tun hat, aber in Wahrheit doch mehr mit Freizeit. Wir kennen alle das Ambiente der Macht – die Foyers der Verwaltungsgebäude mit den Palmen, deren Tradition zurückführt bis in die Gewächshäuser der petrinischen Epoche. Ich denke an die *Babuschki* auf den Bänken vor den Hauseingängen in den Plattenbausiedlungen – das wachsame Auge des in die Stadt verschlagenen Dorfes. Natürlich gehört zu den Selbstverständlichkeiten auch die seit 50 Jahren unveränderte museale Inszenierung von »Schwanensee« und der verstohlene Blick in die meist leer bleibende Zaren-Loge.

Eine solche Aufzählung scheint wirr und beliebig. Aber es ist nicht schwer, eine systematische Enzyklopädie der Formen der sowjetischen Lebenswelt zu erstellen, wie sie Svetlana Boym in ihrer Arbeit über die Mythen des sowjetischen Alltags oder Alexander Genis und andere schon begonnen haben.

Mit einer solchen Aufzählung fängt die phänomenologische Arbeit erst an. Jeder dieser Befunde und jedes Zeichen hat eine komplexe Geschichte, die an der Sache, wenn es möglich ist, rekonstruiert oder erzählt werden kann. Wir kommen damit an Verhältnisse und Beziehungen heran, die älter sind als Systeme, die kommen und gehen, und die den Lebensalltag und die Routine in Gang halten und auch dann noch weiterwirken können, wenn politische Systeme sich aufgelöst haben oder umgekehrt: die sich längst aufgelöst haben, auch wenn die politische Sphäre noch zu funktionieren scheint. Diese Beobachtungen zielen auf Gegenstände, Orte, Themen, die in einer für altmodisch gehaltenen Terminologie als »konkrete Totalität« oder als »Objektivierung« von Verhältnissen verstanden werden können – sei es zwischen Staat und Gesellschaft, zwischen Gemeinschaft und Individuen, zwischen Mann und Frau, zwischen Außen und Innen. Sie werden bedeutsam und aussagekräftig als Indikatoren dessen, was eine Zivilisation ausmacht – also nicht ein Mehr oder Weniger an »Kultur«, sondern einen bestimmten Stil, bestimmte Alltag gewordene Routinen, Verhaltensweisen und Beziehungen von langer Dauer. Es geht dabei um mehr als um eine Übung in Kultursemiotik oder um Gedanken zur Ästhetik von Macht und Alltag.

Kommunalka als Lebensform

In der Geschichte des Kommunismus als einer Geschichte der Kommandohöhen gab es keinen Platz für die Orte, an denen das Alltagsleben der Menschen zusammenlief. Die Gemeinschaftswohnung, die *Kommunalka* ist nur einer von ihnen. Die sowjetische *Kommunalka* enthält prismatisch die Lebensverhältnisse, wie sie über 70 Jahre hin bestimmend waren. Sie markiert auf der Ebene der individuellen Lebensverhältnisse alle Brüche und Entwicklungen in der Gesellschaft. Sie ist der Ort der Zerstörung bürgerlicher Lebensverhältnisse, des Schutzraumes der Privatheit. Wo zuvor die bürgerliche Welt ihren Ausbreitungsraum hatte, breitet sich nach der Schwarzen Umverteilung des Wohnraumes im Bürgerkrieg die nachrevolutionäre Gesellschaft aus: eventuell die ehemalige Besitzerin in einem Verschlag, Zugereiste und privilegierte Arbeiter im Salon als dem größten Raum. Die *Kommunalka*-Gesellschaft spiegelt exakt die Veränderungen im Lande wider: die Zimmer, die frei werden, deuten auf die Emigration oder die Flucht aufs Land in Zeiten der Hungersnot; die Neuzugänge und die Überfüllung auf die Landflucht nach der Kollektivierung und den Zusammenbruch des Wohnungswesens in den 30er Jahren. Ihr Mobiliar und ihre Interieurs sind ein Museum, bestückt mit den Resten aus dem ruinierten bürgerlichen Haushalt, vielleicht einer Bibliothek, die sich fand; die neuesten Errungenschaften, die den Aufstieg des Arbeiters dokumentieren – das *Patefon*, das Fahrrad und das Agitplakat. Man ist in den eigenen vier Wänden von nun an nie mehr allein. Der Kampf für die Aufrechterhaltung einer wie immer gearteten Ordnung des privaten Alltags ist fast aussichtslos. Und doch ist es für viele, die es aus der Dorfhütte bis hierher geschafft haben, eine Schule des Zusammenlebens. Es ist der Ort der Destruktion von Privatheit und des auf Dauer gestellten kommunalen Daseins. Es ist ein Ort des permanenten Kriegs aller gegen alle und des überlebensnotwendigen Kompromisses. Es ist der Überlebensort der »ehemaligen Menschen«, die gefährdet sind, und der Ort, wo alle wissen, was geschieht, wenn es früh um vier Uhr klingelt. Es ist der Ort der Auflösung einer kompakten Lebenswelt und der der Neubildung einer »Flugsand-Gesellschaft«, wie Moshe Lewin die aus Entwurzelung und Urbanisierung hervorgehende Gesellschaft der 30er Jahre nannte. Die *Kommunalka* ist die Mikrowelt einer sozial amorph werdenden, ihre Struktur und Differenz verlierenden Gesellschaft, in der die Segregation und Konsolidierung sozialer und kultureller Milieus fast ausgeschlossen ist. Ihre Interieurs sind Panoramen einer Gesellschaft im Umbruch. Neben einem geretteten Empire-Möbel und einem Familienphoto aus Petersburger Tagen finden sich in der Vitrine der rote Arbeitsorden, die Ansichtskarte vom Gewerkschaftsurlaub auf der Krim, vielleicht auch das neue Klavier der Firma »Roter Oktober«. Und es gibt die ganz anderen Interieurs der High-Society der 30er Jahre, die sich komplett im stalinistischen Art deco eingerichtet hat.

Die Alltagsdramen der *Kommunalka* füllen die russische Literatur von Schklowski bis Brodski. Sie frißt einen großen Teil der Energie, die man zum Leben braucht. Sie bietet keinen Rückzugspunkt, und wer bei sich oder unter sich bleiben will, muß nach draußen fliehen – daher die bis heute nicht untersuchte Bedeutung der Datscha als Fluchtort und Insel der Freiheit. Die »Diktatur der Intimität«, der Genossenschaftlichkeit, der Kommunalität für Generationen, der Zusammenbruch der Formen der Distanz, die im Tumult der sozialen und kulturellen Umbrüche keine Chance hatten, hat eine ganz andere Genese und Bedeutung als die von Richard Sennett beschriebene. Es ist ein Mikrokosmos, an dem sich die Genese der sowjetischen Zivilisation studieren läßt.

Kurz: die *Kommunalka* ist ein zentraler Lebensort so sehr wie die Fabrik. Kein noch so großes Quellenproblem rechtfertigt seine Abwesenheit und Nichtexistenz in der Geschichtsschreibung. Sie ist ein Studienobjekt für den Prozeß der Zerstörung bzw. Neubildung von Intimität und Privatsphäre, für die Ruralisierung der Städte und für die Urbanisierung der Leute vom Dorf – also: ein zentraler Ort für die maßgeblichen Prozesse, die Rußland prägen sollten.

Ein anderer Ort wäre der öffentliche Platz. Die Analyse der öffentlichen Plätze enthüllte uns, wenn wir es unternehmen würden, die Geschichte des Verhältnisses von Gesellschaft und Macht. Dies fängt mit der Verwandlung von ehemaligen Rathäusern in Museen an und endet in der Transformation oder im Neubau eines ganzen städtischen Raumes. Die Musealisierung des Newski-Prospektes sagt uns etwas über die Stillegung des business district, der Banken, des Zeitungswesens, der Unterhaltungs- und Massenkultur, über die Verwandlung eines Boulevards, der der städtischen Selbstdarstellung diente, in eine nach wie vor pompöse Demonstrationsstrecke. Die Leere der großen Plätze, die einmal Marktplätze gewesen sind, schuf Distanz. Die Abwesenheit von Cafés sagt etwas über die Auflösung der Kontaktzone zwischen öffentlicher und privater Sphäre und die Abdrängung städtischer Kommunikation in die Einsamkeit atomisierter Individuen oder die organisierten Orte der Freizeit im Club oder im Kultur- und Erholungspark. Die Dimension und die Konfiguration der neuen Platzgestalt läßt sich dechiffrieren als Emanzipation der Macht aus dem Gemeinwesen. In dieselbe Ordnung gehören auch Erscheinungen wie die Nichtexistenz von Telephon- und Adreßbüchern oder von exakten Landkarten. Lehrreich ist natürlich, was nun in postsowjetischen Zeiten mit eben diesen Plätzen geschieht: eine Art Säkularisierung, Entsakralisierung, Profanierung, Reurbanisierung.

Das Leningrad und Moskau der 1930er Jahre – wenn man das als die Geburt der sozialistischen Zivilisation gelten läßt – sind nur von oben betrachtet übersichtliche, wohlgeordnete Städte – so etwa in dem berühmten Bild von Pimenow – eine Frau im Fond eines neuen Straßenkreuzers vor der Skyline des neuen Moskau. Es ist die Perspektive der High-Society. Aus einer anderen Perspektive sind das Moskau und Leningrad dieser Jahre eher Agglomerationen von Behausungen, die die Zeitgenossen »Schanghai« genannt haben, Endpunkte einer beispiellosen Fluchtbewegung aus den Dörfern in die Stadt, unkontrollierbar, undurchsichtig, chaotisch – ein Ort zum Untertauchen und alles andere als die wohlorganisierte Metropole, wie sie der Generalplan 1935 sah.

Es geht bei dem Versuch, sich die Topographie der sowjetischen Lebenswelten zu erschließen, freilich nicht nur um sichtbare Orte, sondern auch um die Koordinaten des geistigen oder soziokulturellen Raumes, der definiert ist durch die Urteile über Gut und Böse, über Häßlich und Schön, über Gerecht und Ungerecht, über Gleich und Ungleich, über Armut und Reichtum. Wir bräuchten eine Geschichte des Geschmacks, der Hochkultur und einer proletaroid gefärbten Massenkultur, auch des revolutionären Kitsches. Wir bräuchten eine Geschichte der Subkulturen – Frederick Starr hat das überzeugend mit der Geschichte des sowjetischen Jazz getan – , die nicht erst mit den Dissidenten anfangen, eine Geschichte des Eskapismus – darunter der Datschen-Kultur. Wir bräuchten eine Geschichte des Sichdurchwurstelns, die dem Scheitern der Planung komplementär ist, und des *blat*, ohne die man das Funktionieren einer nichtfunktionierenden Bürokratie gar nicht erklären kann. Wir bräuchten eine Geschichte des Schwarzhandels, ohne die auch die Kommandowirtschaft niemals funktioniert hat, und eine Geschichte der Milieus der stalinistischen High-Society, ihrer Teegesellschaften und der Kultur aus »Schwanensee«, Pferderennen im Moskauer Hippodrom und Urlaub auf der Krim sowie mit den von der alten Elite übernommenen Kindermädchen, die oft wie in vorrevolutionären Zeiten die einzige Verbindung zur Welt der gewöhnlich Sterblichen draußen waren. Wir bräuchten Geschichten von den Großbaustellen, die durch Enthusiasmus und Terror zustandegebracht worden sind, und von den Biographien, die durch die Säuberungen beendet wurden oder aber erst durch sie möglich wurden. Wir bräuchten eine Geschichte der Mode, dem nach Benjamin elastischsten Medium des Zeitgeistes, und eine Geschichte der Erfolgsstorys der Stars und Helden der Stalinschen Epoche, also der Leitbilder, die Schule machten – der Filmschauspielerinnen, Akademie-Mitglieder, Militärkommandeure, Geiger und Flieger. Was wissen wir von den Vorgängen draußen im Lande, solange wir keine Geschichte von Woronesh oder von Nishni Nowgorod haben? Und was wissen wir über Haß, Widerstand, passiven Streik seitens der Bauernbevölkerung, solange wir nur die Erfolgsmeldungen der Kollektivierer lesen? Solche Geschichten würden, wenn sie wahr sein sollen, von der Gleichzeitigkeit des unvereinbar Scheinenden berichten: von der Inthronisierung Puschkins als literarisch-kulturellem Über-Ich im Jahr des Massenterrors, von der Eröffnung des Kultur- und Erholungsparks – dieser sowjetischen Version des Luna-Parks – zur Zeit der Schauprozesse.

Das alles ist nicht das Leben jenseits der großen Geschichte, die von Krieg, Bürgerkrieg, Deportationen, Zwangumsiedlungen, Lager und wieder Krieg markiert ist. Die Spur der Gewalt ist in alle Erscheinungen eingezeichnet. Die Lebensformen sind fast immer schon Überlebensformen. Das Gedränge und die Zusammensetzung in der *Kommunalka* ist das Gedränge der »Ehemaligen« und der Neuen, der Reste von alteingesessenen Petersburgern und des Stroms der Entwurzelten vom Lande, der Aufsteiger aus dem Dorfe und der davongekommenen Intelligenzija-Familien. Die Gewalt hat ihre Spur hinterlassen in der Störung der Generationenabfolge, in der Abwesenheit der Männer und in der Feminisierung der sowjetischen Gesellschaft, einer eigentümlichen Zwangsemanzipation, die den Frauen mehr als die Hälfte des Himmels aufgebürdet hat. Sie ist eingezeichnet in die Gedichte des »Wolfshund-Jahrhunderts« von Ossip Mandelstam, in die Familien, die alle ihre Gefallenen, ihre »Volksfeinde«, Schädlinge, Ermordeten, Dekulakisierten, im Lager Verschwundenen oder aber Lagerbewacher haben. Die Gewaltsamkeit kehrt wieder in der indirekten und verschlüsselten Rede, im breiten Strom des Lagerjargons, der die Sprache erneuert und zugleich verdorben hat. Sie ist anwesend im Schweigen und in der Erschöpfung.

Was die Geschichte so unerhört schwierig macht, ist, daß sie eine des Erfolgs und des Scheiterns, des Aufbruchs und des Zusammenbruchs, der Begeisterung und der Demoralisierung, der Täter und der Opfer, oft auch der Täter, die Opfer wurden, oder Opfer, die zu Tätern wurden, und daß sie vor allem eine Geschichte jener ist, die – sei es durch Zufall oder nicht – weder das eine noch das andere waren.

Es macht aus dieser Perspektive keinen Sinn mehr, die Geschichte von oben zu konterkarieren mit einer Geschichte von unten. Und es macht keinen Sinn, die Geschichte des Alltags einer Geschichte des Großgeschehens zu konfrontieren. Es geht schlicht darum, eine andere Verhandlungsebene zu beziehen, eine »Umdimensionierung des Untersuchungsfeldes« zu versuchen, und zu integrieren, was im Leben selbst nur zusammen existiert. Stalinismus-Geschichte wird so, wie Stephen Kotkin in seiner Studie über Magnitogorsk gezeigt hat, zur Zivilisationsgeschichte. Was vielen als ein Rückzug aus einer politischen Geschichte in eine »unpolitische«, angeblich harmlosere Kulturgeschichte erscheinen mag, ist in Wahrheit der Vorstoß zu einer Geschichte, die endlich beides zusammenbringt: die große Politik und die Alltagswelt, die »longue durée« und den Katarakt von Ereignissen, die Kommandhöhen und die Lebenslagen der Mehrheit der Bevölkerung. Das Ergebnis ist vermutlich nicht eine ganz andere Geschichte, aber eine, die wir schon kennen, in anderem Licht und plausibler. Die Exploration eines Feldes, das bisher verschlossen war – oder ignoriert worden ist – ist die erste Bedingung hierfür.

Wie so etwas exemplarisch gemacht werden könnte, dafür gibt es Beispiele und Vorbilder. Walter Benjamins Versuch, im Passagenwerk die Hauptstadt des 19. Jahrhunderts zu erfassen, also das bürgerliche Zeitalter in seiner prägnantesten Gestalt zu dechiffrieren, ist auch eine große Inspiration für die Arbeit an einer Hauptstadt des 20. Jahrhunderts – »Moskau im Jahre 1937«.

Es fällt schwer, wenn man sich die Verhältnisse näher angesehen hat, überhaupt von »Gesellschaft« zu sprechen. Eher ist es ein Kosmos, eine Gemengelage von ganz unterschiedlichen, unzusammenhängenden, in sich ruhenden Gemeinschaften und Milieus, Provinzen und Städten, die Begriffe wie »sowjetische Gesellschaft« oder »Klassen« wie Konstruktionen aussehen lassen. Nicht Homogenität, sondern Heterogenität, Ineinander von Vormoderne und Moderne, nicht Übersichtlichkeit und Geplantheit, sondern Unübersichtlichkeit und Chaos kommen der Beschreibung der Wirklichkeit näher. Denn Gesellschaften leben auf längere Dauer nicht von der Aussicht auf die Zukunft oder gar von Visionen, sondern durch die Bewältigung des Hier und Heute, ihr Lebensmodus ist nicht eine Zukunftsstrategie, sondern das Sich-Durchwursteln, Sich-Durchschlagen, des lebenslangen Improvisierens – auch durch die Hinnahme von Befehlen, die man in Wahrheit unterläuft. Und beide Seiten wissen das.

Die Neuvermessung des Forschungsfeldes in zivilisationsgeschichtlicher Absicht führt nicht dazu, daß Macht und Ideologie als zentrale Kennzeichen des sowjetischen Kommunismus nur noch »Faktoren unter anderen« werden, wohl aber zu einer Neuverortung. Die Macht findet ihre Grenzen an der Eigenmächtigkeit der Gesellschaft, die sich nicht umstandslos kommandieren läßt. Gesellschaftsbildungen folgen nicht Planperioden und den Abständen zwischen Parteitagen, sie haben ihren eigenen Rhythmus. Die Geschichte folgt nur in den Köpfen ihrer selbsternannten Avantgarden einem Masterplan – um so erstaunlicher, daß diesen Glauben auch viele ihrer energischsten Kritiker teilen. Gewaltsamkeit ist nicht nur ein Zeichen von Macht, sondern auch ein Indikator für Ohnmacht. Alles zusammengenommen gibt das ein Bild, das wenig gemein hat mit dem Bild von der totalen Machtvollkommenheit einer totalen Macht. Die Geschichte des Sowjetkommunismus läßt sich weniger entlang der Pläne als vielmehr entlang ihres Scheiterns erzählen. So gehört zur Geschichte des Plans immer schon das Unplanmäßige, im Plan nicht Vorgesehene, ja Planwidrige. Planfetischismus ist gerade nicht der Beweis für das Funktionieren, sondern für das Scheitern von Plänen.

Wir können den Diskurs über Macht und Ideologie eine Weile ruhen lassen und sollten erst einmal das Feld sondieren, in dem alles spielt. Viele Geschichten müssen erst noch erzählt werden. Und wenn wir sie haben, werden wir sehen, was dabei herauskommt – ohne Konstruktion einer Logik oder eines Endziels. Wir tauschen damit die bequemen Kurzfassungen, die Geschichten aus Diamat-Lehrbüchern und Parteidirektiven ableiten, gegen eine freilich heillos verworrene und schwierige Geschichte ein. Aber der Gewinn ist eine Geschichte als Geschichte und nicht eine Geschichte als Kopfgeburt, dem Haupte Lenins entsprungen.

Ende des Kommunismus, alte Plädoyers

In einer Geschichte des Sowjetkommunismus in zivilisationsgeschichtlicher Absicht lösen sich viele Antinomien und falsche Oppositionen auf, die bis in die letzte Zeit hinein das Feld beherrscht haben, besonders die von Politik- und Sozialgeschichte, von Totalitarismustheorie und Modernisierungstheorien, die alle auf ihre Weise in eine Sackgasse geraten sind. Es gibt keinen Grund mehr, sich den alten Oppositionen zu fügen. Um so erstaunlicher ist, daß das Ende des Kommunismus noch einmal alte Kontroversen hat aufleben lassen.

Das Epochenjahr wurde nicht nur zur Stunde fälliger Reflexion, sondern auch der Abrechnung und Rechthaberei. In einer Sonderausgabe der Zeitschrift »The National Interest« im Jahre 1993, die den Titel trug »Der seltsame Tod des Kommunismus: eine Autopsie«, faßten Richard Pipes, Martin Malia und Robert Conquest, führende amerikanische Rußland- und Sowjetunionhistoriker also, in polemischer Weise ihre Kritik an einer Schule zusammen, die sie pauschal als »Revisionisten« bezeichneten. Pipes meinte, »der Zusammenbruch des Kommunismus in Rußland hat der revisionistischen community einen Schlag versetzt, von dem sie sich kaum mehr erholen wird«. Er war es auch, der in Fernand Braudel den Urahn und in der »longue durée« den Sündenfall des Revisionismus ausgemacht hatte. Martin Malia rekonstruierte in seinem Beitrag »Die fatale Logik« Aufstieg und Niedergang des Totalitarismus-Modells und machte in der modernisierungs- und sozialgeschichtlichen Schule den Grund für eine Fehlentwicklung in der Analyse der Sowjetunion aus: »Sowjetkommunismus sollte die große Bewährungsprobe für die modernen Gesellschaftswissenschaften werden, doch die Anwendung ihrer Kategorien auf die sowjetische Realität hat mehr Konfusion als Aufklärung mit sich gebracht. So sollte das Debakel der Sowjetologie vielleicht zum Ausgangspunkt für eine Überprüfung der Methoden werden«. Robert Conquest schließlich griff die akademische und intellektuelle Linke von den fellow-travellers der 30er Jahre bis zum Neo-Marxismus der 60er Jahre an, die einen »destruktiven Einfluß auf die seriöse Beschäftigung mit der UdSSR« ausgeübt habe. Das ist ein starker Ton, besonders wenn man bedenkt, daß wir es mit Wissenschaftlern zu tun haben, die angesichts ihrer Verdienste und ihrer Reputation gelassen sein könnten. Unschwer kann man im schrillen Ton des akademischen Streits um die »Sowjetologie« den Waffenlärm der ideologisch-politischen Lager des Kalten Kriegs heraushören, vielleicht auch ein wenig Gekränktheit im Konflikt der akademischen Schulen und Generationen. Es klingt wie ein Witz, wenn ausgerechnet die traditionalistische Schule für sich reklamiert, das »Ende des Kommunismus« vorhergesehen zu haben. Geschehen war ja, was von den Voraussetzungen der totalitarismustheoretischen Schule her ausgeschlossen war: die Evolution einer Gegengesellschaft in der totalitären Gesellschaft selbst und die Selbstdemontage der Macht. Michail Gorbatschow war eben nicht Joseph Goebbels, wie der deutsche Bundeskanzler ganz im Einklang mit dem totalitarismustheoretischen Mainstream gemeint hatte. Viel eher könnte man den theoretischen Skandal ganz anderswo vermuten: nicht im Niedergang des Kommunismus, der längst diagnostiziert war, sondern im Übersehen jener neuen Kräfte, die in ihm herangewachsen waren und aus ihm herausgeführt hatten.

Doch anders als der deutsche Historikerstreit, der die fällige Arbeit blockiert hat, hat der Streit der amerikanischen Rußlandhistoriker in den 80er Jahren ein neues Arbeitsfeld geöffnet. Das ist das unzweifelhafte Verdienst der sogenannten »Revisionisten«, die sich mit dem von Zbigniew Brzezinki und Carl Friedrich formulierten Modell des totalitären Staates – totale Einparteien-Herrschaft, terroristischer Einsatz der Geheimpolizei, totale Kontrolle der Massenkommunikationsmittel, zentrale Kommandowirtschaft – schon lange nicht mehr zufriedengaben. Die Sowjetgesellschaft sollte nicht länger anhand eines als Gegen-Modell zur liberalen Gesellschaft entwickelten Idealtyps, sondern aus ihren eigenen Voraussetzungen heraus analysiert werden. Die ungeheure Gewalttätigkeit des Systems sollte nicht allein aus den persönlichen Eigenschaften Stalins oder der Macht einer Idee abgeleitet werden. Die Schubkräfte, die das Regime mit- und damit zu seiner Stabilität beitrugen, die Elemente eines wie immer gearteten Konsenses, ohne den sich auch ein terroristisches Regime nicht länger an der Macht halten konnte, sollten analysiert werden. Es ging letztlich um eine Entdämonisierung und Historisierung des »Phänomens« und um seine Einordnung in die Geschichte der modernen Welt, in die Pathologie einer säkularen Modernisierungsbewegung. Es ging also um nichts anderes als das, was in der Forschung zum Nationalsozialismus längst Schule gemacht hat: wegzukommen von simplen Erklärungsmodellen der Verführung und eben die Gründe für den Massenrückhalt herauszuarbeiten, den das »Gewaltregime« zeitweise jedenfalls gefunden hatte. Diesen seit Ende der 70er Jahre erschienenen Arbeiten von Sheila Fitzpatrick, Moshe Lewin, Anne Russweiler, Lynn Viola, Richard Stites, Gabor Rittersporn und anderen verdanken wir Einblicke in die rasante Aufstiegsmobilisation der nachrevolutionären Gesellschaft, in die Bildungsgeschichte der stalinistischen Elite. Die Geschichte der Stalinzeit hörte auf, nur eine der staatlichen Aktion zu sein, und wird auch eine des Reagierens auf gesellschaftliche Resistenz und Renitenz. Selbst der »Große Terror« hörte auf, bloße Machination zu sein, und gewann die Züge eines »virtuellen Bürgerkriegs«. Die Utopien des postrevolutionären Rußland wurden nicht bloß als Intellektuellen-Projektionen denunziert, sondern zu einem Teil jedenfalls als Ausdruck utopisch-chiliastischer Krisenstimmungen im Volk interpretiert. Und waren nicht viele dem »Wesen des Kommunismus« zugeschriebene Prozesse inzwischen überall in Gang gekommen, besonders in den sogenannten Entwicklungsländern der postkolonialen Welt?

Vermutlich war es zunächst unvermeidlich – als Gegenreaktion –, daß die sozialgeschichtlich interessierte Geschichtsschreibung all jene

Aspekte betonte, die bis dahin vernachlässigt worden waren, so daß der Eindruck entstehen konnte, sie wolle eine »Geschichte ohne Politik, ohne Ideologie, ohne Terror« (Geoff Ely). Aber das ist seit den Arbeiten der letzten zehn Jahre sowenig haltbar wie der Vorwurf an die Gegenseite, sie berücksichtige die »sozialen Faktoren« nicht. Woher also der Lärm?

Vieles an dieser Kontroverse hat daher etwas vom Schießen auf Pappkameraden, wie es bei Nachhutgefechten eben üblich ist. Der Schluß liegt nahe, daß die Opposition oder gar Konfrontierung von Politik und Sozialgeschichte in eine Sackgasse geführt hat und daß sie im Interesse der Sache durch einen komplexeren Zugang aufgelöst werden muß. Die im geschichtswissenschaftlichen Diskurs der letzten Jahrzehnte herausgearbeiteten Oppositionen – kleine vs. große Geschichte, »longue durée« vs. Ereignisgeschichte, Geschichte von oben vs. Geschichte von unten – haben sich in Sachen Kommunismusgeschichte mit den Lagerbildungen des Kalten Krieges verflochten. Wenn daran festgehalten wird, hat es weniger mit der Sache, als vielmehr mit dem Fortleben des Lagerdenkens nach dem Ende der ideologischen Lager zu tun. Was bleibt, ist die Lösung eines Problems. Die Dichotomien, die wissenschaftlich unfruchtbar geworden sind, lassen sich auflösen. Man muß nicht mehr für das eine und gegen das andere plädieren, sondern kann sich auf die Analyse ihres Zusammenhanges beschränken dort, wo er reell existiert: in den Erscheinungen der Lebenswelt, die in einer zivilisations- oder kulturgeschichtlichen Analyse erschlossen werden können.

Modernediskurse vor Ort

Das Ende des Kommunismus hat Kräfte freigesetzt, die sich jetzt erst entfalten können, sei es daß sie ihre unterdrückten Instinkte endlich austoben können, sei es daß sie an die zivilisatorischen Leistungen, die die Epoche »trotz alledem« erbracht hat, anknüpfen. Die Situation ist im allgemeinen eine der Überforderung, erst recht für das postsowjetische Geschichtsbewußtsein und Geschichtswissen. Nur allzuhäufig geschieht, was in solchen Situationen geschieht: man flüchtet sich in das Einfache, in die großen Erzählungen, in die angeblich schon bereitstehenden Begriffe, die man nur übernehmen muß, manchmal auch in einen Bezugspunkt, wo die Welt angeblich noch heil war. Die Geschichte, die bearbeitet werden soll, wird oft zum Ersatzschauplatz für die Geisterkämpfe in der Gegenwart. So haben wir eine Welle neuer Debatten über Ost und West, über das, was Europa sein soll, über die russische Seele und ihre Eigentümlichkeiten, eine Regression ins Ideologische und Historiosophische, während das spröde Material, das die Epoche aufgehäuft hat, liegenbleibt.

Das östliche Europa heute ist das, was es im 20. Jahrhundert geworden ist, und das wird nicht klarer durch den nostalgischen Verweis auf die vorrevolutionären oder vorsowjetischen Zustände, aber auch nicht durch die Beschwörung einer Zukunft, die doch nur etwas über unsere Wünsche sagt. Wir müssen uns auf das uns hinterlassene Material einlassen und nicht in das Davor oder Danach ausweichen.

Die Chancen und Möglichkeiten sind, trotz aller Unwägbarkeiten und Unsicherheiten, außerordentlich groß, wenn wir bedenken, daß uns Materialien und Archivalien im Übermaße zugänglich sind, die bisher verschlossen waren. Wovon ganze Forschergenerationen in oder außerhalb der sowjetischen Welt nur träumen konnten, ist heute möglich. Wir fangen an mit dem Dringlichsten: wir zählen die Toten und werden mit der Zeit ein Bild gewinnen, das sicher nicht ganz anders, aber in vieler Hinsicht reicher und genauer sein wird. Dabei geht es natürlich nicht nur um Archive, sondern auch um die Generierung eines Blicks auf den Prozeß der Zivilisation, der ihn zu lesen versteht. Man muß nicht zu optimistisch sein, aber es gibt doch Hinweise darauf, daß mit der Distanz zur Epoche auch die Fremdheit wächst, eine Voraussetzung für Interesse und Erkenntnis für das, was bisher keine Bedeutung hatte. Schon heute wandern zwischen den Trümmern der sowjetischen Welt die Archäologen der Macht und des Wissens umher; eine Gestalt, die untergegangen ist, taucht, vom ironischen Spiel der Moskauer Konzeptualisten und Sozart-Leute vorbereitet, wieder auf – Benjamins Flaneur.

Zur Rhetorik des Ausweichens vor dem angehäuften Material gehört die Rede von der »Rückkehr nach Europa«, die sich natürlich vor allem an die »Osteuropäer« richtet. Das östliche Europa muß indes nicht nach Europa zurückkehren, denn es war immer dort, und zwar in der Zone der gewaltsamsten Katastrophen. Es müßte mindestens ebensosehr heißen: Das westliche Europa, das so gut davon gekommen ist, täte gut daran, sich in der Zone umzusehen, in der sich das 20. Jahrhundert in seiner deutschen und in seiner sowjetischen Version am furchtbarsten ausgetobt hat. Wenn man wissen will, was Europa in diesem Jahrhundert war und wie es zu dem wurde, was es heute ist, dann ist die östliche Region das dafür prädestinierte und am meisten der Aufklärung bedürftige Terrain.

Das ist leichter gesagt als getan. Es bedeutet ja, sich einer Geschichte zu stellen, die außerhalb des gewohnten Horizontes ist, es ist ja gewissermaßen der desolateste Punkt, der Bezirk, der von Massengräbern, verfallenen Lagern und ruinierten Städten markiert ist und außerhab der Beschleunigung der Zeit in der transatlantischen Welt liegt. Es ist der Punkt, an dem man alle Hoffnung fahren lassen mußte, weil es keine Zufluchtsstätte, kein Lissabon, kein Marseille mehr gab. Aus den Städten zwischen den Fronten – Lwow, Wilno, Pinsk – gab es keine Fluchtmöglichkeit. Im östlichen Terrain werden die klaren Unterscheidungen schwer: Für viele wurde die Deportation nach Karaganda zur Rettung vor Auschwitz. Es gab Leute, die ihr Überleben der Zuckerration im Gulag verdanken, während sie in der Freiheit wie Millionen anderer vor Hunger krepiert wären. Es gab dort Befreiungen, die Okkupationen waren, und Okkupationen, die Rettung bedeuteten. Alles, was das 20. Jahrhundert anzubieten hatte, ist hier ausprobiert worden: eine zivile Kultur, die sich als zu schwach erwies; Nationalstaaten, die im Elend nationalistischer Kleinstaaterei versanken; eine Moderne, die mit grandiosen Armeen, Tötungskommandos und einem »Generalplan Ost« daherkam. Es ist der Schauplatz der größten Menschenbewegungen der modernen Geschichte: in bewaffneten Formationen, Deportationszügen, Umsiedlungen, Austreibungen, die von einem Ende Europas zum anderen führten. Die Schneisen, die der Orkan der Zerstörung hinterlassen hat, sind noch heute überall sichtbar.

Man möchte in der Tat vor dieser Geschichte fliehen, ihre Vergegenwärtigung ist kein touristischer Trip, sondern eine Zumutung, an der man irre werden kann. Der Ernst- und Testfall für das, was die Schicksale der Moderne gewesen sind, liegt vermutlich in der Zone, die lange Zeit so etwas wie die erdabgewandte Seite des Mondes für uns war. Nun liegt sie offen, und es gilt: Hic Rhodus, hic salta!

Rußland wohin?
Die Paradoxe der russischen Renaissance

Was ist Rußland von zu weit weg gesehen? Rußland ist immer das Unvollkommene, das Andere, das daran gemessen wird, was wir kennen und was uns vertraut ist. Rußland ist die Abweichung von der Norm, und was die Norm ist, das bestimmen wir: liberale Demokratie, Privateigentum, Markt. Nicht nur das kommunistische Rußland, sondern auch das postkommunistische erscheint in dieser Perspektive als der Umweg und die Abweichung. Man begnügt sich nicht mit der Frage, warum die Geschichte so gelaufen ist, wie sie gelaufen ist, und zieht daraus die Schlüsse, sondern hat auch schon den Schlüssel und das Rezept. Der Kommunismus ist so betrachtet nicht ein Stück Geschichte, das nur noch erzählt werden kann, sondern der Irrtum, das verfehlte Experiment. Das ist der einfachste Weg, mit einer Geschichte aufzuräumen. Aber in der Geschichte gibt es keine Experimente, sondern nur ein Kräftemessen, bei dem sich der Stärkere durchsetzt; die Geschichte läuft nicht nach einer Versuchsanordnung, die irgend jemand befehlen könnte – weder Gott noch Kaiser, noch Tribun. Was aber ist, wenn die sowjetische Geschichte genau jene Kräfteverhältnisse zum Ausdruck brachte, die in der gegebenen Situation vorhanden waren, wenn diese Geschichte nicht die Verfehlung, sondern der »natürliche Gang« in einer Epoche der Katastrophen war? Ideen, Logiken, Programme kann man auswechseln, sooft es einem beliebt, der Gang der Geschichte hat seine eigene Schwerkraft. Und auch für die Nachgeborenen gilt, daß sie diese nur nachvollziehen, beschreiben, vielleicht erklären können, nicht aber aufheben. Manche Zeitgenossen aber spielen den lieben Gott und fummeln im Nachhinein an der Geschichte herum, so als würde dadurch irgend etwas ungeschehen. Man könnte hier einwenden, daß das fatalistisch oder deterministisch sei. Wenn es bedeutet, daß man sich auf die Geschichte der Sowjetunion einlassen muß, anstatt sie als Verfehlung der Norm und der Logik, die wir definieren, zu entlarven, dann halte ich es eher mit den Fatalisten, die wenigstens der Geschichte etwas ablauschen können, anstatt ihr besserwisserisch etwas vorzuhalten. Die Generationen vor uns haben gehandelt, wie sie gehandelt haben – auch in Rußland – in den jeweiligen Konstellationen, sie sind nicht dümmer, nicht weniger moralisch als wir. Nur Nachgeborene, die sich einbilden können, sie seien über die Katastrophen hinaus, können sich einbilden, alle vor ihnen seien so etwas wie kollektive Idioten. Die sowjetische Geschichte will ernstgenommen werden, nicht bloß entlarvt.

Was hat das mit dem Heute zu tun? Hier kann man dieselbe Haltung beobachten. Das Richtige, das Normale, das Gute, das Bewährte gibt es schon – bei uns – , und man muß es nur transferieren und implantieren. Es gibt die westlichen Institute und Institutionen, und Rußland wird nur daran gemessen, ob es diese übernimmt oder nicht. Wir haben unseren Katalog von Kritierien und unsere Koordinaten: schlimm für Rußland, wenn es da nicht hinein paßt. Für alle Gesellschaften gilt, nicht nur für die russische: wenn sich in ihnen nicht die Interessen und Kräfte finden, die etwas tragen können, dann bleiben alle Bemühungen von außen umsonst, bleiben ehrenvolle und reizvolle Glasperlenspiele.

Fazit: wenn man sehen will, was der Fall ist, dann muß man sich für einen Augenblick auf die Spielregeln des anderen einlassen, heraustreten aus dem Schema, das wir berechtigterweise auf das andere projizieren. Das ist schwierig und riskant, weil man Gefahr läuft, den Boden unter den Füßen zu verlieren. Aber Einsichten ohne Risiko gibt es nicht.

Wenn man sich eine Weile von dem verabschiedet, was wir für das Normale halten, nur weil wir es gewohnt sind, dann ist das postsowjetische Rußland ein Rußland, wie es aus dem Zerfall der reifen Sowjetunion, meinetwegen auch des reifen Sozialismus, hervorgeht, aus dem Ende des totalen Wohlfahrtsstaates, der über seine Kosten gelebt hat, der die Gesellschaft, was immer das sein mag, in die denkbar schwerste Krise gesteuert hat: eine, in der die einfache Reproduktion des Lebens der Menschen gefährdet war. Die Menschenfeindlichkeit des alten Systems zeigt sich nur für die Liebhaber von Texten am toten Marxismus-Leninismus, für die Menschen, die darin leben, zeigt sie sich in etwas anderem: an der Zerstörung der Lebensgrundlagen im buchstäblichen und elementaren Sinn – ausgedrückt in sinkenden Lebenserwartungen, Zerstörung der Umwelt, Zerstörung von Lebenschancen. Tschernobyl ist nicht nur ein säkulares Symbol für die Grenzen der menschengemachten Technik, sondern der exakteste Ausdruck davon, daß ein System sich in unüberbrückbaren Gegensatz zu den Lebensinteressen der Menschen gebracht hat. Es ist kein Zufall, daß Tschernobyl und die Verschleierungspolitik darum einer der Hauptgründe für den raschen Verfall der UdSSR geworden sind. Das Ende der UdSSR läßt sich nicht in der Terminologie von Reform und Reaktion beschreiben, das sind nur Oberflächenkräuselungen, sondern als naturwüchsiger Desintegrationsprozeß einer Formation, die an ihr Ende gekommen war. Es konnte niemanden geben, der diesen Vorgang aufhalten, beschleunigen oder steuern konnte. Das Genie der Politik bestand darin, diesem Prozeß eine Form zu geben.

Man kann die Formen, in denen dieser Prozeß abläuft, der von niemandem gemacht ist – auch nicht von den Dissidenten oder einer Opposition –, nur dann analysieren, wenn man sich darauf einläßt, daß es keine reinen Formen gibt, sondern nur Übergangsformen, so wie sie aus dem Schoß der reifen sowjetischen Gesellschaft hervorgingen. Es sind keine reinen, sondern graue und schmutzige Formen, Übergangsformen. Woher auch soll ein »Kapitalismus Weberianischer Prägung« plötzlich kommen? Woher soll ein ökonomischer Kalkül und ein Markt kommen, woher sollen aus Wettbewerb und Selbstdisziplin entwickelte Arbeitsformen kommen, wenn es keinen Deus ex machina gibt? Analyse der schmutzigen realen Formen, der Übergangsformen ist der Schlüssel und nicht die Suche nach dem reinen Neuanfang. Es gibt keinen Kapitalismus in reiner Form, nicht einmal in Deutschland, Japan oder Amerika, und es hat einen Sozialismus in reiner Form auch nur im Lehrbuch gegeben, an das nur die Ideologen glaubten. So finden wir Unternehmer, die ihre erste Qualifikation im Komsomol-Management oder im Institut für Physik bekommen haben. Wir finden Organisatoren von Basaren, die nie eine Handelsschule besucht haben, aber Milliardenumsätze abwickeln. Wir finden intelligente Nomenklaturisten, die früher einen Staatstrust geleitet haben und jetzt gelernt haben, wie man daraus einen Multi macht. Es gibt die Millionäre, die ihre ersten Millionen in Trainingsanzügen und in der Hotellobby gemacht haben – sie alle sehen nicht aus wie die Bourgeoisie und das Unternehmertum, das zweihundert Jahre Zeit hatte, Form zu gewinnen. Alte Titel, alte Namen, alte Nomenklaturen helfen überhaupt nicht weiter. Die Genese der neuen Kräfte kann nicht anders sein als der Grund, aus dem sie stammen. Um das zu begreifen muß man sehen, daß natürlich auch die Sowjetunion nur so lange existiert hat, weil sie von der Initiative, der unendlichen Kombinationsgabe und Improvisationsfähigkeit von Menschen gelebt hat, nicht von den Fähigkeiten des Apparates, die gesellschaftlichen Reichtümer zu verschleudern. Es gab unter der Maske des Sowjetmenschen nicht weniger Talente, Organisationsfähigkeit, Intelligenz als anderswo. Die sogenannte Planökonomie hätte keinen Tag ohne jene Improvisatoren, jene Genies der Kombination überleben können. Kein Plan ohne Schwarzmarkt und Beziehungen. Der Zerfall der Apparate und der bürokratischen Strukturen hat sie, vor allem die Intelligentesten und Rücksichtslosesten, in Aktionsfreiheit gesetzt.

Das große Wunder des Endes der Sowjetunion ist, daß der Zusammenbruch der bürokratischen Apparate und Strukturen nicht mit dem Zusammenbruch des gesellschaftlichen Lebens, auf das man gefaßt sein mußte, einherging; daß das Ende des Kommunismus eben nicht das große Vakuum hinterlassen hat, das behauptet wird, sondern der Raum ausgefüllt worden ist von einer undurchsichtigen Mischung aus schöpferischer Suche nach neuen Wegen, verzweifeltem Festhalten an alten Modellen und Fluchten in neue, möglichst einfache Rezepte. Man darf sich beim Blick auf das nachsowjetische Rußland nicht durch die deutsche Erfahrung den Blick verstellen lassen, eine Erfahrung, die ganz untypisch ist. Rußland hat, wie alle anderen Länder des ehemaligen Ostblocks, keine Hilfe zu erwarten, die Illusion, es könne jemand an Stelle eigener Anstrengungen den Karren aus dem Dreck ziehen, konnte niemals auch nur aufkommen. Das ist der Grund für den konzentrierten, zuweilen hysterischen, vor allem aber erstaunlich gelassenen und intelligenten Umgang mit einer beispiellosen Krise. Rußland hat – das ist der Hauptgrund meiner Zuversicht – im letzten Jahrzehnt eines beispiellosen Wandels kultureller, moralischer Normen und Werte sich als beispiellos unhysterisch, krisen- und chaosfähig erwiesen. Es hat in einer Situation, die anderen immer als ausweglos erschien, immer wieder Auswege gefunden, um den nächsten Schritt zu bestehen. Es hat in einer erstaunlichen Folgerichtigkeit Wege beschritten, denen eines gemeinsam ist: die Vermeidung des Bürgerkriegs, der das Nächstliegende war. Angst vor dem Bürgerkrieg, Angst vor dem Scheitern der Transformation in einem Zustand »out of control«, ist so zu einer disziplinierenden Kraft geworden, die auch die Hysteriker und die Demagogen des kurzen Prozesses bisher haben nicht überwinden können.

Ja, die Lage ist chaotisch, katastrophal, undenkbar nach unseren Maßstäben. Alle Berichterstattung darüber stimmt, aber sie wird falsch und führt in die Irre, wenn sie nicht die eindrucksvolle Kraftentfaltung mitsieht und mitberichtet, die jeder an Ort und Stelle beobachten kann. Wir wissen, daß das Netz wissenschaftlicher Institutionen und der Ausbildung erodiert, zum Teil zusammengebrochen ist, aber warum wissen wir so wenig, daß es Dutzende von neuen Instituten und Universitäten gibt? Der Eisenbahn- und Luftverkehr kommt immer in die Schlagzeilen, wenn wieder eine Maschine abgestürzt ist, aber warum erfahren wir nichts über den Ausbau von Schnellbahntrassen, über den Moskauer Highway-Ring, über die Verbesserung des Straßennetzes von Sankt Petersburg? Warum wissen wir fast alles über die Mafia und die kriminelle Szene, fast nichts aber darüber, daß in den letzten zwei Jahren Moskaus Stadtbild sich radikal verändert hat? Warum erfahren wir so viel über die unerschwinglichen Waren, nichts aber über die Strategien des Überlebens und sich Durchwurstelns, die Abermillionen im Lande bisher die Gewißheit gaben: es wird weitergehen, wir werden auch diesen Winter noch durchstehen, wir sind nicht mehr abhängig davon, ob der Staat funktioniert oder nicht. Man blickt immer mit Verachtung auf die Subsistenzökonomie auf den Datschen und auf dem Land – aber ohne sie wäre es längst zu der Hungersnot und dem großen Knall gekommen, der immer wieder prognostiziert worden ist. Immerzu wird die Abwesenheit des zivilen Rußland, das Nichtfunktionieren der Institutionen beklagt, wer aber sieht endlich, welche ungeheuer reiche und vielfältige Selbsttätigkeit und Selbstorganisation darin steckt, daß Millionen von Bürgern ihr Leben inzwischen selbst in die Hand genommen haben – nicht mehr abhängig von einem verwüsteten Staatswesen, aber auch nicht mehr erpreßbar. Das kommt in unseren Rechnungen, die mit unseren und also falschen Größen arbeiten, nicht vor. Es geht gerade nicht darum, das Katastrophenbild zu beschönigen, sondern die Dialektik des Prozesses zu erkennen, die Verzweiflung und die Kraft, die in ihm stecken. Beispiele wären genügend anzuführen: die Dekanin des mathematischen Instituts, die zur Wochenend-Bäuerin geworden ist und trotzdem ihr Institut auf neue Grundlagen stellt, die Kürbisse im Wohnzimmer ihres kleinen Appartements; der Chefarzt, der die Landwirtschaft reorganisiert; der Ökonom, der den regionalen Tourismus entwickelt, die Basare, die das Land neu vernetzt haben.

Die größte Gefahr für das Land besteht darin, diesen Prozeß, der Zeit braucht, gewaltsam oder künstlich abkürzen zu wollen. Darauf sind die Demagogen des kurzen Prozesses spezialisiert, die zu nichts anderem führen als zu Konfrontation und Blutvergießen. Die politische Elite, sofern dieser Terminus zutrifft, ist am weisesten dadurch, daß sie diese Zeit respektiert und tut, was sie tun kann. Am besten hält sie sich heraus, denn sie ist mit den produktiven Prozessen des Landes, mit der Regeneration der unternehmerischen Kräfte als einer Unternehmerschicht, nicht verbunden. Sie ist eine aus der Nomenklatura geborene Klasse, ein Reichsverweser, ein Statthalter des Bürgerfriedens, in dessen Schatten vielleicht heranwächst, was einmal eine aus dem Unternehmertum kommende Schicht werden könnte. Unternehmerklassen, Gruppenidentitäten lassen sich nicht machen, nicht schaffen, nicht per Dekret erzeugen. Sie brauchen Zeit zum Wachsen und Schutz, vielleicht auch Selbstverteidigung, wenn sie nicht abgeknallt werden wollen. Man kann diesen Prozeß intelligent gestalten und beschleunigen, aber man kann ihn nicht abkürzen oder überspringen. Und das, was dabei herauskommt, wird geprägt sein von der Tradition – der russischen wie der sowjetischen. Es wäre ganz naiv zu glauben, man könne das, was in der sowjetischen Periode akkumuliert worden ist, einfach ausblenden, zurückspringen in die Vergangenheit – das ist eine andere Art des Illusionismus.

Rußland hat enorme Ressourcen, diesen Prozeß durchzustehen und ihm eine schöpferische, nicht-destruktive Wendung zu geben. Diese Ressourcen kommen in den Planspielen und Hilfskonzepten des Westens meist nicht vor. Aber ein Land, das nicht mit seinen eigenen Kräften rechnete, wäre verloren. Was sind diese Ressourcen?

Rußland ist groß. Größe erscheint als Nachteil für die Transformation. Die Tschechische Republik, die Slowaki, Polen, Ungarn, gar Ostdeutschland – das gilt noch als realistisch und machbar. Aber die Russische Föderation, die postsowjetische Staatenwelt! Aber es verhält sich auch umgekehrt: räumliche Größe ist nicht nur ein Manko, sondern bietet auch eine Chance. Es hängt nicht alles am Zentrum. Die Krise in Irkutsk ist nicht automatisch auch die Krise von St. Petersburg, und die Zuspitzung der Ereignisse in Moskau schlägt sich nicht automatisch nieder in Nishni Nowgorod. Das Schicksal des Landes hängt nicht an einem archimedischen Punkt, sondern an der Entwicklung seiner Räume und Regionen. Die Verteilung der Konfliktmassen im Raume ist eine Chance. Nicht nur die konstruktiven Kräfte müssen den Raum bewältigen, sondern auch die destruktiven. Oft gehen wachsende Autonomie und Sezessionismus ununterscheidbar Hand in Hand. Ein neues Regionalbewußtsein hilft über den Schmerz des gedemütigten Reichsbewußtseins hinweg. Die Regionen müssen sich auf ihre Besonderheiten, auf ihre eigenen Kräfte verlassen und nach Überlebensmöglichkeiten suchen, die das Zentrum schon nicht mehr bietet. Das come-back der russischen Provinz nach Jahrzehnten der Auspowerung ist keine Phantasie, sondern eine Tatsache. Längst obsolet ist daher jener habituell gewordene Blick, für den Moskau soviel ist wie ganz Rußland. Alle reden von Rußland und meinen doch nur Moskau. Rußland, das wir nicht kennen, beginnt, wenn wir Moskau, das uns vertraut ist, hinter uns gelassen haben. Irgendwie existiert das Rußland jenseits der Hauptstadt für den fremden Blick nicht. Er ist so sehr auf das Zentrum fixiert, wie das Zentrum auf sich selbst. Er ist wie dieses zentralistisch, hierarchisch, arrogant. Er teilt dessen optische Täuschungen und hält sich an den Punkt, nicht an die Fläche, in die er eingezeichnet ist. Das weite Land ist der lautlose Raum, der ins Bewußtsein immer nur tritt, wenn dort ein Flugzeug abgestürzt, ein Streik losgebrochen oder es zu irgendeiner anderen Katastrophe gekommen ist. Ansonsten ist Rußland, das nicht Moskau ist, nichts mehr als eine Art weißer Fleck. Dort aber, in der »russischen Provinz«, entscheidet sich heute, was aus Rußland werden wird, wenn das Zentrum am Ende ist.

Vom Vorteil der Ungleichzeitigkeit. Den Ratgebern von außen geht es in Rußland meist nicht schnell genug. Sie wollen die Reformen beschlossen, durchgesetzt, realisiert wissen – möglichst flächendeckend und gleichzeitig. Man fragt sich, ob ein solcher Blick überhaupt sieht, was vor sich gegangen ist und immer noch vor sich geht: binnen weniger Jahre eine Art Kulturrevolution, die den ganzen alten Lebenszusammenhang in Frage gestellt hat und für die ältere Generation zumindest eine Umorientierung mit sich bringt, die ein ganzes Leben vor den Abgrund stellt: das Ende der alten Moral, das Ende der alten Ästhetik, das Ende einer alten Haltung zur Politik. Veränderungen, die nicht nur vor den Kopf stoßen, sondern die Organisation des Alltagslebens betreffen. Es wäre gerade die Gleichzeitigkeit von Reformen, die zum Untergang, zur Explosion führen würde. Rußlands Chance ist die Größe und Inhomogenität seines Raumes, die Gleichzeitigkeit der Ungleichzeitigkeit. Die labile Stabilität seines Übergangs beruht eben im Nebeneinander und Ineinander verschiedener Zeiten und Zeitmaße. Die Noch-Stabilität der Provinz hat die radikale Destabilisierung Moskaus getragen, und die Transformation Moskaus gelang nur, weil es in der Provinz weitgehend so blieb, wie es war. Und umgekehrt: die »zurückgebliebene« Provinz profitiert von der stürmischen Vorwärtsbewegung in Moskau. Die Ungleichzeitigkeit ist die Chance, das Unterpfand eines Gelingens. In dieser Ungleichzeitigkeit, wie sie nur großen Räumen eigen ist, liegt eine Verwandtschaft mit dem anderen großen Land: Amerika.

Vom Vorteil der Rückständigkeit. Daß Rußland an seiner Rückständigkeit leidet, wissen alle. Aber daß es die weitgehend vormodernen, rudimentären Verhältnisse sind, die zur erstaunlichen Krisenfähigkeit des Landes beitragen, übersehen die meisten. Für moderne Gesellschaften, zumal die westdeutsche, ist eine fundamentale Transformation ohne starke Friktionen und Gefährdungen nicht gut vorstellbar – es bedarf noch einiges Nachhilfeunterrichts in den nächsten Jahren. Die hochgezüchteten Apparate, die Interdependenz der Infrastruktur, die Anspruchsniveaus hochentwickelter Gesellschaften sind im Krisenfalle besonders anfällig für Panik und Hysterie. Es ist gerade die relative Unentwickeltheit und Rohheit der staatlichen und gesellschaftlichen Beziehungen im postsowjetischen Rußland, die eine Bewältigung der Krise möglich erscheinen lassen. Es handelt sich um eine von den Lasten des Privateigentums und den damit verbundenen Traditionen unbeschwerte Gesellschaft, um eine improvisationsfähige Gesellschaft, die ihre Verbindungen mit dem vormodernen, vorindustriellen Zustand noch nicht restlos getilgt hat. Der Zusammenbruch des staatlichen Verteilungssystems muß nicht Hungersnot bedeuten in einem Land, das sich seit jeher auf Subsistenz aus eigenen Mitteln verstanden hat und in dem die städtische Bevölkerung die Beziehungen zum Land in einer elementaren Form aufrechterhalten hat bzw. reaktivieren kann. Der vormoderne Zustand ist in Zeiten der Auflösung der alten Institutionen ein Plus, eine Basis, auf die zurückgegriffen werden kann. Eine Art Garantie für das Überleben auch dann, wenn die staatlichen Verteilungseinrichtungen zu funktionieren aufgehört haben.

Man könnte sogar weiter gehen: es wird keine Lösung der Landfrage geben ohne die Krise der großen Städte, ohne eine Stadtflucht sui generis, die dem Land allein jene Kräfte wieder zuzuführen vermag, die ihm im Laufe einer beispiellos brutalen Urbanisierung abhanden gekommen sind. Eine Wiederbesiedlung des von vitalen Kräften weitgehend entblößten Landes ist ohne Abwanderung und Transfer von physischen und intellektuellen Kräften aus den Großstädten nicht vorstellbar. Auch hier wird die Krise der großen Städte mehr bewirken als jedes ausgeklügelte Reformprojekt. In Ländern kleinbürgerlicher Seßhaftigkeit und Immobilität sind Migrationen dieser Art fast ausgeschlossen. Auch hier ist Rußland dem anderen Land näher, in dem immer wieder – mitten in der Lebensbahn und oft mehr als nur einmal – ein Neuanfang gemacht wird: Amerika.

An der Reaktivierung traditioneller, vormoderner Formen ist nicht auf den ersten Blick erkennbar, was daran wirklich lebensfähig und konflikttüchtig und was nur historische Maskerade ist, was auf eine Vertiefung von Konflikten und was auf eine Lösung hinwirkt. Geschichtliche Klischees helfen da nicht weiter. Es muß in jedem Falle untersucht werden.

Homo Sovieticus und homines novi. Es ist in Mode gekommen, den Homo Sovieticus als eine Sonderspecies einzuführen – meist herabsetzend und abgegrenzt von jenen Helden und Märtyrern des Dissenses, die sich über alle Zweifel erhaben fühlen. Natürlich ist auch der Homo Sovieticus mit all seinen Attributen – Konformismus, Subalternität, Kollektivismus, Gesichts- und Geschichtslosigkeit – ein Konstrukt wie alle Kollektivsingulare, und die neue Hoffnung auf den »neuen Menschen« wäre so utopisch, wie jene alte, die zu entlarven zum guten Ton geworden ist. Die homines novi Rußlands, die nicht mit der Masse rechneten, wären auf aussichtslosen Posten. Ganze Generationen abzuschreiben, kann man sich nur da erlauben, wo man die Macht und Rücksichtslosigkeit, die dazu nötig sind, besitzt und mit Widerstand nicht rechnen muß. Der Homo Sovieticus, nicht durch die dissidentische und nicht durch die Fremdperspektive betrachtet, hat einiges zu bieten, das ihn nicht nur für die »sekundäre Barbarisierung« anfällig macht, sondern ihn dazu befähigt, ihr zu entgehen. Das ist eine durch harte Erfahrungen gespeiste Lebensklugheit, das Vertrauen auf eher gemeinschaftlich-familiäre, jedenfalls mehr informelle als formelle Zusammenhänge, eine Art Improvisationstalent und Einfallskraft, die mit unvorhergesehenen Situationen umzugehen weiß, die Erfahrung, daß Situationen, die in unseren Augen aussichtlos sind, es noch lange nicht sein müssen. Es sind jene Eigenschaften, die, kombiniert mit instrumentellem Wissen und Know-how, Wunder zu bewirken in der Lage sind. Die Frage ist einzig, ob diese brachliegende Energie einen konstruktiven oder destruktiven Ausweg findet.

Vom Vorteil, keinen »Freund« und kein »Modell« zu haben. Die Illusion, die anderswo aufkommen konnte, kann es in Rußland nicht geben: jene vom großen Bruder oder vom starken Westen, der das Land in Ordnung bringt. Rußland ist nicht die DDR. Damit gibt es auch nicht jene Asymmetrie, die alle Beziehungen verfälscht und allen notwendigen Konfliktaustrag fast zu einer Unmöglichkeit macht. Wenn das Manna aber nicht vom Himmel fällt, muß man sich um das Brot selber sorgen. Die Flucht in die starke Hand ist die eine Reaktion in scheinbar aussichtsloser Lage, der Verlust der Illusion, daß es irgendein höheres Wesen geben könne, eine andere. Der Verlust der Illusionen, die man über die Hilfe des Westens haben konnte, bekräftigt tiefsitzende Vorurteile, aber er hat auch etwas Stimulierendes. Man weiß, woran man ist, und begibt sich nicht in Abhängigkeiten. Man beginnt, mit den realen Interessen zu leben, und läßt sich nicht mit Proklamationen abspeisen. Je eher das geschieht, desto besser. Natürlich ist es schlecht für die Osteuropäer und für Rußland, daß sie keinen Zugang zum westlichen Markt bekommen, aber es ist besser, daß sie wissen, woran sie sind. So können sie sich auf den Ernst der Lage einrichten und mit dem rechnen, womit man rechnen muß, wenn man alleingelassen wird – das gilt im Angesicht von Sarajevo um so mehr.

Illusionen haben ihren Preis. Die Vorstellung, daß Rußland werden müsse »wie der Westen«, ist so sinnlos wie aussichtslos. Sie demoralisiert bloß und ist besonders unzeitgemäß in einem Augenblick, da »der Westen« selber aufhört zu sein, was er einmal war.

Rußland muß die Probleme, die nach menschlichem Ermessen unlösbar sind, selber lösen. Wie soll man einer Armee, die Elite war, einen Weg ins zivile Leben bauen? Was geschieht mit den Millionen von Repatrianten, für die es keine organisierten Flüchtlings- und Ansiedlungsprogramme gibt? Was geschieht mit den Unternehmen, die als staatliche Großkombinate aufgebaut worden sind und die niemals als ganze – von ihrer Größe her – privatisiert werden können, an denen aber die Lebensfähigkeit ganzer Städte und Regionen hängen? Was geschieht in einer Situation, in der ein Volk nicht mehr weiß, wie ihm geschehen ist und was es eigentlich ist? Was geschieht, wenn die stofflichen Integrations- und Versorgungsinstitutionen ausfallen oder blockiert werden, wenn kein Gas, kein Öl, keine Lebensmittel mehr kommen? Rußland ist nicht die Mittelmeerküste oder Mesopotamien. Was geschieht, wenn die ökologischen Zerstörungen die Reproduktions- und Lebensfähigkeit einer Gesellschaft so weit unterminiert haben, daß sie aus eigener Kraft nicht mehr imstande ist zur Innovation?

Wir wissen es im Unterschied zu vielen ausländischen Beratern und Kolumnisten nicht, die mehr wissen als diejenigen, die in Rußland in Verantwortung sind. Aber das Plus der ratlosen Machthaber ist, daß sie, wenn sie stark sind, die Intelligenz und den Mut der Menschen mobilisieren können, deren Klugheit, Krisenfähigkeit und Überlebenswillen zusammengenommen allein Wege aus dem alten Zustand heraus finden können.

Die Frage, ob »die Reformen« weitergehen, ist so abwegig wie die Frage danach, ob ein Erdbeben stattfindet oder nicht. Es findet statt. Die Frage lautet allenfalls, ob man sich darauf einrichtet, dem Prozeß eine Verlaufsform gibt oder nicht.

Unsere Wahrnehmung und das postsowjetische Rußland als gesellschaftlicher Naturprozeß. Es ist fast schon eine Binsenweisheit, auszusprechen, daß kaum jemand im Westen gefaßt war auf das, was sich im Osten anbahnte und abspielte. Aber die Gründe, warum das so war, sind durchaus verschieden. Es ist offensichtlich, daß sowohl der pessimistische wie der optimistische Blick nur Vereinfachungen zu bieten hat angesichts der unübersichtlichen Wirklichkeit. Und eine Schlußfolgerung wäre: zu beginnen mit einer radikalen Überprüfung von Analysen und analytischen Instrumentarien – radikal, d. h. vor akademischen und intellektuellen Besitzständen nicht zurückschreckend und das langweilige Spiel der Rechthaberei lassend zugunsten einer Anstrengung des Denkens, das der Lage gerecht wird.

Der katastrophische und der euphorische Blick sind die Kapitulation vor einer Wirklichkeit, für deren Wahrnehmung das Auge nicht geschult ist, da es sich nur in Entweder-Oder und in Schwarz-Weiß auskennt. Für ihn gibt es immer nur Zerfall oder Aufbau, Desintegration oder Integration, das Wahre oder das Falsche, das Revolutionäre oder das Gegenrevolutionäre, den Markt oder den Plan. Mit Schwarz-Weiß läßt sich die Grauzone der Übergangszeit nicht fassen. Zerfall und Konstitution, das Neue und das Alte, der Markt und der Plan, Enteignung und Aneignung, Diebstahl und Privatisierung, Privateigentum und Raub, rohe Gewalt und unsichtbare Hand der gesellschaftlichen Synthesis durch das Geld, Privatarmee und entstaateter Gewaltapparat, Selbstverteidigung und Konstitution des bürgerlichen Rechtssubjekts – alles, was im Kopf-Laboratorium streng separiert ist, geht im Laboratorium der Wirklichkeit Hand in Hand. Die Herausforderung an eine Analyse wäre, die Einheit des Gegensätzlichen zu begreifen – das hieß einmal Dialektik. Die Alternative dazu ist: auf den Phönix aus der Asche warten, den es nicht gibt, oder auf die Rauchsäule des Atompilzes, die nicht ausgeschlossen ist.

Es kann nicht anders sein, als daß alle Entwicklungsformen des gegenwärtigen Rußland fast ununterscheidbar verbunden sind von Verfallsformen. Es gibt keinen Deus ex machina, sondern nur jenes Ensemble von Kräften, wie es sich herausgebildet hat. Dieses zu analysieren ist das Schwierigste. Sich einen Idealtypus zurechtzuwünschen, ist das Einfachste. Es gibt keine Wiedergewinnung der zivilen Umgangsformen ohne die Ab- und Auseinandersetzung mit den rohen und brutalen Formen der Unterwerfung und Despotie. Es gibt keine Konstitution des »bürgerlichen Subjektes« ohne die Auseinandersetzung mit den Bürgerkriegstouristen, die ihre Heimat verloren haben. Es gibt keine Geburt des Unternehmertums aus dem Geist des Protestantismus, sondern aus dem Geist der Bürokratie und der Schattenökonomie. Die

Entstehung der Handels- und Zirkulationssphäre, ja des Marktes, ist mit allen Insignien des Betrugs, der Übervorteilung, des Monopolismus und der Raubwirtschaft ausgestattet. Eine Vergesellschaftung ohne und außerhalb der vom Staat besorgten Synthesis ist vorerst ohne die Agenten des Handelstourismus, ja einer Mafia, nicht zu haben. Das Aufbrechen der Abschottung nach außen und die schwierige Prozedur des Findens der »Grenze« schloß das zeitweilige Verschwinden der staatlichen Hoheitsgrenzen geradezu ein. Die Reinternationalisierung der Wirtschafts- und Kulturbeziehungen ist ohne die aggressive Intelligenz und kriminelle Energie derer, die sie besitzen, nicht machbar. Und so weiter. Alles geschieht nach den Gesetzen des Überlebenskampfes, und gelingende Reformen sind solche, die sich im Einklang mit den vitalen Kräften der Gesellschaft befinden. Die postsowjetischen Reformen sind selten Wegbereiter, sondern eher die nachträgliche Sanktionierung von etwas, was sich unkontrolliert und unkontrollierbar durchgesetzt hat. Die Macht, die die Potenz hätte, Reformen zu »implementieren« – sie gibt es nicht.

Kaum jemand ist freilich auf das neue Personal vorbereitet. Aber es gibt dieses Personal. Es ist hervorgegangen nicht aus einem ideologischen Projekt, sondern aus einer gesellschaftlichen Wirklichkeit, die 50 bis 70 Jahre angedauert hat. Davon ist sie gezeichnet, darin kennt sie sich aus. Da hat sie gelernt, sich durchzuboxen, verantwortlich zu sein. Darin wurde sie formiert und deformiert.

Wir sind bereits im Jahre 9 der stillen Revolution. Aber was ging dem alles voraus: Die Infizierung der Zensoren durch neue bis dahin unerhörte Gedanken, die Modernisierung der KGB-Leute, die Erprobung des Muts, das Finden einer neuen Sprache, die den Verhältnissen die Melodie vorsang und sie so zur Auflösung brachte, anstatt nur ohnmächtig gegen sie anzuprotestieren. Sie ging hervor aus der sogenannten Zeit der Stagnation, die in Wahrheit eine Zeit der Inkubation, der Akkumulation der Kräfte der Gegengesellschaft, der Gegenöffentlichkeit, eben der Bildung der neuen Elite war. An der Bildung der Eliten hatte Anteil eine neue Wirklichkeit, die durch sozialen Aufstieg, Gruppendifferenzierung, Wachstum der Ansprüche, Verstädterung, Individualisierung usf. geprägt war, durch die Freiheit von Krieg und Hunger nach 1945. Durch eine Wirklichkeit, die zu komplex geworden war, als daß sie sich noch hätte kommandieren lassen. Die Elite ist hervorgegangen aus den wirklichkeitstüchtigen Elementen des alten Apparates und der einst marginalisierten Gruppen.

Der theoretische Skandal des Jahres 1989 ist nicht der sogenannte

Zusammenbruch des Sozialismus, sondern das Übersehen des Hervortretens einer Klasse von Menschen, die aus der Krise des Sozialismus herausgeführt haben, die ihn gesprengt haben, ohne daß es zu dem kam, was leichtfertigerweise als geschichtliche Tatsache hingestellt wird: der Zusammenbruch, der zum Glück für uns alle als kontrollierte Demontage, als Nicht-Revolution verlief, vollzogen von Leuten, denen Hans Magnus Enzensberger den denkbar prägnantesten Titel gegeben hat: »Helden des Rückzugs«.

Der blinde Blick hatte freilich seine Genese. Nach 1989 gab es überflüssige Entlarvungsaktionen und großes Geschrei über das Ende der Illusionen, über die Täuschung und Selbsttäuschung – vor allem der Linken. Aber es war für einen Einäugigen nie schwer, unter Blinden König zu sein. Es genügte schon vor 1989 nicht, bloß »prinzipiell« gegen den Kommunismus zu sein. Skandalös am Antikommunismus war ja nie das Anti, sondern daß er meist wie sein Widerpart nur ein Ismus war. Das Desaster der Sowjetologie zeigt dies am deutlichsten. Und wir erinnern uns durchaus der Aussage eines führenden Mannes wie Helmut Kohl, der im Jahre 1986 Gorbatschow mit Goebbels verglich – Dokument einer Vorherrschaft toter Ideologie über eine Wirklichkeit, die längst darüber hinaus war.

Die Entlarvung des »Systems« genügte längst nicht mehr, da die inneren Brüche und Differenzierungen zu analysieren gewesen wären. Die Rede vom Ostblock verführte zur Annahme, es gebe ihn noch, auch wenn er nur noch der Form nach existierte. Man redete noch von Einparteien-Diktatur, als sich innerhalb der einen Partei bereits rivalisierende Strömungen herausgebildet hatten. Man redete noch vom Totalitarismus, als die Zensur schon aus dem Tritt geraten war und sich eine Öffentlichkeit etablierte, die zwar verboten, aber dennoch einflußreicher war als die erlaubte. Wie gebannt analysierte man die Kommuniqués, während der entscheidende Text schon ganz woanders geschrieben wurde. Man blickte aufs Zentrum, wo die Peripherie sich längst regte. Man war ganz und gar von den Haupt- und Staatsaktionen okkupiert, während das wirklich Neue – die »Gesellschaftsbildung« – kaum wahrgenommen wurde. Man schrieb unendlich genaue Analysen von unendlich redundanten Kommuniqués und Lehrbüchern, die aber nur zum x-ten Male den Tod des lebendigen Denkens feststellen konnten, während der Strom des lebendigen Denkens allenfalls unter »Dissens« berücksichtigt wurde. Man schlug Schlachten, die niemanden mehr interessierten, zu allerletzt die Bevölkerungen dort, die von der sogenannten Utopie schon lange und ohne Nachhilfe-Unterricht von außen Abschied genommen hatten. Die späte Kalte-Kriegs-Zeit hat etwas mit Don Quijote zu tun. Die macht- und ideologiefixierte Sowjetologie hat zum Begreifen des Endes so wenig beigetragen wie eine gewisse linke Sozialismus-Anhänglichkeit. Sie bestätigten allenfalls ein Ende, das von selbst gekommen ist, und sie erklären nicht, daß etwas geschehen ist, was in einer »totalitären Gesellschaft« theoretisch hätte gar nicht geschehen dürfen: das Heranwachsen einer Elite – zuweilen im Zentrum der Staatsklasse selbst –, die das Ende selbst herbeigeführt und einen anderen Anfang ermöglicht hat.

Die Reduktion von Komplexität, die seit jeher in der Rede vom »sozialistischen System« lag, hat nie zur Beschreibung der sowjetischen Verhältnisse getaugt. Rußland ist groß, nicht nur im Sinne der räumlichen Extension, sondern der Vielfalt der Lebensverhältnisse, die sich auf ein System nicht bringen lassen, auch wenn die Verwaltungen von Brest bis Irkutsk, das Aussehen der Städte, die Schlangen vor den Geschäften im eurasischen Raum identisch waren. Die Erschöpfung des Systems, der integralen Strukturen gibt den Blick frei auf diese Verhältnisse jenseits des Systems. Und es zeigt sich, daß es das System nur gab, weil überall und zugleich geschah, was »systemwidrig« war. Die Kehrseite des Systems ist das Systemwidrige, das das System am Leben erhalten hat. Es sind Formen des Sichdurchschlagens, des Zurechtkommens, der anderen Ökonomie, des Notdenkens, des Improvisierens, der ganze Lebensprozeß von Regionen, Städten, Kollektiven, der seinen eigenen Gesetzen folgte. Das Funktionieren dieses Lebensprozesses ist das Geheimnis des postsowjetischen Rußland im Übergang, nicht irgendwelche Strukturen, die Reformen implantieren. Sie zu erfassen bedarf es eines anderen Instrumentariums als der Geschichte von politischen Institutionen, der Analyse von ZK- und anderen Deklarationen. Auf die Politikwissenschaft und Institutionengeschichte müßte eine Zivilisationsgeschichte, eine moderne Völker- und Erdkunde folgen, eine modernisierte Version von Landes- und Gesellschaftskunde.

Die russische Intelligenz und Europa heute

Das Verschwinden der Großen Grenze, die durch Europa ging, erzeugt eine Große Verwirrung. Es ist die Leere, die sichtbar wird, wenn eine Konfrontation, die unsere Lebenszeit geprägt hat, ihre Bedeutung verloren hat. Nachkriegs-Europa hat mit dem Verschwinden der Großen Grenze seine innere Achse verloren. Grenzen sind die denkbar stärksten Definitionen – besonders dann, wenn sie machtgeschützt mit Wachtürmen und Todesstreifen markiert sind und ihre Überschreitung mit Todesgefahr verbunden ist. Mit dieser tödlichen Grenze haben wir auf beiden Seiten gelebt. Sie war eine Koordinate, die in unseren Bewegungen und Wünschen berücksichtigt werden mußte, sie hat unseren Lebenshorizont definiert. All das ist nicht mehr, und aus der Verunsicherung und Verwirrung angesichts des neuen Zustandes wächst das Bedürfnis nach neuen Definitionen, neuen Ein- und Ausgrenzungen. Der Grenzziehungs- und Ausgrenzungs-, also auch der Definitionsbedarf im Europa nach dem Fall der Mauer ist groß. Europa, das so lange von außen definiert war, darf sich nun, da es sich selbst überlassen ist, selbst definieren. Europa definiert sich als alles mögliche: als Familie der Nationalstaaten, als Konsolidierung und Erweiterung der Europäischen Gemeinschaft, als lateinisches Christentum, als Gemeinschaft der Zukurzgekommenen gegen die Bevorteiligten, als Stammesgesellschaft, manchmal sogar großzügig und großräumig als Raum, der von San Francisco bis Wladiwostok reiche. Europa definiert sich selbst, in theoretischen Diskursen, im Bürgerkrieg und im ethnischen Säuberungswerk. Die Definition, was es sei, bringt alte europäische Metropolen wieder in Nachbarschaft und reißt zugleich nicht minder alte Nachbarschaften auseinander. Europa legt sich auseinander, rascher als die Analytiker folgen können, es steuert auf die höchste Form der Auseinanderlegung zu: die mit Waffen. Besonders groß ist der Definitionsbedarf dort, wo alles zu Ende gegangen ist, zu Ende geht – im nachsowjetischen Rußland.

Das Bild von Europa heute

Die Schwierigkeit, über Europa aus der Perspektive der heutigen russischen Intelligenzija zu sprechen, ergibt sich in erster Linie daraus, daß es immerzu ex negativo entwickelt wird: Europa ist das, was Rußland nicht ist, und Rußland ist das Andere zu Europa. So lesen wir etwa in einem 1990 erschienenen Aufsatz von Alexander Achieser, der inzwischen auch eine umfangreiche Untersuchung zur historischen Erfahrung Rußlands in diesem Jahrhundert vorgelegt hat, unter dem Titel »Wir gehören weder zum Westen noch zum Osten«: »Die sowjetische Gesellschaft ist eine des Übergangs, eine Zwischenzivilisation, und in diesem Sinne gehört sie tatsächlich weder zum Westen noch zum Osten, d. h. weder zur liberalen noch zur traditionalen Zivilisation. Sie ist ein besonderer Zivilisationstypus. Ihre Einzigartigkeit, die man in Rußland sucht, besteht in der Tat hierin.« Achieser meint hier nicht die Vielfältigkeit von Kulturen, die für ein großes Land wie Rußland selbstverständlich sei, sondern den Umstand, daß keine der Weltzivilisationen dominant geworden sei, diese sich vielmehr konflikthaft vermischen bzw. überlagern. Die Spaltung und der Dualismus der Kulturen, angefangen vom russischen Raskol im 17. Jahrhundert bis zur Insularität liberaler Kultur im nachsowjetischen Rußland, sei dominant geworden. Rußland sei, wie Plechanow einmal bemerkt hat, ein Wesen mit einem asiatischen Körper und einem europäischen Kopf. »In der gespaltenen Wirklichkeit liegen die Wertsysteme, die Moralen, das Verständnis für das, was soziale Gerechtigkeit sei, miteinander in Konflikt. Wir leben in einer polarisierten, antagonisierten Welt.« Die Spaltung geht mitten durch die Individuen. Es kommt zu einer ständigen Vernichtung der nicht adaptierten und assimilierten Enklaven der jeweils anderen Kultur: Austreibung der Eliten, Vernichtung der Bildungsschicht. Das gibt der russischen Kultur etwas Selbstzerstörerisches und Selbstmörderisches. Es ist ein Teufelskreis, eine Selbstverzehrung« (Achieser). Der Gedanke von der Zwischenzivilisation, die Rußland bzw. die Sowjetunion darstelle, kehrt in endlosen Variationen wieder: So spricht der konservative Philosoph Juri Borodaj von der »Hybridkultur«, die an den Bruchstellen der großen Weltkulturen sich bilde, zu der auch die russische zu rechnen sei. Positiv bedeutet das: »Der Russe sollte immer verstehen, daß sein Staat Eurasien ist, die slavisch-türkische Gemeinsamkeit und das gemeinschaftliche Leben unterschiedlicher Völker mit verschiedenen Traditionen auf einem gemeinsamen Territorium. Nun hat man überraschenderweise begonnen, der russischen Idee die ukrainische, die armenische, die georgische Idee gegenüberzustellen, immer lauter meldet sich der islamische Fundamentalismus zu Wort. Das sind Probleme der Gegenwart, die durch das Leben eines jeden einzelnen hindurchgehen.« Noch bestimmter läßt sich der bekannte Filmregisseur Nikita Michalkow in der »Prawda« vom 7. November 1991 vernehmen, wenn er erklärt: »Rußland ist nicht der Hinterhof Europas, sondern das Tor nach Asien«.

Was aber ist Rußland, wenn es weder Europa noch Asien, sondern »etwas dazwischen« ist? Alexander Kabakow hat zugespitzt diese Frage aufgenommen: »Wer sind wir – Asiaten, Europäer oder Eurasier? Nach meinem Empfinden sind wir – niemand. Was steckt in jeder unserer Behauptungen? Die Negation: wir sind keine Europäer, das ist offensichtlich für alle, doch wir sind auch keine Asiaten, das ist ebenfalls für alle offensichtlich. Wir sind Eurasier. Dann bitte ich aber, mir zu antworten, wer außer uns selbst gehört noch in diese Kategorie? ›Wir sind Eurasier‹ – das ist so wie ›Wir – das sind wir‹. Außer den Russen fällt niemand unter diese Kategorie. Außer den Russen oder wie man jetzt zu sagen pflegt, um den fünften Punkt nicht zu berühren, den Bewohnern Rußlands (Rossijane) – ein phantastisches Wort, das damit verbunden ist, daß es bei uns den fünften Punkt gibt ... Und diese Selbstidentifizierung nach dem Prinzip – weder die einen noch die anderen, noch auch die dritten – namentlich sie erzeugt, wie mir scheint, die Illusion des Dritten Weges. Wenn mir jemand sagt, daß es einen dritten Weg gibt und daß dieser dritte Weg nicht nur für uns paßt, sondern auch für alle die, die wie wir sind, und alle die, die man dafür hält, daß sie wie wir sind – dann glaube ich an den Dritten Weg. Franzosen, Engländer, Deutsche – sie alle sind Europäer. Japaner, Chinesen, Inder – Asiaten. Und wir – Eurasier? Und wer noch außer uns? D. h. der dritte Weg ist nur ein russischer? Das haben wir schon einmal gehört.«

Wenn Rußland wesentlich bestimmt wird durch das, was es nicht ist, dann bleibt zu fragen, was die Parameter sind, an denen es seine Gespaltenheit, seine Imperfektion, seine Insuffizienz mißt. Es ist das Europäische. Das Europäische ist all das, woran es Rußland mangelt, aber auch das, was Rußland zur Gefahr werden könnte. Da die Aussagen hierzu sehr pauschal sind, kann man sich auf eine pauschale Zusammenfassung beschränken. Zunächst wird Europa weitgehend mit Westeuropa und dieses wiederum mit dem Westen gleichgesetzt. Nur am Rande taucht das Bedenken auf, daß diese Totalität in sich selbst sehr heterogen, widersprüchlich, komplex sein könnte. Europa wird weiter in der Regel als Kulturtyp, nicht als geographische Ortsangabe verstanden. In diesem Sinne wird teilweise auch Japan zum Westen gerechnet. Auch der bestimmende Gegensatz des 20. Jahrhunderts wird zurückgenommen in den Gegensatz von »Europa und Rußland« oder »Osten und Westen«. So etwa bemerkt Karl Kantor, daß die Auseinandersetzung zwischen Kapitalismus und Sozialismus, zwischen der Demokratie und dem Reich des Bösen nicht bloß die Auseinandersetzung zwischen Despotie und Demokratie, Markt und Planwirtschaft gewesen sei, sondern nur die verwandelte Form des Konflikts zwischen dem Kulturtyp des Westens und Rußland. Der russische Kommunismus sei die Revanche Rußlands für die jahrhundertelangen Erniedrigungen und Demütigungen, die ihm der Westen zugefügt habe; umgekehrt sei auch der Kampf gegen den Kapitalismus, gegen die Bourgeoisie immer im Grunde der Kampf gegen den Westen und Europa gewesen.

Die Qualifizierungsmerkmale dieses Westens bzw. Europas sind ebenso einfach wie knapp. Europa ist die bürgerliche Gesellschaft, wie sie aus der frühen Neuzeit, den Glaubenskriegen und der Aufklärung hervorgegangen ist: mit Herrschaft des Privateigentums, individuellen Freiheitsrechten, Markt und bürgerlichem Rechtsstaat. Wenn über diese Qualifizierungen weitgehend Einheit besteht, so doch nicht darüber, daß dieser Entwicklungstyp der einzig denkbare überhaupt sei, und über die Möglichkeit oder Ratsamkeit, dem westlichen Modell auch für Rußland Geltung und Praktikabilität zuzugestehen. Der Einwand, daß die europäische Zivilisation selbst entgleisen könnte und daß aus ihr der Faschismus hervorgegangen ist, wird durch einen scholastischen Trick abgewehrt: Der Faschismus gehöre gar nicht zur europäischen Zivilisation, sondern sei gegen sie gerichtet gewesen – so in einem Round-table-Gespräch der Redaktion von »Woprossy filosofii« im Jahr 1992. Hier zeigt sich, daß Europa oder der Westen nicht eigentlich etwas ist, dem man konkret-empirisch und analytisch begegnet; es handelt sich um ein historiosophisches Konzept, um eine Chiffre, um einen Idealtypus.

Wiederaufnahme alter Diskurse

Boris Groys hat bemerkt, daß ihn die gegenwärtigen Auseinandersetzungen um die »russische Identität« außerordentlich an die Kontroversen des frühen 19. Jahrhunderts erinnerten, vor allem an Peter Tschaadajews »Ersten Philosophischen Brief«, der wie ein »Pistolenschuß in der Nacht« das denkende Rußland aufgerüttelt, erschreckt hatte (Alexander Herzen). Für ihn ist Europa gerade das, was Rußland fehlt. Rußland ist ein Negativ, ein weißes Blatt Papier, auf dem freilich ein großer Herrscher große Entwürfe einzeichnen könnte. »Unsere Lage«, schreibt Tschaadajew, »zwischen den beiden großen Weltteilen, dem Orient und dem Okzident, die uns erlaubt, gleichsam den einen Arm auf China und den anderen auf Deutschland zu stützen, hätte uns gerade befähigen sollen, die beiden großen Prinzipien der Vernunft, Phantasie und Verstand, in uns zu vereinen und in unserer Kultur die Geschichte des ganzen Erdballs zusammenzufassen. Aber die Vorsehung hat uns bei weitem nicht diese Rolle zugedacht...« Europa ist das Positiv hierzu: es ist »jene wunderbare Kontinuität der Ideen im Lauf der Jahrhunderte«, es ist »Ordnung des Lebens, in die sich alle Ereignisse des Tages wie von selbst einfügen«, es ist »Idee, die aus einer Kette von Ereignissen erst Geschichte werden läßt«. Tschaadajew hat im katholischen Christentum den Grund jener produktiven historischen Kontinuität gesehen, die Europa zu dem gemacht hat, was es ist.

Tschaadajew hat am schärfsten etwas formuliert, was das moderne Rußland von Anfang an bis heute begleitet: die Erfahrung des Zusammenpralls mit einer entwickelteren und überlegenen Kultur, die Geschichte von Attraktion und Repulsion, des Konfliktes mit Westeuropa, der auch seine blutigen und triumphalen Markierungen hinterlassen hat: 1612, 1812, 1853, 1914, 1941. Diese Geschichte von Attraktion und Repulsion hat ihre Lautsprecher, Denker und Schriftsteller gefunden. Es ist gewissermaßen der innere Dialog einer verunsicherten Kultur, der von der Verwundbarkeit, aber auch der Vitalität einer Kultur zeugt. Die Geschichte dieses inneren Dialoges kann nicht gegeben werden. Nur einige Andeutungen.

Noch im moskowitischen Rußland des Alexej Michajlowitsch, Peters des Großen Vater, hat die Verführungskraft der von Kiew herkommenden modernen Theologie im Raskol eine Reaktion heraufbeschworen; der Verführung, die in den Künsten der aus Westeuropa einströmenden Apotheker, Astronomen, Spielzeugbauer und polnischen Musikanten lag, entsprach der Aufruf zur Rettung alter Sitten und Askese. Auf Peters des Großen gewalttätige Europäisierungsmaßnahmen folgte die Kritik eines Iwan Pososchkow, der sich eine Verwestlichung ohne den petrinischen Rigorismus vorstellen konnte. Fürst Michail Schtscherbatow, ein Zeitgenosse Katharinas II., nimmt den neuen Egoismus, die Vorliebe der Aristokratie für Danziger Wodka statt für Anis-Wodka, für Droschken statt für Pferde aufs Korn.

Mit Tschaadajew bekommt der Konflikt gewissermaßen seine höheren, d. h. historiosophischen Weihen, um nach ihm zu einem System ausgebaut zu werden. Aus der Differenz wird eine Polarität, aus vereinzelten Beobachtungen ein System. Mit Chomjakow, Kirejewski und Axakow wird der Unterbau oder Überbau geschaffen: Rußland und Europa stehen hier für die Differenz von wirklichem Glauben und glaubensfeindlichem Wissen, von Festhalten an der Ökumene und der Tradition der griechischen Kirchenväter einerseits und Scholastik und Reformation andererseits. Der russische Staat wird zum Inbegriff eines patriarchalischen Verhältnisses, in dem die Sorge um den Menschen im Zentrum steht, der europäische Staat wird zum formalisierten Gewaltverhältnis, in dem es vorrangig um Eigentum und Privatbesitz geht. Europa wird zum Synonym des von außen verhängten Zwangs, Rußland zu einer Ordnung, die auf informellen, d. h. menschlichen Beziehungen basiert, in der rechtliche Formalisierungen nicht nötig sind. Dieses System wird ausgebaut und tritt in den verschiedensten Schattierungen auf, auch bei Denkern, die in der Regel nicht zu dieser Tradition gerechnet werden. Auch für Alexander Herzen wird ein bestimmter Punkt – die Erfahrung der 1848er Revolution – zu einem Wendepunkt, von dem an das Europäische als das Kleinbürgerliche der Verachtung verfällt. Erst recht natürlich bei Michail Bakunin, der Europa seines »abgelebten Greisenalters« wegen verspottet und erklärt, »daß die westeuropäischen Abstraktionen konservativer, bourgeois-liberaler oder sogar demokratischer Natur auf unsere russische Bewegung nicht anwendbar sind, die, demokratisch und im höchsten Grade sozial, sich unter ganz anderen Bedingungen als im Westen entwickelt«. Der antideutsche, antiintellektuelle, vor allem aber antibürgerliche Affekt in Bakunins Lehre ist unüberhörbar. Erst recht gilt dies dann für Nikolai Danilewski und Konstantin Leontjew, die die kulturelle Differenz zu einer Kulturtypen- und Zyklenlehre ausarbeiten. Sie verspotten die Westler und deren Minderwertigkeitskomplexe und setzen dem in der Gleichsetzung von germano-romanischer Kultur und Europa liegenden Eurozentrismus wiederum das Konstrukt des ganz Eigenen und Anderen entgegen.

Danilewski: »Westen und Osten, Europa und Asien stellen sich unserem Geiste irgendwie als Gegensätze dar, als Gegenpole. Der Westen, Europa, bildet den Pol des Fortschritts, unaufhörlicher Vervollkommnung, ununterbrochener Vorwärtsbewegung; der Osten, Asien – ist dagegen der Pol des Stillstands und des Verharrens (der Trägheit), so verhaßt dem Zeitgenossen. Das sind geschichtlich-geographische

Axiome, an denen niemand zweifelt, und jeden russischen rechtgläubigen Erforscher der zeitgenössischen Wissenschaft überläuft ein Schauer bei dem Gedanken an die Möglichkeit, er könnte zur Sphäre des Stillstands und der Trägheit gerechnet werden. Denn wenn nicht der Westen, so der Osten; wenn nicht Europa, so Asien – einen Mittelweg gibt es nicht; es gibt kein Europa-Asien, keinen West-Osten, aber wenn es sie auch gäbe, so wäre die mittlere, dazwischenliegende Lage gleichfalls unerträglich. Jede Beimischung von Stillstand oder Trägheit bedeutet schon Schaden und Untergang. Wir erklären also so laut als möglich, daß unser Land europäisch, europäisch, europäisch ist – daß Fortschritt uns lieber ist als Leben, Stillstand widerlicher als Tod – daß es keine Rettung gibt außer der progressiven, europäischen, allmenschlichen Zivilisation – daß außerhalb ihrer es sogar gar keine Zivilisation geben kann, weil es außerhalb ihrer keinen Fortschritt gibt. Das Gegenteil zu behaupten ist eine schädliche Häresie, die den Ketzer, wenn nicht zum Feuertod verurteilt, so auf jeden Fall zum Ausschluß aus der Gesellschaft der Denkenden, zu hochmütigem Verachtetwerden von ihrer Seite. Und dies alles ist der völligste Unsinn, derart oberflächlich, daß man sich sogar schämt, ihn zu widerlegen.«

Leontjew fügt dem dann noch die aristokratische Verachtung für das bürgerliche, vor allem aber kleinbürgerliche Europa der beginnenden Demokratien hinzu. Der Durchschnitts-Europäer wird ihm zum Werkzeug der Weltzerstörung:

»O verhaßte Gleichheit, o gemeine Gleichmacherei! O dreimal verfluchter Forschritt! O furchtbarer, mit Blut getränkter, doch malerischer Berg der Weltgeschichte! Vom Ende des 18. Jahrhunderts an liegst du in den Wehen einer neuen Entbindung, aber aus deinem gequälten Schoße kriecht eine Maus hervor. Es entsteht eine im Selbstdünkel befangene Karikatur des früheren Menschen: der rationalistische Durchschnittseuropäer in seiner komischen Kleidung, an die sich sogar der ideale Spiegel der Kunst nicht heranwagt, mit seinem kleinlichen, im Selbstbetrug sich beruhigenden Verstand, mit seiner im Erdenstaub kriechenden Wohlgesinntheit. Hat man je in der Weltgeschichte bis zu unserer Zeit solch eine Mißgestalt gesehen ...«

Diese Linie läßt sich mühelos ins 20. Jahrhundert hinein weiterführen. Die Distanzierung von, ja die Verachtung für Europa, von dessen Beispiel man doch nicht loskommt, nimmt nur andere Gestalten an: in den überbietenden Industrialisierungs- und Modernisierungsprojekten des russischen Marxismus, in den Hegemonial- und Erlösungsansprüchen des russischen Bolschewismus und in den Begründungen der Einzigartigkeit des russischen Kommunismus – sei es in der eurasischen Variante oder in der Stalins.

Dies bloß als Ideologie zu denunzieren, führt nicht weiter. Vielmehr käme es – auch im Hinblick auf die heutige Situation – darauf an, diese Auseinandersetzung als die denkerische Verarbeitung einer wirklichen Erfahrung – der der Modernisierung Rußlands – zu erschließen; des weiteren zu verstehen, daß die Ideologisierung und Systematisierung Ausdruck einer Notlage in der Bewältigung von etwas ist, wofür die analytischen Kategorien nicht bereitstehen. Es handelt sich um die Ideologisierung, wenn man will Mystifizierung eines wirklichen Problems. Dafür gibt es verschiedene Anhaltspunkte: die Kontroverse um Europa und Rußland findet immer in geschichtlichen Turbulenzzeiten statt: in dem Augenblick, da Rußland im Nordischen Krieg zur europäischen Großmacht und zum Kaiserreich wird; im Augenblick der anti-napoleonischen Kampagne; im Augenblick der Niederlage im Krim-Krieg bzw. der Großen Reformen, die den Kapitalismus in Gang setzen; in der Zeit des Zusammenbruchs und der Flucht in die Revolution und die terroristische Modernisierung. Es gibt also einen historischen Ort, der uns hilft, die Ideologisierung dieser zwangsläufigen Kontroverse zu dechiffrieren. Aber es gibt auch einen sozial-historischen Ort: das Milieu einer Intelligenzija, die Produkt dieser Europäisierung ist.

Die Flucht in die Abstraktion: Europa als Konstruktion

Alexander von Scheltings großem Buch »Rußland und Europa im russischen Geschichtsdenken« (Bern 1948) liegt die »Verwunderung« zugrunde, die in der Frage liegt, wie es kommt, »daß die russische Geschichtsphilosophie unentwegt um das Thema Rußland und Europa kreist, (...) wieso überhaupt gerade Geschichte so sehr zum Mittelpunkt des philosophischen Denkens der Russen wurde, daß so gut wie die ganze russische Philosophie des neunzehnten Jahrhunderts eben *Geschichtsphilosophie* bzw. eine Religionsphilosophie ist, die entweder wiederum dieser Geschichtsphilosophie als Fundament dienen soll oder in sich selbst ausgesprochen geschichtsphilosophisch orientiert ist.« Er wirft die Frage nach dem »Woher« der für das russische Denken eigentümlichen Topoi auf: »die Betonung der radikalen Wesensfremdheit der russischen und der westeuropäischen Kultur; die Konzentration auf den Unterschied des östlichen und des westlichen Christentums als die

Grundlage jenes Gegensatzes der geistigen, kulturellen und politischen Entwicklung zwischen der östlichen und der westlichen Welt; die leidenschaftliche Hervorkehrung des völkischen, ethnischen und später rassischen Elements; die Insistenz auf der Höherwertigkeit der eigenen Kultur; der wuchtige, jeden anderen in den Schatten stellende, Nationalismus; Europafeindlichkeit; ein übersteigertes, einem universalistischen Messianismus hingegebenes, Sendungsbewußtsein und andere hier hervorgetretene Motive und Charakterzüge.« Der Autor ist der Überzeugung, daß diese Frage letztlich nur durch eine Kultursoziologie der russischen Gesellschaft des 19. Jahrhunderts beantwortet werden könne, äußert aber doch eine Reihe von Vermutungen.

Erstens: Die Ausgangssituation des russischen Philosophierens mache einiges begreiflich: »die junge und kräftige Intelligenz des russischen Volkes stand dem Sachverhalt gegenüber, daß dieses Volk aus seiner traditionellen Existenzform »mit einem Ruck« herausgerissen werden sollte, gewaltsam, zwangsmäßig und plötzlich europäisiert und in maßgebender und zeitweise führender Rolle in die europäische Geschichte – und zwar beides unter ungeheueren Opfern an Menschen und Gut – als handelndes Subjekt eingeführt wurde.«

Zweitens: Die Adels- und später Intelligenzschicht, teils zwangseuropäisiert, teils der natürlichen Attraktion folgend, sei – als »Fremdkörper« inmitten eines russisch gebliebenen Landes – »sich selbst um so mehr zum Problem« geworden. Die Intensität dieser Selbstproblematisierung steht in direktem Verhältnis zur Ausweglosigkeit einer zur Taten- und Wirkungslosigkeit verurteilten geistigen Elite.

Drittens: Die historiosophische Spekulation wird so zur Kompensationsbewegung, zur Imagination und Projektion eines »Weges«, wo ein wirklicher Weg nicht existiert. »Statt sich in eine konkrete Untersuchung solcher Frage (der politischen und sozialen Reform – K.S.) zu vertiefen, Einsicht in die Zusammenhänge zu gewinnen, dieser Einsicht gemäß zu handeln und dadurch vielleicht zu einem Erfolg ... zu gelangen, schob die Intelligenzia das vor ihr stehende Problem auf die geschichtsphilosophische Ebene und ließ es im Nebel der Spekulation untergehen ... In oft fragwürdigen und gewagten gedanklichen Konstruktionen dramatisieren die aus dieser Schicht stammenden Denker das historische Geschehen, schieben ganze »Welten« hin und her, spielen sie gegeneinander aus, lassen sie in einem »letzten« entscheidenden Kampf zusammenprallen und erwarten, daß daraus, wie ein Phönix aus der Asche, ein erneuertes Leben und die Lösung aller Probleme emporsteigen werde. Sie treten dabei um so anspruchsvoller auf, je mehr sie im Bereich der politischen Wirklichkeit ihre Mitbestimmungsansprüche zurückzuschrauben haben. Auf diese Weise schufen sich diese Intellektuellen eine Geschichtsphilosophie, die eine Art »Ersatz für Aktivität« zu bieten schien, – eine Geschichtsphilosophie, die mehr als diejenige irgendeines anderen Volkes ... in die historische Kontemplation einen ausgesprochen »aktivistisch«-pragmatischen Zug, unmittelbare Ausrichtung auf die »Aktion« und direkten Bezug auf das eigene Schicksal, auf das eigene Land und Volk hineinträgt.«

Alexander von Schelting tritt damit aus einer weithin immanent bleibenden Analyse der geschichtsphilosophischen Systeme heraus, unterschreitet die doktrinale Verhandlungsebene und eröffnet so einen Zugang, der den historischen Ort und die historische Zwangslage, aus der die geschichtsphilosophische Spekulation entspringt, einsichtig macht. Der Diskurs um »Rußland und Europa« wird nicht nur referier-, sondern interpretierbar. An seinem Anfang steht die kulturelle Spaltung, die mit Peter dem Großen nach Rußland hineingetragen wird, eine Bereicherung und eine Leidenserfahrung zugleich, die Erfahrung, einer gespaltenen und doppelten Kultur anzugehören. Europäisierung bedeutete unter den gegebenen Verhältnissen immer auch Entfremdung, ja – vermittelt über die Zugehörigkeit zum zaristischen Herrschafts- und Unterdrückungsapparat – Gewaltsamkeit. »Westler« und »Slawophile« gehören ein und derselben europäisierten Kulturelite an und stellen nur zwei Seiten ein und desselben Problems – die schmerzvolle und konfliktreiche Europäisierungs- und Modernisierungserfahrung – dar. Daher kommt es, daß auf einer diagnostischen Ebene zwischen Westlern und Slawophilen weitgehend Einheit besteht, während die Optionen über den »zukünftigen Weg« auseinandergehen und alle Züge des Konstruierten und Gewaltsamen an sich tragen. Die historiosophische Konstruktion – ob westlerisch oder slawophil – erweist sich als der Versuch, sich über den Spalt, der durch Rußland hindurchgeht, denkerisch hinwegzuhelfen. Eine neue Lektüre des Westler-Slawophilen-Diskurses müßte daher nicht die programmatische Differenz über die sogenannten »Wesensunterschiede« zwischen den beiden Lagern ins Zentrum rücken, sondern unterscheiden, was an *beiden* diagnostisch-analytisch oder aber ideologisch-konstruiert ist. Die Herausarbeitung des weithin ideologischen Charakters der Kontroverse zwischen Westlern und Slawophilen führte aber zurück in die Analyse einer Sozialverfassung Rußlands im 19. Jahrhundert, zu deren Pathologien es gehörte, daß eine Intelligenz gezwungen war, zu Konstruktionen Zuflucht zu nehmen, da ihr andere, praktisch wirksame

Betätigungsmöglichkeiten verwehrt waren. Der Diskurs »Rußland-Europa« ist in Wahrheit nur ein Indiz: Die Verfestigung der in ihm enthaltenen Polarität signalisiert die elementare Verunsicherung und Gefährdung, vielleicht das Scheitern des Europäisierungsvorganges, die Entdramatisierung dieses Gegensatzes verweist darauf, daß er im Gange ist. Eine reflexiv und ihrer selbst sicher gewordene Gesellschaft, die die Konflikte der Europäisierung meistert, kommt ohne die ideologischen Chiffren »Rußland« und »Europa« aus. Eine solche Entdramatisierung der Kontroverse bei gleichzeitiger Blüte einer russischen Nationalkultur von europäischem Rang ist das »Silberne Zeitalter«, das der russischen Revolution vorausging.

Europa als Erfahrung und als Konstrukt

Was ist Europa wirklich außer als Wille und Vorstellung? Gibt es eine empirische Erfahrung? Ich möchte es vorab so zusammenfassen: Europa ist das Leben außerhalb des Notstands, der Traum von Europa ist der Traum von der Normalität des Alltagslebens. Im einzelnen:

Europa ist die schockierende Erfahrung der Freßabteilung des KaDeWe, der Hauptsehenswürdigkeit, die Berlin russischen Touristen zu bieten hat. Europa ist die makellose Glätte des Asphalts und die Disziplin auf den Autobahnen. Europa ist die Altstadt von Warschau, Prag und Riga. Pünktlichkeit, die man bei Abmachungen einhalten muß. Umgangsformen, bei denen man wieder lernt, seinen eigenen Namen deutlich auszusprechen. Europa ist der neue Anzug, den Sobtschak trägt und die Krawatte, die dazu paßt. Es sind die Blumenrabatten, es ist natürlich Italien mit seinen Cafés, in denen man sich niederlassen kann, ohne daß man vorher anstehen mußte. Das sind Pässe, die erträgliche Leichtigkeit des Seins, die Mühelosigkeit der Fortbewegung, aber auch die Last eines Finanzamtes, das Inneneinsichten in die bürgerliche Existenz eines Menschen hat, um die jeder KGB-Beamte neidisch ist. Europa ist die Heimat von Marx und Erhard. Von dort kamen der »plombierte Zug« und die Sonderkommandos.

Europa ist auch die Übersetzung von Simmel und Weber, von Habermas und der Vortrag von Vittorio Hösle. Die Galerien, die in New York und Paris ausstellen. Europa ist der Ort, von dem unentwegt die Spur der Computerlieferungen ausgeht. Europa ist dort, wo Intellektuelle in der Regel zwei Sprachen sprechen und nicht alle Bücher übersetzt werden. Europa ist, wo Bücher erscheinen und rezensiert werden, noch bevor sie veraltet sind. Europa ist etwas, wo schneller produziert wird, als die Produzenten und Konsumenten Schritt halten können. Europa war einmal die Zone der Valuta-Hotels. Europa war einmal verschiedene geschichtliche Erfahrung: der Wohnungen, die auch dann noch luxuriös waren, als sie schon ausgebombt waren. Europa war ein Land, wo selbst ein Fahrrad noch ein bedeutsames Beutegut war. Europa ist das Land, in dem man Dichter und Denker sucht, die es nicht mehr gibt. Europa ist, wo die Stimmen von Radio Free Europe und Radio Liberty auf Sendung gehen. Europa ist der Ort, der auf dem Weg nach Amerika liegt und einem vertrauter ist. Europa ist, wo jetzt ein Arbeitsplatz gefunden werden kann. Die Entdeckung Westeuropas ist im Gange, der Ausschluß aus der mittelosteuropäischen Welt ebenfalls. Europa ist Stützpunkt der Emigration: ist Utrecht, München, Paris. Europa ist in sich ganz verschieden: je nachdem, wie die Paßvorschriften sind, je nachdem, was für Geschäfte man vorhat. Europa ist das Lichtjahre entfernte und doch nicht das ganz Andere.

Europa ist das, was zur Resignation und zur Flucht verleitet. Es ist uneinholbar. Es ist verächtlich, da es mit seinem Reichtum nicht umzugehen weiß. Es ist beschränkt, weil es sich für das Ganze hält, obwohl es doch nur ein Teil ist. Europa ist schockierend in seinem Glück und seiner Ignoranz. Es ist eine Insel, die man hassen kann für die Schamlosigkeit und Ruchlosigkeit ihres Luxus.

Aber von diesem Europa ist nicht die Rede im Diskurs. Europa ist eine Abstraktion, eine Kompensation für etwas, das man selbst nicht oder nur wenig kennt. Es ist der Fond, vor dem »das Andere« beschrieben wird, das immerzu als defizient, als Abweichung, als unvollkommen beschrieben wird. Und selbst da, wo auf dem Eigenständigen bestanden wird, wird es mehr proklamiert und postuliert als wirklich beschrieben. Es ist zu großen Teilen ein Konstrukt, eine Kopfgeburt. Europa ist der Hintergrund, vor dem sich Minderwertigkeitskomplexe bilden. Rußland heute hat es nicht mit der Idee Europa zu tun, sondern mit dem wirklichen.

Die Arbeit an der Auflösung des Europa-Konstrukts

Ort und Zeit für die heutige Europa-Rußland-Debatte sind bekannt. Es ist die Beschäftigung einer Intelligenzija, die dem, was um sie herum vor sich geht, einen Namen zu geben versucht. Es ist alles andere als ein herrschaftsfreier Diskurs, der an bestimmte Breitengrade gebunden ist; er findet statt inmitten des Zusammenbruchs des Systems, inmitten eines Prozesses, in dem die Existenz der sowjetischen Intelligenzija buchstäblich-reell zerfällt.

Die Macht, als dessen Antipode, ja Schatten sich das kritische Bewußtsein seit jeher verstanden hatte, existiert nicht mehr. Das Monopol auf ein Wissen, dessen Besitz der Intelligenzija einst ein Privileg verschafft hatte, existiert, seit alles publiziert und gesagt werden kann, nicht mehr. Das Wissen, für dessen Besitz sich Schikanen und Lager ertragen ließen, ist wohlfeil geworden, man interessiert sich nicht einmal mehr dafür. Die Kultur der Zirkel hat, seit die Dissidenten von einst in Talk-Shows vor einem Millionenpublikum auftreten, ihren Sinn verloren. Die Mission der Intelligenzija ist profaniert. Europa, das sich eine ganze Generation im Kopfe imaginiert hat, der Traum von Europa – an ihm haben zuallererst die cleveren Burschen aus dem Börsen- und Bankgewerbe, in den Medien und Joint-ventures teil. Wo die Generation der sechziger Jahre nur träumt, fährt die Generation der achtziger und neunziger Jahre wirklich hin. Sie hat mit Europa keine Probleme, sowenig wie mit Asien, höchstens geschäftliche. Die Intelligenzija, zu deren Selbststilisierung es immer gehört hatte, sich als »Träger« oder »Insel der europäischen Kultur inmitten eines asiatischen Landes« darzustellen, verliert eine ihrer entscheidenden Legitimationen. Die Diskussion um Europa und Rußland, jener in sich kreisende Dauerdiskurs, der aus den Küchen im Moskau der Stagnationsjahre nun an die Round-tables und in die Fernsehstudios gebracht worden ist, ist zum Teil Reaktion auf eine fundamentale neue Erfahrung – die Öffnung des Landes, die Euromanie z. B. –, zu einem anderen Teil aber Kapitulation vor dem, was eigentlich geklärt zu werden verdient: Wo steht Rußland heute? Wie läßt sich die Erfahrung des 20. Jahrhunderts zusammenfassen, erzählen, beschreiben? Mit Großkollektiven und Abstrakta, die der Debatte des 19. Jahrhunderts entnommen sind – Europa, Asien, die Macht, das Volk – läßt sich das, was geschehen ist, nicht mehr erfassen. Die russische Intelligenzija trennen von Tschaadajew fast 200 Jahre, jedenfalls eine ganze Epoche, in der sich das Land radikal verändert hat. Rußland hat eine Geschichte – anders als Tschaadajew dies noch – schon damals irreführend und illusionär – behaupten konnte. »Rußland und Europa« ist eine Verlegenheitsdiskussion, die im großen Bogen vermeidet, was bearbeitet und besprochen werden könnte. Die Debatte »Rußland und Europa« weicht vor dem Schwierigeren zurück: vor jenem Stück europäischer Moderne, das den Namen russischer Kommunismus trägt. Kommunismus ist nur ein Name für das, was bisher namenlos ist.

Es ist ein bedrohliches Symptom, wenn am Ende des 20. Jahrhunderts die katastrophische Fortschrittsgeschichte Rußlands in den Termini des 19. Jahrhunderts beschrieben wird. Es könnte auf vieles hindeuten: auf die Ideen- und Literaturzentriertheit der öffentlichen Verständigung, auf die Fixierung auf für die russische Geistesgeschichte konstitutive Ideen-Komplexe, vielleicht aber auch auf das, was der Soziologe Lew Gudkow als die »Sklerotisierung der Intelligenzija« bezeichnet hat. Literatur, Idee, traditionelle Diskurse drohen zum Substitut für eine namenlose, sich rasend entfaltende und paralysierende Wirklichkeit zu werden. »Europa« wird in diesem Kontext zu einem Schemen, zu einem Fetisch – wie umgkehrt auch die »russische Gemeinde« oder die »Allmenschlichkeit« –, der die Schwerarbeit der begrifflich-analytischen Bewältigung der Wirklichkeit ersetzt. Lew Gudkow hat in seinem Essay »Abschied von der Intelligenzija« dazu bemerkt: »Es ist wichtig zu betonen, daß die sich herausbildende Bewußtseinsstruktur von Anfang an solche Vorstellungen über »den Westen« und »die Zivilisation« umfaßte, die mit der realen europäischen Welt nur entfernte Ähnlichkeit besaßen. Der Westen war eher ein Zerrspiegel der ehrgeizigen Vorstellungen der Intelligenzija, eine Metapher für ihre positiven Vorstellungen über sich selbst, d. h. der Ideen und Gegebenheiten, in deren Namen sie ihre besondere gesellschaftliche Rolle beanspruchte. Genauso war (und bleibt es bis heute) »das Volk«, welches sie vor der Macht zu vertreten und aufzuklären sich bereit machte, eine ebensolche ideologische Fiktion, wie der Westen, die Kultur und die Aufklärung.«

Das ist eine harte, aber auch befreiende Aussage. Sie besagt, daß die Selbstaufklärung der Intelligenzija über sich selbst fällig ist und daß die Lösung aus der Kultur der Scheinprobleme und Projektionen die Bedingung für die Entwicklung einer zeitgemäßen intellektuellen Kultur eines neuen Rußland ist. Aber eine solche Aussage beweist auch, daß Rußland reif geworden ist, sich solche Selbstaufklärung zuzumuten. Auf die Exaltationen, das Pathos der Polarisierung und nur noch dogmengeschichtlich rekonstruierbare Redundanzen wird dann die Arbeit folgen, die sich wirklich lohnt und an der hängt, ob Rußland einen Ausweg aus der Zeit der Wirren findet. Die wird unsensationell, dafür aber fruchtbar und vielversprechend sein. Vor den russischen Intellektuellen und Wissenschaftlern steht nichts Geringeres, als die Begriffe und die Sprache zu finden für das, was das Hauptereignis des 20. Jahrhunderts war. Es ist die Arbeit, die dann beginnt, wenn man sein Interesse an »Europa«, »Rußland«, »Kommunismus« oder an gleich welcher Wesenheit verloren hat. Das Neue wird einen anderen Namen haben: die Selbstentdeckung und Selbstbeschreibung Rußlands, so wie es geworden ist – Rußlands Weg in die Moderne.

Glückliches Amerika, armes Rußland

Die Systeme gehen, der Raum bleibt – und einiges mehr. Es gibt keinen Westen und keinen Osten, sondern nur Länder, Staatswesen, Menschen oder Kulturen, die im Westen oder Osten liegen. Sie haben nicht die Wahl, über ihren Standort zu entscheiden. Die Möglichkeiten des einen sind nicht die Möglichkeiten des anderen. Es gibt keinen universalen Leisten, über den sich die Welt schlagen läßt, es sei denn fiktiv in unseren Wünschen nach Glück, Freiheit, Unabhängigkeit. Aber was daraus wird, hängt nicht bloß am Wünschen und schon gar nicht an einer universellen Idee oder an »Wegen«, für die man sich angeblich entscheiden kann. Die Systemkonfrontation hatte ihre eigene Metaphysik, ihre spezifische optische Täuschung, zum Beispiel »kapitalistisches Amerika« und »kommunistisches Rußland«, wo es doch höchstens einen Kapitalismus in Amerika und einen Kommunismus in Rußland gibt. Selbst der vergleichende Blick, diese defiziente Form der Erkenntnis, stammt noch aus der Zeit, da angeblich »Systeme« miteinander konkurrierten. Doch es ging längst schon um etwas anderes. Man wird es sehen, wenn man das Vergleichen und das Entweder-Oder hinter sich gelassen hat. Man wird mehr sagen können, wenn man ein Stück Weges zurückgelegt hat in dem Raum, der sich auftut, wenn er durch den Systemgegensatz nicht mehr verstellt ist.

Ozean. Die Reise nach Amerika ist Abschied. Jeder Flugpassagier ist noch einmal Christoph Kolumbus. Wer abgehoben, den Ärmelkanal und endlich die Leuchtfeuer von Shannon hinter sich hat, sieht unter sich nur den Atlantik. Die Reise ist täglich Gewohnheit für Tausende, aber der Ozean wird nicht außer Kraft gesetzt, man stößt sich ab. Amerika ist Neue Welt. Nach Rußland zu reisen, ist die Überquerung der Urstromtäler und Tiefebenen mit Städten darin: Warschau, Wilna oder Riga. Wir verlassen den Kontinent nicht. Wir bleiben im Horizont. Wir überholen niemals den Sonnenaufgang. Wir haben die Wahl: mit dem Flugzeug oder mit der Eisenbahn. Das Flugzeug ist nur schneller. Nach Rußland führen viele Wege, nach Rußland fährt man im Übergang, man bricht nicht alle Brücken ab.

Flugrouten, Karte im Kopf. Die Karte im Kopf ist nicht die Erdoberfläche. Die Karte im Kopf wird gebildet von den Routenkarten der Fluggesellschaften. Die Zeichnung sieht aus wie die Stahlkonstruktion einer Brücke: solide, auf festen Pfeilern ruhend, trotz der großen Spannweite Die roten Linien verbinden nicht nur zwei Punkte hüben und drüben. Sie sind gestreut. Der Raum ist vom Reiseantritt an als ganzer präsent: er reicht nicht bloß bis Boston oder New York, sondern bis San Francisco, Phoenix, Detroit, Minneapolis, Atlanta. Offener Raum, keine Eingangspforte. Anders die Reise nach Rußland: Wir reisen nach Moskau, und dann sehen wir weiter. Das Rußland auf der Karte der Fluggesellschaften ist nicht: Moskau, Orjol, Charkow, Kasan, Swerdlowsk, Irkutsk, Bratsk, Wladiwostok. Nishni Nowgorod ist Gorki und nicht zugänglich, terra abscondita. Chicago lieg offen ausgebreitet mit gates in die ganze Welt. New York ist die Pforte zu einem offen daliegenden Kontinent, Moskau ist die Pforte zu einem geschlossenen Land. Amerika ist vertraut, obwohl es ferner und neuartiger ist als Rußland, das exotisch erscheint, auch wenn es in Europa liegt.

Fortsetzung der Bewegung, Innehalten. Der Passagier vom John F. Kennedy-Airport setzt seine Reise fort, indem er sich ins Taxi setzt und nach Manhattan hineinfährt, auf denselben Schnellstraßen, in denselben Staus, in derselben Sprache, in denselben Gepflogenheiten an der Rezeption des Hotels. Das erzeugt die Illusion, man sei in derselben Welt, die nur größer, farbiger, imposanter, rascher ist. Die Ankunft in Moskau ist Innehalten, nicht wegen der Zollprozeduren, die jetzt fast weggefallen sind. Zollformalitäten kann man per Dekret ändern, die Ökonomie, nach der die Taxis fahren oder nicht fahren, nicht. Wir bewegen uns von jetzt an auf einer anderen Schienenspur, die uns die Illusion erzeugt, als seien wir nicht in Europa, sondern ganz weit weg: mit anderen Schriftzeichen, anderer Sprache, anderem Tempo.

Übersetzungsmechanismus. Flugzeuge sind überall gleich schnell, Autos auch. Die Differenz ist nicht technischer Art. Die meiste Zeit geht verloren bzw. wird gewonnen im Übergang von einem System zum anderen, daher zeigt sich der Kampf um die Zeit in der Rationalisierung des Übersetzungsmechanismus. Vom Flugplatz aus per Shuttle ins Hotel oder zum Rent-a-Car, wo man die Bewegung fortsetzen kann, die man wenige Stunden vorher auf einem anderen Kontinent unterbrochen hat. Wenn es in Rußland schnell geht bei dieser Übersetzung, dann nur, wenn man einen Chauffeur für eine Delegation oder V.I.P. zur Verfügung hat. Amerika hat ein System des raschen, bequemen Umsteigens von einer Fortbewegungsweise zur anderen, von einem Tempo zum anderen. Ein technisch hergestelltes Zeitkontinuum hier, verschiedene, scharf gegeneinander abfallende Zeiten mit Intervallen der leeren, verlorenen Zeit dazwischen dort.

Airport, Bahnhöfe. Der Bahnhof ist eine Errungenschaft des 19. Jahrhunderts. In Amerika sind sie prächtig, aber fast so prächtig wie Museen eines vergangenen Zeitalters. In Rußland sind sie ebenso prächtig, aber so frequentiert und voll wie die amerikanischen Flughäfen. Der Flughafen in Amerika ist einer der wenigen Orte, wo man Schlangen sehen kann, Schlangen der Disziplin und Höflichkeit. Der russische Bahnhof ist ein Endpunkt der Langstreckenzeit, Pforte zu einem anderen Teil des Imperiums mit bewußten Abschieden und Ankommenszeiten, die man nicht vergißt. Sie sind die Verteiler der unentwegten Völkerwanderung, die Kathedralen des Imperiums. Flughafen und Bahnhof sind zwei verschiedene Jahrhunderte. Amerika schrumpft in der Bewegung auf den Flughäfen, Rußland wird weit durch die Eisenbahnen.

Die Farbe des Asphalts, Highway, Bewältigung des Raumes. Der Highway eint Amerika. Er wird gebaut, als die Erschließung des Raums schon abgeschlossen ist und das Auto die Eisenbahn abgelöst hat. Der Raum ist schon kolonisiert, der Highway macht ihn verfügbar. Der Highway läßt den Raum, ungeachtet der Wüsten, die er durchquert, und der Sonnenuntergänge am Rande der Welt, unter denen er sich hinstreckt, schrumpfen. Der Highway ist der Sieg des Menschen über den Raum. Sein Netz hat ebenso wie die Gliederung der Staaten und das Schachbrett, nach dem die Straßen in Nord-Süd und West-Ost-Richtung angelegt sind, den ungeheuren Naturraum gebändigt, in Meilen und Stunden berechenbar gemacht. Es ist das Netzwerk, auf dem die amerikanische Demokratie beruht. Das Netz der Highways hat sich über den Raum gelegt, seine Macht über den Menschen ist gebrochen: Austilgung der Unzugänglichkeit, Verfügbarmachen der Erdoberfläche, Fahrt im Auto bis an den Abgrund des Canyon, wo der Mensch ins Innere der Erde blicken kann. Alle Menschen, die sich auf ihm bewegen, sind Pioniere, auch wenn sie nur eine Strecke zurücklegen: sie sehen zwischen den Asphaltbändern und den Abermillionen Betonpfosten, auf denen die Bänder geführt sind, den Raum hindurchschimmern, das Monstrum Erde, das sich ergeben hat.

Minsker Chaussee. Die Minsker Chaussee, die Leningrader Chaussee, die Straße, die nach Nishni Tagil führt, sind Wege in den Raum, nicht über den Raum hinweg. Wer sie befährt, hat vorher einen Bund mit der Natur geschlossen. Man hat sich gefügt in die Weite und in die

Unmöglichkeit, sie durch Geschwindigkeit oder sonstwie überlisten zu können. Es gibt keine Zeit, nur ein Ankommen. Es gibt Zonen in dieser Landmasse, in die keine Straße führt, sie erträgt die Straße nicht, sie hat nicht kapituliert, man muß sie mit dem Helikopter überlisten. Der Fahrer auf dem Highway und der Chaussee ist einsam, doch der letztere ist verloren, wenn er nur sich selber traut. Highways führen an Städten vorbei, Chausseen verbinden sie. Der Highway hat eine Infrastruktur für seine Passagiere, auf der Chaussee, manchmal holperig, mit gefährlichen Schlaglöchern und Raststationen, die ihre Herkunft – die Relaisstationen der alten Postverbindungen – nicht verleugnen, muß sich jeder selber durchschlagen. Der Asphalt ist mangelhaft, im Sommer prägen sich die Reifen der LKWs in das blauschwarze Band.

Glückliche Geographie, Katastrophenraum. Amerika ist im Gleichgewicht, es verläuft fast symmetrisch gegliedert, es geht von einem Gürtel in den anderen über und vereinigt alle Klimata in sich. Es ist gemäßigt nördlich, gemäßigt südlich. Das Tal des Todes und die Rocky Mountains sind Inseln, eingefaßt, kein Kontinent für sich. Fein gegliederte Küsten öffnen ihn zum Meer, baumartig sich auffächernde Flußverläufe verbinden die kontinentale Mitte mit den Ozeanen. Es gibt Schneestürme und Dürren, aber keinen Kontinent, der nie auftaut. Es hat keine Feinde außer sich selbst. Rußland hat Zugänge zum Meer, aber keine Küsten, die es begrenzen und öffnen. Rußland hat auch eine Mitte – die Wolga, der »russische Nil«, der Strom der Ströme, die Mutter –, die das Land gliedert und aufschließt. Aber die Wolga mündet in ein Binnenmeer. Der Ural ist eine Grenze wie die Rocky Mountains, aber Wladiwostok am Pazifik ist nicht Los Angeles: Wladiwostok ist das Ende der Welt, Los Angeles nur das Ende des europäischen Amerika und der Beginn von etwas anderem. Magadan und Pacific Palisades – das ist ganz unvergleichbar. Sibirien ist nicht Rußland, aber doch russisch. Wer dieses große Rußland durchqueren will, bewegt sich nicht auf breiten klimatischen, in sich ausgeglichenen Gürteln von West nach Ost, sondern am Rande einer Niederung entlang, in der menschliches Leben nur durch Überanstrengung möglich ist. Rußland ist ein Korridor mit unscharfen Rändern, der sich durch Eurasien zieht. Rußland ist offen, es hat Feinde auch dann, wenn es ganz mit sich selbst beschäftigt ist. Der Himmel über Rußland ist so weit wie der über Amerika, aber die Landstriche unter dem Himmel sind anders dimensioniert. Rußland ist kein Garten Eden.

Am Rande des Canyons, Grusinische Heerstraße. Das mediale Zeitalter korrumpiert das Auge. So kommt es, daß man sich an das Ungeheuerliche gewöhnt und aus monströsen Gebilden Abziehbildchen werden. Mit New York ist es geschehen, mit Moskau auch. Die Gewöhnung an die andere Dimension geschieht in kleinen, aber ständig verabreichten Dosen. Daher kann es kommen, daß man niemals ankommt. Amerika und Rußland beginnen dann anderswo: am Grand Canyon, auf der Großen Grusinischen Heerstraße. Dort gibt es den Raum, der nicht zugebaut, nicht kultiviert werden kann, ein Dach der Welt, ein Tal der Götter, das erstarrte Magma der Erdzeit als Lesebuch. Er paßt in keinen Horizont, in kein Objektiv. Die Stille kann nicht festgehalten werden, denn es gibt keinen Laut. Das Licht ist so durchsichtig, daß man es nicht sehen kann. In den Raum führt keine Perspektive. Wenn es dort etwas gibt, dann nur Gott. Hier verschwindet das Amerika des weißen Mannes, auch wenn er dort seine komfortablen Blockhäuser errichtet hat. Man muß, wenn man heute nach Amerika oder Rußland kommen will, über den Abgrund des Canyon und die Paßstraße, die aus Transkaukasien herüberführt, ankommen.

Wilder Westen, Wilder Osten, Pioniere. Die Erschließung des Raumes vollbrachten einmal die Siedler, die sich bewaffneten und ihren Krieg von Farm zu Farm, von Siedlung zu Siedlung gegen die Urbevölkerung führten und das Risiko, auf sich gestellt, auf sich nahmen. Nach Sibirien ging man nicht, man wurde geschickt. Die Kosakenheere Jermaks und anderer und die Sträflinge des Zaren. Vor der Eisenbahn waren die Deportierten und die Kosakenpeitschen da. Der sibirische Geist der Unabhängigkeit hat sich danach gebildet, Unabhängigkeit und Freiheit haben etwas mit Raum zu tun. Sie wachsen leichter fernab von Macht. Sie sind stark da, wo es keine Hilfe von außen gibt. Die Freiheit kam mit dem Geist der Verbannten und mit dem Geist der Flüchtlinge. Es überleben die stärksten Naturen, die Zähesten, die Goldgräber. Glücklich das Land, das die Kraft hat, den Raum zu überwinden, und unglücklich das Land, das so weit gespannt ist, daß es seine Kräfte erschöpft. Atlantik und Pazifik sind eine Grenze, die schützt, und die Grenze zu einem Raum, der sich kolonisieren läßt. Rußland aber fängt irgendwo an und hört irgendwo auf – einmal endete es sogar erst an der San Francisco Bay. Amerika ist kolonisiert, in Eurasien gibt es nur Korridore, die Kolonisten haben kapituliert.

Offene Grenze. Amerika hat Grenzen, Rußland hat keine. Rußland gibt es nicht ohne Tiflis, das in Wahrheit Tbilissi heißt, ohne Reval, das in Wahrheit Tallinn heißt, ohne Wladiwostok, das am Pazifik liegt. Es gibt keine russische Kultur ohne die Zigeuner von Kischinjow, ohne den Gefangenen im Kaukasus, ohne den Zauber Armeniens, ohne das tatarische Kasan und die Moscheen von Samarkand. Man mag das imperial nennen, weil Europäern als geborenen Nationalisten kein anderes Wort zur Verfügung steht. Rußland hat weiche, fließende Grenzen, das macht es reich. Es hat Anteil an der griechischen Welt, die in Cherson ihre Ruinen hinterlassen hat, an der hethitischen und frühchristlichen und byzantinischen, an der persischen und islamischen, an der buddhistischen und chinesischen, an der Kultur der Finnen und Uiguren. Die Tataren stellten mit die ältesten Geschlechter des russischen Adels. Rußland geht über nach Mitteleuropa.

Byzanz – Boston – San Antonio. Amerika: Pazifik und Atlantik, eindeutigere Konturen lassen sich nicht denken, nur San Antonio und San Diego bürgen dafür, daß Amerika der lateinischen Welt angeschlossen bleibt. Das europäische Amerika wächst an den Ankerplätzen der Europäer an der südlichen und nordöstlichen Küste. Rußland wächst aus dem Strang hervor, den die griechische und tatarische Welt in den slawischen Norden Europas hinein hat wachsen lassen. Amerika hat seine Grenzen nach innen aufgelöst, es ist angelsächsisch, germanisch, romanisch, slawisch, asiatisch, indianisch, schwarzafrikanisch, jüdisch, hispanisch. Es ist die wirkliche Neubildung – jenseits von Europa, postnational, postnationalistisch.

Leblond, L'Enfant: Der Grundriß der Aufklärung – Silberne Städte im Flußdelta. Die Stadt am Potomac und die Stadt an der Newa sind Entwürfe der europäischen Aufklärung im großen Stil – so oder so jenseits der europäischen Rücksichtnahmen und beschränkten Möglichkeiten. Washington ist die Selbstfeier des republikanischen Gemeinwesens. Das Capitol auf dem Hügel, das amerikanische Landhaus als Präsidentensitz, der Obelisk, die Tempel für Jefferson und Lincoln – das Forum der Civil Society. Die Union der Staaten feiert sich in klassizistisch angeordneten Fassaden aus weißem Marmor. Es ist der Vorgriff auf einen Staat, den es noch nicht gibt. Staatsapparats-Architektur kommt erst mit den dreißiger Jahren des 20. Jahrhunderts, mit den Staatsmaschinen, die den »New Deal« auf den Weg bringen. Alles gruppiert sich um eine Wiese, nicht um einen Parade- und Aufmarschplatz, nicht um ein ehemaliges Exerzierfeld. Die Weiße Stadt ist eine Stadt inmitten einer Stadt der Schwarzen. Es gibt Menschenschlangen vor Mausoleen, vor dem Original der Unabhängigkeitserklärung, vor dem Museum, in dem die erste Mondfähre ausgestellt ist. Auf den Stufen der weißen Tempel darf man sitzen und rauchen. Der Plan zu Petersburg hat die Festung, das Winterpalais, die Admiralität im Zentrum. Die Stadt entwickelt sich aus der absolutistischen Residenz heraus, als Nebenprodukt der Reichsindustrie, und als sie Stadt wird, ist es schon zu spät. Die Stadt mit dem Grundriß der Aufklärung wird zum Freilichtmuseum.

New York – Petersburg. Beide Städte erscheinen zunächst wie die Fortsetzung des Vertrauten – nur größer, geschlossener, von anderer Dimension. Sie erscheinen als die Stützpunkte der alten in der neuen Welt. Das ist die übliche optische Täuschung. Hinter der Geschlossenheit Petersburgs steht das Reich, New York hat die Neue Welt im Rücken, die nur dort entsteht, wo alle Brücken verbrannt sind. Beide Städte sind etwas, wozu Europa nicht die Kraft oder Macht besaß.

Kasan, St. Louis. Über die 1874 errichtete Eads-Bridge und die St. Louis Union Station mit ihrem viktorianischen Luxus – einst die größte Eisenbahnstation Amerikas – zogen jene weiter, denen es in der Neuen Welt schon zu eng geworden war. Was St. Louis am Mississippi, ist in Rußland vielleicht Kasan, die Hauptstadt des alten tatarischen Chanats, an der oberen Wolga: ein Ort der Grenzüberschreitung, des Hinausgehens ins Unbekannte, des Wiedereintretens in bekanntes Gelände. Beide waren Hauptstädte in ihrem Horizont mit Volk, das sich nur dort sammelt, wo Schiffe anlegen und Züge halten. Der Ort, wo aus Pionieren Stadtbürger werden, die sich Universitäten, Museen und Opernhäuser bauen. Der Bauch, aus dem Genies kommen.

Glückliches Amerika, armes Rußland. Das Unglück Europas ist das Glück Amerikas. Das Unglück Europas ist das Unglück Rußlands – und noch das eigene dazu. Europa versorgt Amerika nicht mit Sträflingen, sondern mit Rebellen, die fortwollen aus den alten Verhältnissen, und Flüchtlingen, die fortmüssen, weil das kleine Europa sie nicht erträgt. Nach Amerika geht man auch aus Verzweiflung, vor allem aber auf der Suche nach einem Weg aus der Verzweiflung. Nach Amerika geht man, um sich in Sicherheit zu bringen, nicht um sich zu verstecken. Nach Amerika gehen die Leute, die ihre Bildung, ihren Horizont, ihr Elternhaus, ihr Handwerk mit sich bringen. Europa nimmt Amerika für lange Zeit einen Teil der Bildungsarbeit ab. Nach Rußland emigriert man nicht, es sei denn, man wird gerufen – als Kolonist, als General, Polizeichef, als Akademie-Mitglied, als Ingenieur und Architekt. Jedes Unglück Europas führt zu einem Aufschwung Amerikas, die Vertriebenen werden zu Pionieren. Man spricht gern vom guten Einfluß Europas auf Rußland, aber Rußland wird in den Wirbel des europäischen Unglücks hineingezogen, und es setzt seine Kultur aufs Spiel, als es sich zum Schutz Europas den Mongolen und Tataren entgegenstellt. Es zahlt Tribut, um überleben zu können. Die

Deutschorden belagern seine Städte. Die Litauer und Polen besetzen seine Hauptstadt. Die Franzosen brennen seine Hauptstadt nieder. Die Deutschen verbrennen seine Schlösser und verschleppen die männliche Bevölkerung in Gefangenschaft und Sklavenarbeit. Sie legen die Industrie, die Schächte in Schutt und Asche. Rußland verliert in der Weltkriegsepoche mehr Menschen, als Amerika durch Immigration gewinnt.

Eisernes Zeitalter: Pittsburgh, Magnitogorsk. Zahlreich sind die Bilder wie das des Starrucca Viaduct von Jasper Cropsey von 1865, das eine bukolische Tallandschaft mit Hirten zeigt, durch das sich ein langer Eisenbahn-Viadukt zieht. Das ist der Anfang der Geschichte von »The Machine in the Garden«. In weniger als einem halben Jahrhundert wächst eine Landschaft aus Eisen von der Ostküste in den Kontinent hinein, ausgefüllt von Gleisanlagen, Depots, Speichern, Getreideelevatoren, Bahnstationen, Eisengießereien, Stahlwerken, Brücken, Kanälen, Tunneln, Schleusen. Keine Tallandschaft mehr, sondern der metropolitan corridor. An der Stelle jungfräulicher Wälder wachsen die Wälder aus Eisen. Pittsburgh heißt »Vulcanus capital«. Die Lebensenergie von mehreren Immigrantenwellen hat sich in Eisen verwandelt. Heute ist es ein Pompeji des Industriezeitalters mit Anlagen, die zu solide sind, um zusammenzubrechen. Man verzichtet einfach auf sie, es ist Raum genug, irgendwo an neuer Stelle etwas Neues zu beginnen. Und es wird auch dann noch Raum sein, wenn das Neue veraltet sein wird. Magnitogorsk arbeitet noch. Die Anlagen des russischen Vulcanus, von Komsomolenthusiasten, Häftlingen des Gulag und den Evakuierungskommandos der Kriegszeit errichtet, müssen weiterarbeiten, das Neue ist nicht in Sicht. Das Eiserne Zeitalter fand in verschiedenen Jahrhunderten statt. Pittsburgh wuchs durch harte Arbeit, Magnitogorsk durch Stoßarbeit. Amerika ist der Kontinent der harten Arbeit, Rußland das Land der Schwerarbeit. Pittsburgh ist eine Stadt mit Problemen in einem reichen Land, Magnitogorsk ist eine Stadt mit Problemen in einem Land, das noch ganz andere Probleme hat.

Brooklyn Bridge. Amerika wartete nicht auf den Eiffelturm. Es begann sein 20. Jahrhundert schon 1883 und eröffnete es mit der Brooklyn Bridge. Es braucht keine symbolische Geste, die demonstriert, was man kann, sondern es baut eine Brücke dort, wo sie notwendig ist: zwischen Manhattan und Brooklyn, um aus zwei Städten eine Stadt zu machen, um die Zirkulation zu beschleunigen, aus reinen Zweckmäßigkeitsgründen. Man muß neben den gebündelten Stahltrossen, an denen die Brücke hängt, stehen, um zu verstehen, daß nun alles möglich wird, wovon das 19. Jahrhundert nur geträumt hat, und daß die Grenzüberschreitung vollzogen ist. Es ist ein grandioses Bauwerk, aber erschütternd ist es vor allem durch die Leichtigkeit, mit der es etwas völlig Neues denkt und ausführt. Die Stadt, die im Schatten der Brückentürme wächst, kann dahinter nicht mehr zurück. Brooklyn Bridge setzt das Maß für die Stadt, die aus ihrem Schatten heraus will.

Downtown, Kreml. Die Anreise in die amerikanische Stadt geschieht über den Highway, in die russische Stadt über die Eisenbahn. Wenn man noch nichts gesehen hat – die Krone der Hochhäuser selbst in der mittelgroßen Stadt des Midwest, die Traube von goldenen Kuppeln auch in der mittelgroßen russischen Stadt, bezeichnen einen Lebensmittelpunkt. Das Zentrum der russischen Stadt ist außerökonomischer, manchmal sakraler Art. Das Zentrum der amerikanischen Stadt ist der Handelsplatz, auch wenn dessen Fassaden gold- und platinfarben glänzen.

Boulder Dam, Fünfjahrplan. Man erholt sich von dem Schock des Naturwunders am Rande des Canyon nur, wenn man sich an etwas festhalten kann, was auch der Mensch vermag. Der Mensch kann, wenn er klug ist, das wildeste Gewässer bändigen. Er tut es an der geeignetsten Stelle, wo er wie ein Uhrmacher nur eine winzige Schraube, eine kaum sichtbare metallische Hemmung einsetzt und so den ganzen Mechanismus in Gang oder zum Stillstand bringt. Er hat es getan an der Stelle, wo der Colorado River sich in die engste Schlucht eingegraben hat. Und er hat das Ingenieurwunder 1931–1935 vollbracht: die kleine Hemmung ist ein Betonriegel, der, mit den Felswänden verzahnt, das Tal aufstaut. Der Blick von der Staudammkrone weckt den Selbstmörder in einem. Der Blick vom Fuße des steil aufsteigenden Damms ist nicht frei von Schwindelgefühlen. Aber es geschieht nichts, außer dem Summen der Turbinen. Für die Arbeiter, die beim Bau umgekommen sind, gibt es ein Denkmal. Der Stil ist derselbe wie bei den Denkmälern, die den Arbeitern von Dnjeproges errichtet wurden. »New Deal« und sowjetischer Fünfjahrplan hatten dieselben Helden der Arbeit, dieselbe Faszination durch die Maschine und weiträumige Planung. Boulder City, dessen Grundriß an eine sowjetische Arbeitersiedlung erinnert, ist auch ein Ort, wo der Traum von der Erschaffung der Welt durch den Menschen geträumt wurde. Die Stadt ist um die Produktionsmaschine herum, auf sie zugebaut, der Betrieb ist das Herz. Wenn er stillsteht, stirbt die Siedlung, die keine Stadt ist. Solche Großsiedlungen gibt es überall in Rußland, im Süden, in Sibirien.

Chrysler Building, MGU. Mendelsohn stand noch bevor, was er nicht ahnen konnte: daß das Chrysler Building einen Zwilling bekommen würde. Doch was ist der Unterschied? Das eine ist eine private Einrichtung, das andere eine staatliche. Das eine hat einen goldenen Art-deco-Helm, das andere jene Haube, die aus der russischen Folklore bekannt ist. Das Hochhaus im Zuckerbäckerstil ist ein Akzent, eine Himmelssäule, die der Generalplan vorgezeichnet hat, Kompositionsmittel des großen Meisters, angestrengtes Ausrufungszeichen, das Paramount Building ist nur die Spitze einer zur Selbststeigerung und Überbietung gezwungenen Stadt. Das Moskauer Hochhaus ist eine Veranstaltung, der New Yorker Wolkenkratzer wächst von selbst. Er wird auch wieder abgerissen, sofern keine denkmalschützerischen oder finanziellen Gesichtspunkte dagegenstehen. Der Moskauer Wolkenkratzer ist für die Ewigkeit gebaut. Die Gebäude, die Leonidow in den zwanziger Jahren für Moskau entworfen hat, wurden in Chicago in den achtziger Jahren gebaut. Pittsburgh University, »Cathedral of Learning«, wurde auf den Moskauer Sperlingsbergen wahr.

Peterhof, Malibu. Peterhof ist das kostbarste Spielzeug der Welt, mit goldenen Fontänen, am Finnischen Meer gelegen, mit Kaskaden, Schirmen, die Wasser sprühen, wenn man das sie umgebende Pflaster betritt. Im Winter liegt Schnee auf Satyrn und Najaden. Peterhof ist der feinste Stoß, den Europa dem alten Rußland versetzt. Malibu ist Gettys Museum mit pompejanischen Fresken, Villen und Evangeliaren, eine Villa, eingebettet in den Duft der Pazifikküste. Die Gärten, Blumen und Skulpturen täuschen. Im Garten Eden hat es keine verbrannte Erde gegeben. Es gibt keine Schlösser, die bis auf die Grundmauern gesprengt, keine Marmorpalais, in denen die Pferde der Sieger von Adjutanten gestriegelt, keine Kirchen, in denen Munitionsdepots untergebracht waren. Keine Landschaften, durch die Panzer gerollt sind. Es sei denn die eigenen des Großen Bürgerkriegs.

Die Zahl der Handtücher, der Luxus der Papierservietten, das Gewicht der New York Times usf. Der Reichtum eines Landes zeigt sich an dem, was durchschnittlich und wie selbstverständlich in Anspruch genommen wird. Es ist überall dasselbe: im Hotel gibt es aus Gründen, die nicht einleuchten, drei bis vier Frotteehandtücher pro Gast; im Fernsehen unüberschaubar viele Programme; bei McDonald's Becher und Servietten, soviel man will; allein die Wochenendausgabe der großen Zeitungen wiegt soviel wie anderswo die Gesammelten Werke eines Klassikers; die Luft wird gekühlt, wo sie zu heiß, und befeuchtet, wo sie zu trocken ist. Alles läuft stillschweigend, geräuschlos mit. Man macht davon kein Aufhebens, aber hinter allen Selbstverständlichkeiten steht die Maschine, die arbeitet, und die Ressource, die zu Ende geht. Die Öffentlichkeit eines Landes, die sich Zweipfund-Zeitungsausgaben leisten kann, ist nicht in Gefahr – außer durch sich selbst. Die Öffentlichkeit eines Landes, die sich selbst die zwei Gramm, die die *Izvestija* wiegt, pro Tag nicht leisten kann, ist bedroht, nicht einmal so sehr durch die Zensur.

Die Revolution von Hollywood / Alphabetisierung. Nirgendwo ist mit Lenins Diktum vom Kino als der revolutionärsten aller Künste so ernst gemacht worden wie in Amerika – ohne Lenin. Die Traumfabrik produziert Mythen und Kitsch, aber sie ist auch die Schule der Wirklichkeitsaneignung. Sie wirkt radikaler in den Köpfen, weil sie ohne Zeigefinger auskommt. Die Institute für Dialektischen Materialismus an den Parteihochschulen, Akademien und Universitäten haben etwas von Beschäftigungstherapie, von Exerzitien, von theologischen Übungen, sie sind etwas Nebensächliches, Unwirkliches. Die dialektische Bewegung der Materie und der Geschichte wird in Amerika ernster genommen, trotz der Selbsteinschätzung als eines idealistischen Landes. Die Presse, ganz Hollywood ist mit nichts anderem beschäftigt als mit Investigationen und der Selbstentdeckung der Gesellschaft, zwar nicht ihrer Gesetze, aber der Zufälle, die vielleicht eine Kette bilden. Amerika investiert in die Dialektik der Selbstaufklärung seine besten Köpfe, das meiste Geld. Mehr Geld für Aufklärung bekam anderswo nicht einmal die Geheimpolizei.

Die Großherzigkeit, die aus dem Raum kommt, »Naivität«. Amerikaner haben ein großes Herz, und sie schließen von sich auf andere. Russen haben im Verzeihen ein großes Herz, obwohl sie keinen Grund zu besonderer Nachsicht haben. Es muß mit dem Großraum zu tun haben. Er sorgt für die Vorstellung, man könne ihnen letztendlich nicht zu nahe treten, auch der Fremde sei nur ein Gast auf Zeit, der Raum werde schon über die begrenzten menschlichen Zwecke triumphieren. Streit von Parteien, Klassen, Gruppen, Positionen – das ist wie Schall und Rauch im weiten Raum. Der große Raum erzeugt eine liebenswürdige Desinformiertheit, eine Weltferne, eine Gelassenheit, die entsteht, wenn es kein anderes Zentrum als die eigene Welt gibt, an die die Aufgeregtheiten nicht heranreichen, die die Europäer so nervös machen und sie schon aus Gründen der Enge dazu zwingen, mehrsprachig zu sein.

Supermarkt, Gedeckter Tisch. Das Zentrum des amerikanischen Reichtums ist nicht der Trump Tower mit dem vergoldeten Portal, sondern der Supermarkt. Dort ist die Durchschnittlichkeit des Wohlstands, an den man sich gewöhnt hat und der die Standards setzt beim Vergleichen mit anderen Kulturen, ausgebreitet. Er garantiert für die reibungslose Logistik des annehmlichen Lebens, und er gehört zu den ersten Einrichtungen dort, wo man sich in der Fremde einrichtet. Das Zentrum des russischen Reichtums ist der gedeckte Tisch, dem man nicht mehr ansieht, wieviel Kraft und wieviel Mühe es gekostet hat, alles irgendwie irgendwo aufzutreiben. Wenn der Tisch gedeckt ist, gibt es keinen Mangel und keine Schlange vor dem Geschäft mehr.

Haus mit Garten, Vertreibung aus dem Paradies. Das Holz- und Blockhaus, wie wir es aus dem russischen Norden kennen, hat in Amerika überlebt. Nicht nur in den Vierteln von San Francisco, die der russische Gouverneur noch angelegt hat, sondern flächendeckend. Man kann diese Holzhäuser noch in Wologda, Archangelsk, Irkutsk, auf dem Museumsareal von Potsdam »Alexandrowka« sehen, in Finnland, dem ehemaligen russischen Großfürstentum. Rußland ist aus seinen Holzhäusern vertrieben worden, Amerika hat daraus eine Industrie gemacht, Rußland wurde in die industriell hergestellte Typenwohnung transferiert, dort sitzt das Dorf jetzt übereinandergeschichtet und träumt seinen Traum vom Garten nur noch am Wochenende oder im Sommer – auf der Datscha. Amerika braucht keine Datscha, weil es selber im Garten sitzt, in einer Hunderte von Meilen sich hinziehenden Suburbia. Es braucht keine Kartoffeln anzubauen, weil es sie jederzeit bekommt.

Kulturpark / Freiluftkino. Der Ort der Harmlosigkeit des Vergnügens ist der »Kultur- und Erholungspark« mit den grün gestrichenen Bänken, den Gipsfiguren, den Militärorchestern und der öffentlichen Aufforderung zum Tanz an den staatsweiten Feiertagen. Das Freiluftkino ist der Ort des harmlosen Vergnügens unter dem nachtblauen Himmel. Die Autos wie eine Herde von Tieren zusammengerückt, auf deren schwarzglänzenden Rücken sich das Geschehen der Leinwand spiegelt, darin aber Menschen, die mit draußen ebenso beschäftigt sind wie mit sich selbst.

Freie Rede, die Kunst des Äsop. Die freie Rede ist weit, es gibt kein verbotenes Terrain, man kann zitieren, anspielen, aussprechen, was man will. Ihre Gefahr liegt in ihrer Erschöpfung, in ihrer Dezentrierung des Wichtigen, in der Verführung zu Geschwätzigkeit und small talk. Sie ist ungezwungen, manchmal auch harmlos. Sie geht immer von sich aus. Die Rede in der geschlossenen Gesellschaft ist schwierig. Sie arbeitet sich durch die Zonen der Tabus hindurch, sie ist gebrochene

Rede, sie ist kaum anmutig, sie muß erfinderisch sein, wenn sie gehört und verstanden werden will. Gebrochene, äsopische Sprache ist immer Schutz des Denkens. Es erfordert Übung, sie von Doppeldenken und Heuchelei unterscheiden zu können. Die Anmut der freien Rede gedeiht dort, wo es keine verbotenen Fragen gibt – weder auf einer Pressekonferenz noch in einer Universität. Die dem Staat abgetrotzte freie Rede bleibt gezeichnet, noch auf lange Zeit ist sie leise, traut dem, was sie jetzt ausspricht, selber noch nicht recht.

Der Bau der eigenen Welt: Das Summen der Klimaanlage. Amerika baut, wo die Natur unzureichend und dem Menschen nicht gewogen ist, einfach die Bedingungen, die man braucht. Technisch kann jeder Ort bewohnbar gemacht werden. Die Intelligenz des tool-making animal brilliert in der Überwindung von sogenannten natürlichen Widerständen. Sie überbietet den Widerstand der Natur spielerisch, nicht durch Kraftaufwand. Amerika hält sich an Benjamin Franklin, nicht an den Geist der Utopie. Für die Bewegung von Erdmassen gibt es die Bulldozer, für das Verlegen der Schienen die entsprechende Maschine. Daher gibt es nichts, was nicht möglich wäre. Amerikas Freiheit wächst aus der Einsicht in die technische Möglichkeit. Städtische Agglomerationen entstehen dort, wo es kein Wasser gibt. Menschen bringen Höchstleistungen im mörderischen Klima. Man braucht nur Wasserleitungen über Tausende Meilen zu verlegen, man braucht nur die gekühlte Kapsel. Das Summen der Klimaanlage ist der Kammerton des voraussetzungsreichen Funktionierens einer Zivilisation, die sich erst zum Thema macht, wo sich die Voraussetzungen nicht mehr von selbst verstehen. Wenn das Geräusch der Klimaanlage erlischt, wird es zu einer Völkerwanderung kommen.

Höflichkeit und Aggressivität: Zwei Formen der Selbsterhaltung. Man kann kein Geschäft machen, wenn man nicht hart und höflich ist. Das Geschäft macht ein Individuum mit anderen. Die Abhängigkeit ist wechselseitig. Wer bei mir nicht kauft, kauft bei einem anderen. Die amerikanische Höflichkeit wurzelt nicht in einer anthropologischen Besonderheit, sondern sie wurde fast zu einer solchen, weil man anders seinen Weg nicht machen kann. Grimmig zu sein, ist der Weg in den Untergang. Es ist das Lächeln der Gesicherten. Das hat die Amerikaner immer so hilfsbereit gemacht. Sie schlossen von sich auf andere. Sie gaben, weil sie keinen Grund zum Geiz und zur Habsucht hatten. Sie gaben nicht aus religiösem Fanatismus oder aus Pflicht, sondern aus eigener Erfahrung und in der Erwartung, daß, wer anderen hilft, nie in Gefahr geraten kann. Es ist das Lächeln der Unabhängigkeit und das

Lächeln der Zuversicht. Aber dort, wo noch die energischste Arbeit nichts ausrichtet, verfällt mit der Lebenskraft auch die freundliche Hinwendung zu den Menschen. Die Aggressivität wird zum Panzer der eigenen Selbsterhaltung und zur Bedingung des Überlebens.

Beef Steaks und Demographie. Nach Europa kamen mit dem Krieg neue Menschen. Die einen waren groß, so groß, wie Amerikaner oder Europäer gegenüber den japanischen Kaufleuten sind. Es kamen auf den kleinen Pferdchen und großen Panzern Soldaten, die mutig, aber kleiner gewachsen waren. Die einen kamen aus einem glücklichen, die anderen aus einem unglücklichen Land. An Rußland gingen corned beef, beef steaks, corn flakes vorbei. Seine Geschichte hat Zäsuren in den demographischen Kurven, in der rein physischen Lebenserwartung, am Wuchs und Körper der Menschen hinterlassen. Es hätte Grund, auch den Verstand zu verlieren, nachdem es Generationen in den Weltkriegsmassakern, in den Hungersnöten, in Genoziden verloren hat.

Die Frau auf dem Bau, die Diva. Man kann natürlich vergleichen: Anna Pawlowa und Mary Wigman, Marina Zwetajewa und Gertrude Stein. Aber die Frau hier und dort ist männlich und gleichberechtigt geworden auf anderen Wegen. In Rußland haben sie ihren Weg aus der Küche genommen auf die Baustellen, auf die von den Kriegen leergefegten Fabrikarbeitsplätze, verschlungen von der unersättlichen, weil so wenig rationellen Ökonomie des Sozialismus. Die Frau ist genauso selbstbewußt hier wie dort. Doch die Herrschaft der amerikanischen Frauenverbände hat etwas mit Marilyn Monroe zu tun, das russische Matriarchat etwas mit dem Verschwinden des Mannes. Die russische Frau tritt an die Stelle des Mannes: Sie feminisiert ganze Zweige der Volkswirtschaft – Bildungswesen, Gesundheitswesen, Erziehung. Sie verrichtet schwere körperliche Arbeit, nicht weil sie sich emanzipiert, sondern weil es nicht anders geht. Zwangsemanzipation. Emanzipation durch Zwang. Der Sieg der Frau nach der Niederlage des Mannes, der in Krieg und Terror dezimiert und geschlagen wurde. Die russische Frau hält die Fäden zusammen, wo alles auseinanderfällt, die amerikanische nimmt sie dem Mann aus der Hand.

Karrieren: Tellerwäschermythos und Säuberungen. Amerikanische und russische Karrieren gleichen sich in vielem. Man muß nicht die Ochsentour machen. Wer die rettende Idee und die Intelligenz hat, die ihm hilft, sie umzusetzen, macht seinen Weg, an den schon Etablierten vorbei. Genauso in Rußland. Die Säuberungen der Stalinzeit sind der Weg am Establishment der alten Revolutionäre vorbei. In den dreißiger Jahren wimmelt es von Leuten auf den führenden Posten, die »nicht gedient« haben, sondern nur vorwärtskommen wollten und schnelle Karrieren machten. Die sowjetische Generation der »Wydwishenzy«, der jungen Aufsteiger der Stalinzeit, hat Karriere aus dem Stand gemacht, Rußland und Amerika waren auf fast barbarische Weise offen, rücksichtslos gegenüber Privilegien, Standesdünkel, etablierten Normen. Sie haben sie umgestürzt. In Europa geht es im Normalfall geordnet zu, unbeweglicher, bürgerlicher, über Rußland/Amerika liegt die Luft der Gnadenlosigkeit, einmal kompetitiv, das andere Mal bürgerkriegsmäßig.

Blue Jeans, Stepanowa, Rodtschenko. Die Blue Jeans sind eine Erfindung der Arbeiterklasse, über die Blue Jeans übt die Arbeitswelt den Anschein einer Hegemonie über die Freizeitwelt aus. Das war eigentlich eine Idee der sowjetischen Arbeiter und ihrer Intelligenz. Ihre Designer haben Arbeitskleidung, Fabrikküchen, Arbeiterwohnungen usf. kreiert – jedenfalls in der Zeichnung, im Entwurf. In Amerika haben sie sich durchgesetzt und von dort aus die mittlere, absichtslose Form gefunden, die ihren Triumphzug um die Welt ermöglicht hat: das praktische Kleidungsstück für jedermann, die Signatur der Zeit, in der die Klassenunterschiede unwesentlich zu werden beginnen.

Verbindlichkeit und Privateigentum. Hinter allem steht der Anwalt, der regelt, wenn es zum Konflikt kommt, in dem man bezahlen muß, wenn man unterliegt. Das Institut des Rechts – ob beim Flugzeugabsturz, bei einer mißglückten Gesichtsoperation, bei der Verzögerung der Ratenzahlung oder der Millionenerbschaft. Alles hat eine Form, feste Kontur. Anspruch steht gegen Anspruch, weil jeder eine Einzelpersönlichkeit ist, dem Recht nach jedenfalls. Man kann schludern nur um den Preis des Ruins. Hinter allem steckt eine Garantie: der Besitz dessen, der aufkommen muß für den Schaden, der entsteht, wenn etwas schiefgeht. In Rußland kann man Ansprüche haben, aber das besagt nichts, wenn es für den Egoismus des Privaten kein Institut und keine Rechtsform gibt. Die harte Form der Bürokratie ist nur die Kehrseite der Formlosigkeit der amorphen Gesellschaft. Und die Bürokratie wird erst dann eine andere, wenn der Egoismus der vielen eine Form gefunden hat.

McDonald's und Peter der Große. Die abgeschnittenen Bärte waren keine geringere Provokation durch den Antichristen Peter als die Zulassung von McDonald's in Moskau. Aber die Frage ist, ob sie sich werden durchsetzen können, ohne daß irgendwann die Rache der Gedemütigten folgt. Es wird schwer genug sein für McDonald's: die

Schlange, die sich vor dem staunenswerten Restaurant bildet, macht den Haupteffekt von fast food zunichte. McDonald's am Puschkin-Platz wird der Sowjetisierung nur entgehen, wenn sein Beispiel Schule macht: Schafft viele McDonald's, irgendwann wird es dann auch wieder Bliny geben.

Elvis Presley / Juri Gagarin. Eine Generation, zwei Helden. Der eine hat dem weißen Amerika entdeckt, daß es Musik und Bewegung im Körper hat, also noch nicht verloren ist, der andere hat mit dem Flug ins Weltall gezeigt, daß das Land trotz der Katastrophe noch Kraft genug hat für die Entdeckung des Weltalls. Beide starben früh. Sie sind Helden eines entwickelten Devotionalienhandels, ihre Geburtsstätten sind Wallfahrtsorte.

Revolutionsexport, Jimi Hendrix, Saisons russes. Die amerikanische Revolution in Europa begann schon in den zwanziger Jahren, in der Vorkriegszeit, aber sie siegte definitiv nach dem Krieg. Ihre Basen waren nicht die Militärstützpunkte mit dem unerreichbar hohen Lebensstandard und mit dem Geld, das alles möglich machte. Ihre Basen waren die Kinos, ihr Medium die Filme, ihr Botschafter ein schlaksiger, jugendlicher Präsident. Die russische Revolution ist in Europa vorerst gescheitert, sie kam über die guten Absichten, Instruktionen, über die Planungen, über die Nivellierung der Eigentumsverhältnisse nicht hinaus. Sie verbarg sich hinter Drohungen mit dem Schuh und hinter Panzereinsätzen und hatte daher keinen Erfolg. Die amerikanische Revolution war sanft und irreversibel, weil Europa aus eigenen Stücken nachgemacht hat, was ihm gefiel: im Design, im Geldverkehr, in der Geschäftssprache, im Autobahnbau, im Fernsehprogramm, in der Lebensform. Alles bewegt sich auf dem neugeschaffenen Terrain – auch die Gegner dieser Lebensform. Rußland und Europa haben eine gemeinsame Affäre gehabt, eine gemeinsame Erfahrung gemacht, die den Beinahe-Suizid einschloß. Die läßt nicht los, solange die Wunden nicht verheilt sind. Aber dann beginnt eine neue Geschichte. Auf Jimi Hendrix wird eine Neuauflage der Saisons russes folgen.

Amerikaner in Paris, Russen in Berlin. Die Reisenden von heute sind die Nachfahren der alten Aristokratie, der russischen wie der neuenglischen plus der Boheme, die an die Akademien oder nach Europa ging. Der amerikanische Reisende bewegt sich in Europa wie zu Hause, es ist sein Territorium, das er sogar formt mit seinem Geld, mit seinen Ansprüchen, mit seinen Reisegepflogenheiten. Der russische Gast ist still, trat zunächst nur in Gruppen und Delegationen auf, er war lange Zeit fast nur Staatsreisender, ob er nun Wissenschaftler,

Theatermann oder Politiker war. Der amerikanische Reisende ist unabhängig, er hat alles, was man braucht, selbst die jungen Leute, die nach Marokko unterwegs waren, hatten keinen Grund zu verzweifeln, die Kreditkarte und die Botschaft halfen, wenn es nicht weiterging. Der Sowjetmensch im Ausland ist in der anderen Welt.

Clockwork Orange, Exekution. In Amerika werden große Verbrechen, in Rußland wurden Großverbrechen begangen. Amerika führt Buch über das Verbrechen in aller Öffentlichkeit, die Kamera ist am Tatort präsent. Sie sind monströs, so unendlich in ihren Perversionen wie die menschliche Seele. Die Akten des Großverbrechens lagern in den Archiven. An den großen Verbrechen bewährt sich der Detektiv und hält sich das Publikum in Spannung, an der Aufklärung der Großverbrechen hängt die Moral und die Zukunft eines ganzen Landes. Bei den einen geht es um Mord und Totschlag, bei den anderen um Exekutionen. Die US-Gangstersyndikate verstehen etwas von politischer Ökonomie, die kriminelle Natur, die es in Rußland zu etwas bringen will, muß sich in politischen Intrigen auskennen. In Rußland mußte man die alte politische Elite massakrieren, um an die Verteilungshebel heranzukommen. Das reiche Land hat viele Plätze zum Reichwerden, das arme Land nur dort, wo die politische Macht, die alles entscheidet, sich kristallisiert.

Rolltreppe, Straßenszene, Reichtum der menschlichen Rasse. Europa, vor allem das aufgeklärte, ist antirassistisch. Es hat nur mit seinesgleichen zu tun: dem weißen Gesicht mit der europäischen Durchschnittsphysiognomie. Die Europäer wollen »die historische Lehre« nicht vergessen. Die einfachste Art, sie zu beherzigen, ist das Bekenntnis, daß alle gleich seien. Doch dann stehen sie auf der Rolltreppe der Moskauer Metro oder gehen durch die Straßen von Los Angeles oder New York und stellen fest: die gleichen Menschen sind schwarz, weiß, rot, gelb, und sie machen die Entdeckung, daß die Welt armselig und langweilig wäre, wenn sie allein von weißen Europäern bevölkert wäre. Sie kommen in ein Land, wo Multikultur Alltag, nicht volkspädagogische Initiative ist. Amerika und Rußland sind bunt und arbeiten am Schwierigsten: am Miteinander-Auskommen von Menschen verschiedener Hautfarbe, wo Europa noch nicht einmal multinational miteinander auskommt.

Ghetto exterritorial, Apathie systemisch. Amerika hat unzugängliche Territorien inmitten seiner Städte. Das ist nicht das Hinüberwechseln in ein »sozial schwaches Viertel«, sondern der Schritt in eine andere Welt, jenseits des funktionierenden Amerika. Da versagen die Maßstäbe, nach denen Gewerkschaften Wohlstand und Armut berechnen. Es ist etwas ganz anderes: nicht Armut, sondern Selbstaufgabe, nicht Unglück, sondern Ausweglosigkeit, nicht Arbeitslosigkeit, sondern außerhalb der Welt der Arbeit und ihrer Kalküle stehen, das ist nicht Zerrüttung der Familie, sondern deren Auflösung, nicht Kriminalität, sondern Gewalt als Lebensform. Es geht nicht um Drogenmißbrauch, den man kurieren kann, sondern um eine Form gesellschaftlicher Selbstdestruktion, eine Stufe der Rebarbarisierung innerhalb des prosperierenden Betriebes. Rußland hat keine Ghettos, hier kann man auf andere Weise verloren sein. Rußland schämt sich des Reichtums und der Armut, Amerika zeigt vor, daß ein Reicher abstürzen, ein Armer aufsteigen kann. Man müßte die Apathie, die eine Gesellschaft lähmt, mit der Bereitschaft zur Selbstzerstörung dort, wo sie sich sozial und topographisch konzentriert, vergleichen. Die Apathie der geschlossenen Gesellschaft und die Selbstdestruktion der Ausgeschlossenen.

Staatszeremoniell, staatliche Liturgie. Die Achtung des Staates für Form, Symbolik, Embleme in Amerika und Rußland – darüber müssen die Europäer manchmal lächeln, weil sie das von sich zur Genüge kennen. Aber es ist gerade nicht Zeichen entwickelter Staatlichkeit, sondern ihrer Abwesenheit oder ihrer Defizienz. Amerika ist eher das Land der Föderation von Kommunen, von der die russischen Anarchisten geträumt haben. Nur in Europa ist der Staat allgegenwärtig, bis in die kleinste Zelle des Gemeinwesens hineinblickend – über den städtischen Kindergarten, das Finanzamt, die Paßbehörde und die Computer. Amerika und Rußland sind ein Kontinent jenseits des Staates, seine Anwesenheit ist im ersten noch nicht nötig, seine Anwesenheit im zweiten ist nur die Imponierhaltung in aussichtsloser Lage. Der Staat, die Bürokratie, die Ämter vermögen nichts.

Permanenzerklärung der Revolution. Die russische Revolution hat stattgefunden, sie war kein Phantom. Sie ist eben dabei, Geschichte zu werden. Aber die amerikanische, von der sich nie jemand erschrecken ließ, ist nicht zum Stillstand gekommen. Sie findet statt, alltäglich, unauffällig, reibungslos, hinter dem Rücken. Sie kann auf Propheten verzichten. Sie ist zu Ende dann, wenn sie Propheten braucht.

Grenzland Europa

Den politischen Umwälzungen im östlichen Europa folgt die Transformation des Raums, in dem sie sich ereignet haben. Nun, da der Eiserne Vorhang weggezogen ist, zeigt sich, was Europa ist: ein Kontinent, der ohne Grenzen nicht leben kann. Über die Demarkationslinie, die von der Ostsee bis zum Adriatischen Meer gezogen war, wächst Gras, aber die Differenz, die sie in den Köpfen der jetzt lebenden Generationen produziert hat, ist noch lange nicht getilgt. Die Mauer scheint ostwärts zu wandern: aus dem Berliner Stadtzentrum an die Oder, oder noch weiter nach Brest. Die Embleme der Teilung der Welt werden abmontiert, aber nur um den Emblemen neu geteilter Welten Platz zu machen. Die Freude über den Sturz der Tyrannen und ihrer Befestigungen ist übergegangen in die Leidenschaft für die Errichtung neuer Grenzanlagen. Nun, da die Zeitschranke, die Ost und West getrennt hatte, niedergerissen ist, können die unterschiedlichen Zeiten erst aufeinanderprallen. Alte Autoritäten sind gestürzt – also bedarf es anderer. Jeder darf sagen, was er will, also darf man auch zum Massaker aufrufen. Auf die große Einheit, die im Kampf gegen etwas zustandegekommen war, folgt nun die Vielheit der Rivalitäten, die sich einstellen, wenn jeder selbst zum Zuge kommen will. Überall gibt es viel zu tun, um die Länder aus dem Ruin herauszuführen, aber nichts scheint so vordringlich wie die Sicherung neuer Privilegien. Die neue Einheit geht einher mit der Verdammung der Vielheit und die Vereinigung der einen mit der Ausgrenzung der anderen, vorzugsweise der Fremden. Im Europa der Selbstbestimmung grassiert die Feind- und Fremderklärung. Die Entdeckung des Eigenen ist ohne die Verdammung des Anderen offenbar nicht zu haben. Die Toleranz, die man so lange gepredigt hat, soll nun nur noch für einen selber gelten. Von Menschenrechten spricht man, weil sie schon wieder in Gefahr sind. Wir sind die Augenzeugen nicht des Verschwindens der Grenze, sondern ihrer Metamorphose. Europa, das entsteht, ist nicht das grenzenlose, sondern eines, das lernt, mit seinen Grenzen zu leben – oder auch nicht.

Die Einfachheit der Großen Grenze

Der Eiserne Vorhang war so einfach, wie der Zustand, den er fixierte, elementar. Das geteilte Europa war übersichtlich. Nachkriegs-Europa ruhte im System der auf Gegenseitigkeit beruhenden Vernichtungsdrohung. Seine Stabilität hing am interkontinentalen Verbund der Raketensilos in Utah und Krasnojarsk und den internationalen Gipfelkonferenzen von Wien und Genf. Nicht die geringste Bewegung war denkbar, ohne daß sie eine Spur auf den Radarschirmen der unterirdischen Zentralen von Omaha und Moskau hinterlassen hätte. Über Touristen wurden Akten geführt, auch wenn sie sich bloß für harmlose Sehenswürdigkeiten interessierten. Die einzigen Subversiven jener Zeit waren die Geheimdienstleute und später die Dissidenten. Nie zuvor ist soviel Intelligenz und Kraft in wechselseitige Feindbeobachtung und Belagerung investiert worden. Die Ökonomien der mächtigsten Länder der Erde haben für die Aufrechterhaltung der Balance gearbeitet, die fähigsten Köpfe der Welt haben sich in der Befestigung des status quo verausgabt. Kriegsgefahr drohte immer dann, wenn es zur leichtesten Verschiebung dieser Balance kam. Aber die menschliche Intelligenz war dem riskanten Spiel gewachsen: der tödliche Schlag blieb aus. Die Zeit, die Europa brauchte, um wieder zu Kräften zu kommen, war gewonnen: die Arbeiter von Stettin und Danzig, die Bürgerrechtler von Prag, die »organischen Intellektuellen« (György Konrád) aus Budapest haben die Chance im Windschatten des armierten status quo genutzt. Sie standen bereit, als mit Waffen allein nichts mehr auszurichten war. Die Demobilisierung konnte beginnen.

Zur wechselseitigen Belagerung hatten Disziplin und Präzision gehört. Das Management des Ausnahmezustandes beruhte auf der Einhaltung von Regeln des Entweder/Oder. Die Grenze, die durch Nachkriegs-Europa ging, war die dem Ausnahmezustand angemessene Grenze. Sie hat unser Leben bestimmt, sie ging mitten durch unser Leben, selbst wenn wir nicht an der Grenze lebten. Sie gab jene Sicherheit, die die zum Äußersten entschlossene Gewaltdrohung eben geben kann. An ihr teilte sich die Welt, die schwarz oder weiß, gut oder böse, frei oder unfrei war. Wir konnten uns im schwierigen Alltag verlieren, aber was unverrückbar blieb, war die Einfachheit jener Grenze. Sie war das Koordinatenkreuz, das den Raum definierte, in dem sich die Kurve zwischen Leben und Tod, Erfolg und Mißerfolg einer Generation eingezeichnet hat. Hier lehnte sich das verfeindete Europa Rücken an Rücken. Der »Eiserne Vorhang« bildete die geheime innere Achse, sein

Rückgrat. Die über die Karte Europas gezogene Demarkationslinie war der genaueste Ausdruck der Neuordnung der Welt, in der alles seinen angestammten Platz gewechselt hatte: Prag war zur Schwesterstadt von Ulan Bator geworden; Warschau wie Peking haben einen »Kulturpalast« in ihrer Silhouette; Ost-Berlin liegt von nun an in Osteuropa, während West-Berlin sich aufmachte, amerikanischer als Amerika selber zu werden. Diese innere Achse ist verschwunden, weil die Welt, die sie nötig hatte, sie nicht mehr braucht.

Die Auflösung des Entweder/Oder

Die osteuropäische Revolution hat die klar gezogene Grenze unterlaufen und den hermetischen Raum zerfallen lassen, nicht eigentlich gesprengt. Die Vermischung von Reinen und Unreinen hat begonnen. Daß es so still vor sich ging, daß sich dort, wo wir gewöhnt waren, nur einen »Block« zu sehen, über Nacht eine neue Staatenwelt einrichten konnte, ist nicht denkbar ohne eine Selbstdisziplin, die Resultat jenes Wissens um das Risiko des nächsten Schrittes war, der nach aller Erfahrung immer auch der letzte sein konnte. Im Entweder/Oder findet sich fast jeder zurecht, in der Grauzone, in der die Geschichte gewöhnlich spielt, bedarf es stärkerer Begabungen. Die ostmitteleuropäischen Revolutionäre waren auf der Höhe der Zeit, sie hatten das Entweder/Oder, das für die Militärstrategen überlebenswichtig war, längst hinter sich gebracht. Sie waren die Meister der Zweideutigkeit. Ihnen war die Bewegung, von der alles abhing, mehr als das Ziel, das sich von selbst verstand – und von dessen wiederholter Proklamation die Lage doch nicht anders wurde. Sie waren Genies der Taktik, noch mehr aber des Takts. Sie haben der Geschichte der politischen Theorie den lebensrettenden Kompromiß der »sich selbst beschränkenden Revolution« hinzugefügt. Sie waren souverän genug, es auch mit den Generälen, den Peinigern, den verhaßten Kreaturen aufzunehmen. Ihr Selbstbewußtsein litt nicht darunter, wenn sie, die ehemaligen Häftlinge und Dissidenten, mit den mächtigen Befehlshabern an einem runden Tisch saßen. Ihre Stärke war nicht eine Vision von der Zukunft, sondern die Bewältigung der Gegenwart. Ihre Tugend hieß Geistesgegenwart. Sie haben den Mächtigen den Weg in den Rücktritt eröffnet und dem Zerfall der alten Ordnung eine Form gegeben. Sie haben das in der Geschichte Menschenmögliche getan: dem Prozeß, der im Gange war, ihre Stimme zu leihen und ihm die Chance abzugewinnen, die sich nach soviel Scheitern endlich bot. Sie haben ein Wunder zustandegebracht: die Entstehung einer neuen Staatenwelt, die nicht aus dem Krieg geboren wurde, und einen »Systemwechsel«, in dem es fast überall ohne Aufstand und Terror abging.

Transit Europa

In dem Europa, das in die Zeit nach der Großen Grenze entlassen ist, ist alles in Bewegung geraten: Das fängt an mit dem Raum, in dem wir leben. Das Verschwinden der Mauer konstituiert einen anderen Raum. Von Berlin nach Wrocław/Breslau sind es jetzt etwas mehr als zwei Stunden Fahrtzeit. Es gibt die Grenze als Zone des angehaltenen Atems, der Einschüchterung, der Umstellung der inneren Zeituhr, der Demütigung durch das Beamtenpersonal nicht mehr. In Hegyeshalom, Cheb und Zgorzelec kann man noch die Ruinen der bürokratischen Reiseerschwerung besichtigen, Helmstedt ist bloß noch ein Parkplatz oder ein schönes Städtchen, von dem nur ältere Reisende wissen, daß er einmal mehr war: Grenzschleuse zwischen den Welten. Der Raum, in dem wir arbeiten, uns erholen, studieren, leben, wird anders – damit auch die Welt in unserem Kopf. Der Tourismus, der etwas erleben will, geht in die nächste Nachbarschaft, nicht unbedingt nach Übersee. Nachdem man New York schon gesehen hat, kann man sich endlich Prag vornehmen. Man ist dort jetzt nicht mehr ausschließlich als Tourist unterwegs, sondern aus Arbeits- und Geschäftsgründen. Das steigert die Ansprüche an ungehinderte und praktische Kommunikation. Die Grenzüberschreitung hat pragmatische Gründe, nicht gutgemeinte: es gibt etwas zu tun. Man lernt sich kennen, unabsichtsvoll, einfach so – beim Einkaufen, Studieren, im Urlaub, auf der Arbeitssuche. Eine exotische Zone, über die böse und sympathische Vorurteile geherrscht haben, löst sich auf, und es bilden sich neue Urteile und Vorurteile – wiederum sympathische und böse.

Es entstehen neue Wirtschaftsräume. Man merkt es auf der Autobahn, wenn Sonntag abends Zehntausende von ostdeutschen Arbeitern sich in den reichen und industrialisierten Südwesten Deutschlands auf den Weg machen, um am Wochenende wieder nach Dresden, Halle oder Görlitz zurückzufahren. Man merkt es an der Entfaltung und Beschleunigung des innereuropäischen Austausches, an den LKW-Kolonnen aus Polen, Skandinavien, Südosteuropa, die auf dem Berliner Ring aufeinandertreffen. Am Kursbuch der Deutschen Bahn läßt sich ablesen, wie die Passagierströme die Richtung geändert haben. Neue Industrieregionen gewinnen Kontur – die Vorboten sind die schwarzen Limousinen der Unterhändler und Manager, die auf den Autobahnen zwischen Pilsen und Wolfsburg, zwischen Wien und Prag, zwischen München und Dresden, Hamburg und Stettin unterwegs sind. Grenzländer werden wieder zu Achsen intensivierten Menschen- und Güterverkehrs. Das feinste Barometer für die Ausbildung des neuen Raumes ist aber wahrscheinlich die Warenzirkulation, die millionenfache Vermittlung von Allerweltsgegenständen, die Bewegung der Händler zwischen St. Petersburg und Berlin, zwischen Istanbul und Odessa, zwischen Posen und Ulan Bator, zwischen Sinkiang und Kasachstan. Die alten Routen – die Bernsteinstraße, die Seidenstraße – werden wieder in Betrieb genommen. Die Staus an der Grenze bei Brest und Grodno zeigen an, daß das Straßen- und Schienensystem dem gesteigerten Bedürfnis nach Austausch längst nicht mehr genügt. Man muß sich etwas Neues einfallen lassen.

Nach dem Fall der Großen Grenze und der Verausgabung der Kräfte, die zu ihrer Aufrechterhaltung nötig waren, scheint Europa erschöpft. Seine Teile scheinen in eine Ausgangslage vor Jalta, vielleicht sogar vor Trianon zurückzufallen. Der ganze Nachkriegszustand, an den Europa sich gewöhnt zu haben schien wie an einen Naturzustand, scheint mit einemmal künstlich und hinfällig. Block-Europa zerfällt in einen Archipel. Regionen driften auseinander. Korridore müssen geöffnet werden, um vom Krieg bedrohte Nachbarschaften aufrechtzuerhalten. Es gibt im Europa, das die Mauer überwunden hat, wieder geschlossene Städte, geteilte Städte, Städte im Belagerungszustand, offene Städte. Die Teilung der Welt verläuft, so scheint es, nun im Spannungsfeld von Rom und Byzanz. Für die einen steht das Abendland wieder einmal auf dem Spiel, für andere gilt als ausgemacht, daß Europa nicht weiter reiche als der Bug. Jeder besteht auf seinem einzig wahren Europa. So grenzt man nach und nach aus, was erst das Ganze macht. Die Großräume sind dahin und mit ihnen die Bewegungsfreiheit. Eine neue Provinzialität greift um sich. Die Bewegungsströme verdichten sich, aber sie brechen auch ab. Die Ostseestrände bei Riga und Reval sind verwaist, die wenigen Touristen aus dem Westen ersetzen die Touristenmassen nicht, die einst aus dem Reich gekommen waren. Die Krim ist, seit sie ukrainisch ist, von den Gästen der Sanatorien und den Institutionen, die es nicht mehr gibt, getrennt. Auf der Promenade von Suchumi detonieren Granaten. Aserbajdschanische und armenische Intellektuelle, die in Moskau eine gemeinsame Sprache gesprochen hatten, überbieten sich in wechselseitigen Exkommunikationen. Der Wirtschaftsraum des alten Comecon hat sich aufgelöst: die Sowjetunion, die einmal Eisen, Öl, Gas geliefert hat, gibt es so nicht mehr, und geliefert wird nur noch für Weltmarktpreise. Die Kraftwerke in Wilna und Tallinn hören zu arbeiten auf. Die Ökonomien Ostmitteleuropas, die auf den westeuropäischen Markt wollen, haben kaum eine Chance. So entsteht ein weites Zwischenreich, übersät von Bankrotten, Krisen, Arbeitslosigkeit, Verzweiflung. In den Strom der Händler-Touristen mischt sich der Flüchtlingsstrom, auf den europäischen Flughäfen und Bahnhöfen tauchen inmitten der neuen Reisenden die neuen Vertriebenen auf.

Die Emblematik der geschlossenen Welt des Ostblocks existiert nur noch als Nachlassenschaft, als Ruine. Die Embleme sind national, wo sie vorher internationalistisch blockübergreifend waren; individuell und privat, wo sie vorher Kollektivsubjekte repräsentierten; identifizierbar, wo sie vorher anonym gewesen sind. Kurz: »das System«, »der Ostblock« existiert nicht mehr. Dort fand man sich zurecht, wenn man sich mit dem System zurechtfand. Jetzt muß man sich in den verschiedenen Ländern, in den verschiedenen gesellschaftlichen Welten zurechtfinden, mit verschiedenen Sprachen, verschiedenen Kulturen. Es gibt noch einen anderen Osten als den Ostblock, und es gibt noch ein Europa, das sich nicht deckt mit dem Wunschbild, das die Europäer sich von sich selber machen. Die Welt beginnt jetzt dort, wo sie früher schon zu Ende war, die Geschichte beginnt noch einmal, wo sie schon zu Ende gekommen schien. Hinter dem »System«, das wir zu kennen meinten, liegt das Neuland, das es erst noch zu entdecken gilt.

Metamorphose der Grenze

Die Grenze verschwand nicht, sie kehrte nur wieder in anderer Form. Sie ist so vielfältig geworden wie die neuen Verhältnisse. Sie ist unsichtbar geworden und lebt nur in der Erinnerung fort, in den Gesten und Gewohnheiten, die ihre lange Genese »von dort« nicht ungeschehen machen können. Sie ist stellenweise zur natürlichen Grenze geworden, die von Sprachen und Bergzügen markiert wird. Aber auch umgekehrt: Grenzen werden gezogen, wo es vorher keine gab. Menschen, die sich an die ungehemmte Bewegung im grenzenlosen Reich gewöhnt hatten, müssen sich nun auf Grenzen, Kontrollen, Übergänge und die damit verbundenen Schikanen einstellen. Grenzen gehen nun durch Familien und Generationen, die bisher schwierig, aber doch in Frieden miteinander gelebt hatten. Die Große Grenze durchläuft alle nur denkbaren Stadien der Verwandlung. Sie wird abgebaut, sie hält niemanden mehr auf, nur den, der nicht das Geld hat, sie zu überschreiten oder den, dem die Papiere verweigert worden sind. Sie bietet keine Hindernisse für alle jene, die auf ihrer langen Flucht weit kompliziertere Hindernisse zu überwinden gelernt hatten. Das Verschwinden der Großen Grenze gibt den Blick frei auf eine Kluft, die nachhaltiger ist als das martialische Bauwerk mit Wachtürmen und Stacheldraht. Europa, das dabei ist, den Todesstreifen zu eliminieren, wird von neuen Todeszonen und Schützengräben aufgerissen. Überall treten Prediger angeblich natürlicher Grenzen auf. An uralten Straßen und Verbindungslinien tauchen moderne Wegelagerer und Banditen, mit Maschinengewehren bewaffnete Rambos auf, Herren der neuen Landnahme und Grenzziehung. Es gehört nicht viel dazu, um im neuen Europa Geopolitik zu spielen. Eine Knarre macht einen in der zivilisierten Welt zum Herrn über Leben und Tod. Überall werden die Zeichen der neuen Staatlichheit aufgezogen oder ausgewechselt. Oft scheint es, als mache die Grenze schon den Staat und als sei die Ausgrenzung der Fremden die erste Bedingung dafür, sich als »eigenes« zu fühlen. Es muß sich um eine schwache Selbstbestimmung handeln, wenn sie von der Ausgrenzung der anderen abhängt.

Kultur der Übergänge. Mit der Grenze leben können

Grenzen sind die Außenhaut von Staaten, ihre Kontakt- und Reibefläche. Sie verraten uns, wohin die Reise geht, auch wenn wir in der Landeshauptstadt noch nicht angekommen sind. Sie sind wie die Staatswesen, die sie nötig haben. Die Stabilität der Grenzanlagen steht in umgekehrtem Verhältnis zu ihrem inneren Gleichgewicht und in direktem Verhältnis zum im Inneren herrschenden Druck. Die Imposanz der Befestigungsanlagen besagt nur, daß das, was sie schützen sollen, hinfällig ist. Ihre Hoheitszeichen sind Drohgebärden oder Verheißungen – je nachdem und je nach Bewegungsrichtung. Diktaturen erkennt man von weitem – an ihren Pforten. Sie verbarrikadieren das Tor, sie verstellen den Durchblick mit Milchglas und Sichtblenden. Sie lassen die Autos, die sich auf den Grenzübergang zubewegen, Slalom fahren. Reisende werden in Kabinen und Verschläge aus Resopal geleitet. Dort wird der Leib von fremden Händen nach Druckwerken abgetastet. Der Gedanke, daß jederzeit etwas passieren könnte, wenn man sich nicht richtig verhält, wird auch dem Sorglosesten implantiert – für die Zeit des Aufenthalts wenigstens. Die Jovialität der Grenzbeamten ist zu jovial, um wahr zu sein. Der rasche Wechsel im Mienenspiel bedeutet, daß sie ganz andere Saiten aufziehen können. Der Grenzgänger aus der anderen Welt ist das einzige Objekt, an dem der ohnmächtige Subalterne seine Macht demonstrieren kann. Der technische Fortschritt auch der zurückgebliebensten Diktaturen zeigt sich zuerst an der Grenze, im Übergang von der handgeschriebenen Kartei zum Computer. Die Grenzöffnung schreckt ab: wer hindurch will, passiert einen Lichtkegel, in dem er geblendet und wie ein Insekt von allen Seiten zu sehen ist; er bewegt sich vorsichtig, denn er könnte ins Niemandsland geraten, in dem Gefahren lauern; er unterdrückt seinen spontanen Protest gegen die Prozeduren der Entwürdigung, da er ankommen möchte. Wie sich die Eingangspforten der einstigen Hemisphäre doch alle glichen! Mit ihrem weißen Licht, mit der Neugier, mit der die Reisenden erwartet wurden, mit dem Geruch aus Lysol und Hausbrand, mit den vielen Schalterfenstern, hinter denen kein Gesicht, sondern eine Maske plaziert war, und den vielen Formularen, die auszufüllen und zu unterzeichnen waren, bevor man eingelassen wurde!

Und doch ist das Andere zur Grenze, die abschreckt, nicht die Grenzenlosigkeit, sondern die Grenze, die nicht mehr als ein Territorium bezeichnet, einen Anfang und ein Ende, die Markierung eines Übergangs. Nicht der kosmopolitische Traum, der immer einer der wenigen ist, ist die Alternative, sondern die Grenze, mit der sich leben läßt. Die Grenze macht den Raum, in dem man lebt. In grenzenlosen oder unbegrenzten Räumen lebt sich schlecht. Die Grenze, auf die wir angewiesen sind, markiert nur den Übergang, den Umschlagspunkt, sie ist Gliederung des Unförmigen und Formlosen. Diese Grenze schreckt nicht ab, sondern ist ein Reiz, der jeder neuen Erfahrung, jedem Abschied und jeder Ankunft eigen ist. Grenzen sind Zeichen des Reichtums an Differenz. Grenze ist die Verpflichtung, für das eigene Haus verantwortlich zu sein und die Möglichkeit, anderswo Gast sein zu können. Die Grenzüberschreitung ist im schrankenlosen Raum ein Unding. Ohne die Erfahrung der Übergänge wäre Europa ärmer. Der Reichtum Europas bemißt sich nach seinen Übergangslandschaften. Sie sind dort, wo man dazugehören kann, auch wenn man nicht die Sprache des Landes spricht. Sie bringen Kunstwerke zustande, die nur dort möglich sind, wo sich etwas mischt: Italiens Architektur und orthodoxe Gläubigkeit etwa. Dort gibt es eine Musik, die aus vielen Strömen zusammengewachsen ist: aus dem Mährischen, Magyarischen, Deutschen. Dort werden Gedanken gedacht, die nur an der »porta orientis« gedacht werden können. In den Grenzlandschaften stehen die Synagogenbauten mit gotischem Kreuzgewölbe und weiße Pavillons vor märkischer Seenlandschaft. An der Grenze liegen die Landschaften, in denen das ungeübte Ohr in der eigenen Sprache schon das fremde unverständliche Idiom vermutet und in denen der Lebensweg eines einzigen Menschen viele Staatsangehörigkeiten durchlaufen haben kann, bevor er zu Ende kommt.

Europa hat die Grenzen, die es verdient. Sie variieren von Grenzdiffusion bis zur Front. Welche obsiegen werden, wird sich zeigen. Aber das wird sich nicht an den Grenzen entscheiden, sondern in den Gemeinwesen, die die Grenzen haben werden, die sie für nötig halten. Wenn wir wissen wollen, wie die Grenzen im künftigen Europa aussehen, brauchen wir nur die Gesellschaften anzusehen, die sich durch sie voneinander abgrenzen. Von Gesellschaften, die mit sich selber nicht fertig werden, ist nicht zu erwarten, daß sie dem neuen, komplexeren Europa gewachsen sein werden.

Ratlosigkeit als Chance

Es fehlt nicht an Themen, die uns buchstäblich bedrängen und uns den Kopf zerbrechen lassen. In Europa, nicht weit von hier, ist Krieg, und es gibt nicht wenige, die wissen, wie man damit umgehen soll. Im Angebot ist so ziemlich alles: Kampf gegen den Fundamentalismus, die Proklamation einer neuen Wahrheit oder einer neuen Moral, die militärische Intervention nicht hier, aber dort; die Abrüstung oder die Aufrüstung, pädagogische Kampagnen zur Bekämpfung der Intoleranz oder des Fremdenhasses; Lehrbücher und technologische Hilfe beim Aufbau einer Marktwirtschaft und Rechtsordnung, Geburtenkontrolle. Und so weiter und so fort. Alles ist gut gemeint. Menschen guten Willens gibt es ziemlich viele. Nur es funktioniert nicht. Vielleicht liegt es auch daran, daß die Antworten gegeben werden, noch bevor die Fragen gestellt sind. Vielleicht taugen die Rezepte überhaupt nicht. Vielleicht ist das Eingeständnis der Ratlosigkeit eine fruchtbarere Position als die der Wissendheit. Das Eingeständnis der Ratlosigkeit stimuliert, die Behauptung, man kenne das Rezept schon, lähmt. Das Optimum einer Diskussion wäre dann nicht, Antworten zu geben oder zu wiederholen, sondern einen Schritt zurückzutreten, vielleicht auch etwas zurückzunehmen von dem, was wir zu wissen oder zu kennen glauben. Die Verwirrung ist der Ausgangspunkt.

Die Intelligenz von Gesellschaften und die Kaputtheit von Öffentlichkeiten. Es gibt vielleicht nicht »die gesellschaftliche Vernunft« im Kollektivsingular, aber es gibt eine Intelligenz und Klugheit in der Gesellschaft, ebensosehr wie Dummheit und Beschränktheit. Intelligenzija ist nicht unbedingt identisch mit gesellschaftlicher Intelligenz. Wenn man nicht »an Gott, Kaiser oder Tribun« appellieren will, dann bleibt nur jene Intelligenz von Gesellschaften mit den Problemen fertig zu werden, die sie selber produziert hat. Transformationsperioden sind Zeiten intensivsten und nachhaltigsten Lernens – auf allen Ebenen, molekular wie im Großverband von politischen und intellektuellen etc. Establishments. Gewöhnlich wachsen auch die intellektuellen Kräfte einer Gesellschaft mit den Herausforderungen, die sie zu bestehen hat. Die

Freisetzung ihrer Kapazitäten, nicht ihre Unterdrückung; die Integrierung, nicht ihre Polarisierung und Antagonisierung; ihr zuzuhören, nicht sie zu marginalisieren oder mundtot zu machen; neue Erfahrungen aufzunehmen, anstatt sich gegen sie abzuschotten; einen Diskurs zu ermöglichen, der die Ressentiments sprengt, anstatt das Ressentiment zu kultivieren – das wären ungefähr Bedingungen der Freisetzung der kreativen und intelligenten Potenzen einer Gesellschaft. Der Nachkriegswesten hat von diesen Bedingungen nicht allzuviel, jedenfalls nicht genug, um auf den Ernstfall einer aktiven Öffentlichkeit vorbereitet zu sein. Parteileute haben mehr zu sagen als parteilose. Das Ressentiment wiegt mehr als die freie Erörterung. Die Diskussionsstrategie ist wichtiger als der Takt. Der Beifall von der falschen Seite ist wichtiger als das Argument selbst. Die Eindeutigkeit von Schuldzuweisungen ist überzeugender als das Aushalten offener Situationen. Die historische Analogie ist wichtiger als das Begreifen der Gegenwart. So kommt es in dieser Welt von links und rechts allenthalben zu Pseudodiskursen und ideologischen Geisterschlachten, zu hoffnungslos überholten Allianzen und lauter schiefen Koalitionen, zu Frontverläufen, die keiner Realität entsprechen. Beispiele dafür gibt es mehr als genug (der sogenannte Historikerstreit in Deutschland oder die Pseudodebatte um den »Dritten Weg« etwa).

Eine intakte Öffentlichkeit löst die falschen Fronten auf und bringt die Koalitionen zustande, die der Sache angemessen sind, eine kaputte polarisiert und antagonisiert sie. Einige machen ein Spiel daraus. Aber das Wesentliche findet nicht statt: die Kristallisierung einer autonomen qualifizierten Öffentlichkeit, die etwas zu sagen hat und sich von der Sache her nicht auf die eine oder andere Seite schlägt, sondern es beim schlichten: »Hier stehe ich und kann nicht anders« beläßt.

Überforderte Gesellschaften und Fluchten aus der Gegenwart. Das Schwierigste ist, zu sagen, was der Fall ist. Es kommt nicht darauf an – in manchen Momenten – die Welt zu verändern, sondern sie zu interpetieren – besonders in Momenten radikalen Wandels. Im Westen hat man Havels »Mit der Wahrheit leben« immer wieder zitiert – es ist bloß Propaganda von Leuten, die selber nicht das Zeug dazu haben, die Dinge beim Namen zu nennen. Das ist viel schwieriger, als moralisch einwandfrei zu sein. Alle sind überfordert, auch wenn es so aussieht, als seien es nur die Intellektuellen oder die Politiker oder die Ökonomen oder die einfachen Hausfrauen. Wer die Dinge nicht benennen kann, sucht Ersatz: in der Vergangenheit, in der Zukunft, in der Moral. Im radikalen Wandel ist die Sprachlosigkeit besonders groß. Das Innehalten, das Schweigenkönnen, das Ertragen der Offenheit ist nicht jedermanns Sache. Dazu braucht man Augen, um zu sehen, und Ohren, um zu hören. Wer aber seine Augen nicht gebraucht und seine Ohren verschließt, hält sich an Ersatzwirklichkeiten. Er spricht »ideo-logisch«, also in Termini der Ideen, nicht der Wirklichkeit. Das ist bequem, dazu muß man nicht viel wissen, nichts Neues lernen. Das ist die immergleiche Welt, auch wenn sie sich bis zur Unkenntlichkeit verändert hat.

Das ideologische Zeitalter – und kein Ende. Peter Benders kluges Buch »Das Ende des ideologischen Zeitalters« ist Anfang der 80er Jahre erschienen. Rechtzeitig also. Aber der Autor wäre verblüfft gewesen, wie sehr er sein Publikum überschätzt hat. Im Ende des alten Zustandes feiert das ideologische Bewußtsein der Welt- und Bürgerkriegsepoche noch einmal fröhliche Urständ. Es ist offenbar die Art und Weise, wie man sich vom alten Zustand verabschiedet, dem man selber mit Haut und Haaren angehört. Der ideologische Diskurs ist allen bekannt: Der wirkliche Sozialismus ist die Erfindung von Intellektuellen, so wie Hitler der Exekutor Nietzsches war. Man hat die Rätsel der Geschichte gelöst, noch bevor man die Menschen, die sie erlitten oder exekutiert haben, überhaupt gehört hat. Die Geschichte des Jahrhunderts, an der Millionen zugrundegegangen sind, wird in eine handliche Abbreviatur gepackt. Man hat die alten Moralen zugrunde kritisiert und kreiert im gleichen Atemzug schon die neue. Die Europäer des 20. Jahrhunderts sind so gesehen alle Idioten, Kretins und Subalterne – nur selbst ist man weit darüber hinaus. Aber schon bei der ersten Probe zeigt sich: nichts ist neu. Es gibt nichts Neues. Das ideologische Bewußtsein wandert weiter – in anderer Montur und unterwegs zu weiteren Geisterschlachten. Nur daß diesmal der Fall wirklich ernst ist: es geht nicht mehr um irgendwelche Ideologien, die man konjunkturmäßig haben konnte oder auch nicht. Jetzt steht der Dogmatismus auf dem Spiel, der aus dem Alltag stammt, und der ist bekanntlich hartnäckiger als der aus ideologischer Borniertheit. Es wird sich noch zeigen, was »die Europäer von heute« denen von gestern wirklich voraus haben.

Ursprüngliche Akkumulation von Erfahrung vs. alte Rezepte. Es geschieht das, wofür es keine Sprache der Begriffe gibt. Begriffslosigkeit ist in Gesellschaften, wo die Monopolisierung und Usurpierung des Sprachgebrauchs Macht bedeutet, soviel wie Machtverlust. Die Wortführer tun sich so schwer mit dem Begriffsverlust wie die Mächtigen mit dem Machtverlust. Er ist für die meisten von ihnen, da sie nichts anderes gelernt haben, eine Katastrophe.

In Wahrheit wird der Verlust der Begriffe weit aufgewogen durch neue Erfahrungen, die nicht schon deshalb unwesentlich sind, weil sie sich noch nicht generalisieren lassen. Neue Erfahrungen sind der Stoff, aus dem dann auch die neuen Begriffe sind. Theoria meint im strengen Sinne ja immer: Anschauung von etwas. Die Erfahrung ist das Ursprüngliche, das nicht aus zweiter Hand kommen muß. Jede politische Generation macht ihre eigenen Erfahrungen, jede Generation schreibt die Geschichte neu. Die Erfahrung des anderen zu bestreiten, ist soviel wie ein Herrschaftsanspruch: der Älteren über die Jüngeren oder der Jüngeren über die Älteren. Einer Generation ihre je spezifischen Erfahrungen streitig machen zu wollen, ist lächerlich und perspektivlos zugleich. Generationenerfahrungen sind etwas anderes als Ideologien. Ein Gemeinwesen, das es nicht schafft, die Erfahrungen der Fünfundvierziger-Generation, der Achtundsechziger oder Neunundachtziger zusammenzubringen, ist in größter Gefahr. Die Denunzierung der Generationserfahrung ist soviel wie: Nichtanerkennung, Verweigerung der Anerkennung, Herrschaftsanspruch. »Chronozid«. Umgekehrt: nur wenn ein Gemeinwesen es vermag, die Erfahrungen der Generationen freizusetzen, wird es stark genug sein, auch in kritischer Situation standzuhalten. Wo dies nicht geschieht, wird es zu Bitterkeit und Verbitterung, zu Subalternität und zu jener Revanche kommen, die sich aus Selbstverleugnung speist.

Gespaltene Welt, die Spaltung der Erfahrungswelten. Eine Welt, die gespalten war, ist eine gespaltene Erfahrungswelt. Literarische Vermittlung ist nur ein Notbehelf, um so mehr als andere Wege und Kanäle der Kommunikation gestört sind. Vertrautheit ergibt sich nur durch Zusammenleben, nicht durch Stippvisiten, durch das Annehmen von Lebensbedingungen, die man zu den seinen macht. Worte, Gesten, Verkehrsformen haben ihre eigenen Bedeutungen. Es gibt keine leeren Formen nur deshalb, weil sie uns fremd sind. Sich auf das Fremde, Unvertraute einzulassen ist schwer, ein Anerkennungsakt, in dem die eigene Toleranzschwelle, der Grad der Zumutbarkeit erprobt wird. Es handelt sich um eine Anerkennungsleistung höchsten Grades, aber Anerkennen hat viel mit Erkennen zu tun, soviel wie Nichtanerkennen mit Herrschaft und Unterwerfung. In Erfahrungen, die nicht die eigenen sind, mitzureden, ist sehr schwer. Aber solche Stimmen sind in der Regel nicht zu überhören: sie sind vorlaut.

Vor aller Rede über Kooperation, Kulturaustausch, gemeinsame politische Kultur liegt das viel Einfachere und Schwierigere: die Leistung der Anerkennung. Aber zu diesem wenigen gibt es viel weniger Bereitschaft als zu einer Sorte von Hilfe, die es ganz besonders gut meint mit den anderen, vor allem aber sich selber meint. Die westlichen Europäer tun sich naturgemäß schwerer als die Osteuropäer, Abschied von der Illusion zu nehmen, sie seien die Träger oder Vertreter des Universalen. Sie sind nur ein Teil, der es durch historischen Zufall besser getroffen hat – nichts weiter. Was von den abendländischen Universalien und Werten bleiben wird – wir werden es sehen im Tumult der Überlebenskämpfe und der Überlebensstrategien.

Das Abenteuer der Zeit: Die Gegenwart. Von allen Zeiten ist die Gegenwart die unkomfortabelste. Sie ist offen, sie ist nicht beendet, sie liegt nicht hinter uns. Wir wissen nicht, was aus ihr geworden sein wird, wenn sie vergangen ist. Über Zukunft kann man spekulieren, sie ist geduldig, sie erträgt Utopien und Visionen – gutgemeinte und apokalyptische. Mit der Gegenwart müssen wir zurechtkommen. Wer zu spät kommt, den straft das Leben ebenso wie den, der zu früh kommt. Die Gegenwart ist unübersichtlich. Die Unübersichtlichkeit zu ertragen, ist eine Zumutung. Daher flüchtet man so gerne dorthin, wo es ruhig ist: in die Vergangenheit, mit der man alles, fast alles machen kann, oder in die Zukunft, die man ungestraft zurechtkonstruieren kann. Zukunft und Vergangenheit sind die Territorien für Ausweich- und Vermeidungsstrategien, Ersatzschauplätze, wenn es in der Gegenwart nicht so recht weitergeht. In Perioden beschleunigter Zeit und Aufregung ist all das nur um so auffälliger. Das Bewußtsein, das den Überblick verliert, findet anderswo seinen Halt – im forcierten Geschichtsbewußtsein und in der aufgeregten Produktion von Zukunftsvisionen. Aber das sind nur Kompensationen für das, was defizitär ist: ein Gegenwartsbewußtsein, d. h. ein Bewußsein in Augenhöhe, auf der Höhe der Zeit, eine Geistesgegenwart, die nicht die Nerven verliert.

Wiederkehr des Raumes: als Regression und Progression. Die Europäer treiben schon längst Geopolitik, auch wenn sie es noch nicht wissen oder nicht so nennen. Sie reisen nach neuen Karten, sie nehmen die kürzesten Verbindungen, sie erschließen sich einen Raum, der ihnen fremd war, sie gewinnen einen neuen Horizont. Das machen die Handelstouristen, die politischen Kommentatoren, die Immobilienfirmen, die Tourismusbranche, die Literaturhistoriker. So unvermutet wie das Ethnische und Nationale aus den Trümmern der Systeme hervorgetreten ist, so auch das Räumliche. Geschichte hat einen Ort, nicht nur eine Zeit. Die ortlose Weltzivilisation ist ein Phantasieprodukt.

Da es in den alten Tagen der »Systemkonkurrenz« keinen Ort gab, den Raum neu oder weiter zu denken, führt die unvermeidliche Rehabilitierung des Raumes zur bloßen Regression in die leere Territorialität der Geographie oder in die ideologisierten Räume der »Passionarität«, des Volksgeistes etwa. Das Denken des zivilisatorischen Raumes, aus dem das jetzige Europa hervorgegangen ist, würde uns viel helfen, zu verstehen, wo wir angelangt sind: in einer Spätzivilisation, die kaum eines der Ausgangsprobleme, derentwegen sie Welt- und Bürgerkriege geführt hat, wirklich gelöst hat.

Transformation ist Krise. Gelassenheit und Hysterie. Europa im Übergang ist ein Europa der Krise, in der alles anders wird, nicht der Rezession, nach der alles wieder so sein wird, wie es war. Gesellschaften, die sich in die Krise gefügt haben, haben ein waches Bewußtsein davon, solchen, die sie ignoriert haben, kommt sie hinterrücks. Gesellschaften, die krisenerfahren sind, entwickeln Umgangssicherheit mit Situationen, die dort, wo die Krise als Weltuntergang empfunden wird, kollektive Hysterien und Panik auslösen kann. Zwischen Ignoranz und Hysterie gibt es etwas anderes: Lernen mit der Krise zu leben, in der die Auswege, die niemand weiß, gefunden werden. Krisen haben ihre eigenen Abläufe, sie verlaufen weder im Rhythmus eines Fünfjahrplans noch einer Legislaturperiode. Es gibt keinen »Zeitplan«, nach dem sie sich richten, sondern einzig nach der Fähigkeit oder Unfähigkeit der darin Involvierten, sie durchzustehen und aus ihr etwas zu machen. Krisen werden nicht dort am besten bewältigt, wo der größte Reichtum ist, sondern dort, wo ein Konsens existiert, daß für alle alles anders wird und die Sicherungen, auf die man zu vertrauen gewohnt war, hinfällig geworden sind. Wenn dieser Konsens zerbricht, haben die Meister der kurzen Prozesse, die Demagogen und Vabanque-Spieler fast gewonnen.

Quasi-Diskurse und Krisenbewältigung. Unter Quasi-Diskursen verstehe ich solche, in denen die Wirklichkeit nicht zu Wort kommt oder nicht beim Namen genannt wird. Darin sind Lehren der Vergangenheit wichtiger als Fragen der Gegenwart. In ihnen geht es oft sehr moralisch zu. Was die Gegenwart ist, wird nicht selten im Analogieschluß gefolgert, der immer schief ist. Der Analogismus ist die Kapitulation vor einer Wirklichkeit, die sich eben nicht wiederholt. In ihnen gibt es meist irgendwelche Drahtzieher und Verantwortliche, die sich leicht identifizieren lassen, und nur selten jene vielen, ohne die die Drahtzieher nur lächerliche Figuren wären. In den Quasi-Diskursen werden alle möglichen Leute verantwortlich gemacht: Marx, Nietzsche, Freud, Lenin, Hitler, Stalin, irgendwelche Meisterdenker, die Aufklärung, »die Moderne«. Quasi-Diskurse erhellen selten einen Fall, eine Konstellation, dazu müßte man in die Lebenswirklichkeit eindringen, die schwer zugänglich ist. Quasi-Diskurse referieren Traditionen und Ideen, die »für etwas verantwortlich« sein sollen, und beschreiben selten die Menschen, die diese Traditionen leben oder jene Gedanken haben. Quasi-Diskurse sind sehr bequem und übersichtlich – nur sie bringen buchstäblich nichts. Beispiele gibt es im Überfluß.

In der Gegenwart leben können oder: Vorlautheit und Revisionismus. Die kritische Zeit ist das »hic et nunc«. Darin bewegt man sich anmaßend oder zurückhaltend, herrschaftlich oder republikanisch, anderen Anerkennung zollend oder sie ihnen verweigernd, zuhörend oder abweisend, Zumutungen zurückweisend oder sich ihnen fügend, richterlich oder mehr von gleich zu gleich. Wie sehr diese Eigenschaften ausgeprägt, in Fleisch und Blut übergegangen oder wie deklamatorisch und äußerlich sie geblieben sind – das entscheidet über das, was einmal die Qualität eines Systems genannt wurde. »Psychologisch« ist daran nur, daß es immer um Menschen geht, aber das ist nicht der Punkt. Letztlich geht es um die Formen und Maße seiner Vergesellschaftung, die frei und autonom oder repressiv und autoritär, offen oder geschlossen, stagnativ oder kreativ sein kann, realitätsblind oder wirklichkeitstüchtig. Was in den Gesellschaften der Transformationsperiode vor sich geht, gibt uns Aufschluß über die Ausbildung der einen wie der anderen Qualitäten: die ganze Skala ist vertreten – vom Initiativgeist bis zum Schlägertum, von der Selbstachtung bis zur Selbstdenunziation. In der Gegenwart leben können, heißt mit anderen auskommen können. Wer das nicht kann, findet dafür schon einen Ausdruck – vorlaut oder revisionistisch.

Die Auflösung der schiefen Koalitionen. Mit links und rechts und ähnlichen Koordinaten kann man nicht mehr viel anfangen. Es ist schon lange ein langweiliges Spiel, an dem alles abgekartet ist. Eine Kultur, die sich auf diesen Gegensatz gegründet hat, wird heimatlos. Aber das ist nur ein Problem für jene, die aus einem »Standpunkt« einen Beruf gemacht haben und die auf die Gegenstände, die ihnen verloren gegangen sind, immer noch nicht verzichten können. Die Kultur der bedingten Reflexe und der fertigen Antworten hat sich erschöpft. Die Linien laufen längst durch die organisierten Körper der Parteien hindurch, wie umgekehrt die bloße Zugehörigkeit zu einer Partei überhaupt nichts bedeutet. Wie immer man die neue Achsenbildung nennen mag: es wird sich um eine Art qualifizierte Öffentlichkeit handeln, die Gewicht hat allein durch das, was sie zu bieten hat.

Zunächst wäre das bloß: die Fragen zu stellen, auf die man die Antworten parat zu haben meint.

Was fällig ist: Selbstverständigung. Die Selbstdemontage Nachkriegseuropas geht unter unseren Augen vor sich. So wissen wir wenigstens, woran wir sind, und lernen, womit wir rechnen müssen. Auf die Klage über den Verlust der Illusion folgt die Desillusionierung, die ein Gewinn ist. Es bedarf keiner Visionen, sondern eines genauen Hinsehens. Selbstverständigung ist für viele, die »Strategien« haben wollen, zu wenig, in Zeiten rasender Beschleunigung und Umwälzung ist das fast das unmöglich Schwierige. Es gibt keine Retter und keine Rezepte, nur Leute, die sich selber helfen und dabei neue Wege auskundschaften. Solche gibt es viele. Überall wird probiert und improvisiert. Es gibt nur ein Programm, nachdem die Programmatiker und Strategen aufgelaufen sind: Durchwursteln. Es ist der humanste und zivilste Weg gegen die Leute mit den kurzen Prozessen und den klaren Fronten. Wenn es etwas Neues gibt, dann entsteht es dort. Kein Meisterdenker nimmt es vorweg. Wir werden es früh genug erfahren, wenn es soweit ist.

Zivilgesellschaft, jenseits der Doktrin

Heute, fast ein Jahrzehnt nach der Wende von 1989, erscheint es fast obsolet, von der Zivilgesellschaft in Osteuropa oder in Ostmitteleuropa sprechen zu wollen. Wer das tut, scheint seine Lektion nicht gelernt zu haben und scheint ein unverbesserlicher Narr zu sein. Viel spricht dafür, daß ein Denken, das auf der Höhe der Zeit sein will, sich eher am Bürgerkrieg als an der Bürgergesellschaft bewähren müßte. Ralf Dahrendorf hat sehr früh auf den Umschlagspunkt von einer emphatisch verstandenen Zivilgesellschaft zu einer eher nüchternen, trivialen, auch bedrohlichen Entwicklung reagiert. »Es ist November 1991. Vor zwei Jahren gingen die Stürme der Revolution über die Länder Ost- und Südosteuropas hinweg und fegten die sattsam bekannte Nomenklatura-Herrschaft von der Bildfläche. Die tiefhängenden Wolken der Welt Breschnews, in der stumpfsinnige Unterwerfung und tristes Elend an der Tagesordnung waren, rissen auf und gaben den Blick auf einen offenen Himmel frei. Doch heute, zwei Jahre später, ist nicht etwa alles in Ordnung. Die Entdeckung, daß viele der alten Parteifunktionäre noch immer auf ihrem Posten sitzen und es sogar geschafft haben, ihr Mäntelchen sofort nach dem Wind zu hängen, um sich unersetzlich zu machen, gehört sogar noch zu den geringsten Sorgen. Die Führer der Revolution, die sich früher in ihrem Ziel einig waren, sind miteinander in Streit geraten; Solidarität verkehrte sich in Zwist, das Forum in eine Arena. Staatsbürger, die gerade erst das Wahlrecht wiedererrungen haben, halten dessen Ausübung plötzlich für müßig und begeben sich in so geringer Zahl zu den Urnen, daß sie nicht einmal ein bescheidenes Quorum zustandbringen. Die wirtschaftliche Lage verschlechtert sich so sehr, daß das Ancien Regime für viele den Glorienschein der ›guten alten Zeit‹ annimmt. Statt einer Civil Society, die triumphierend vor uns ersteht, verführen archaische Stammesbindungen selbsternannte Wortführer zu einem bedrohlichen Hervorkehren von Homogenität. Allgemeine Staatsbürgerrechte, die Unterschiede und Heterogenität anerkennen, bleiben dabei auf der Strecke. Fast überall liegt Gewalt in der Luft«. Dahrendorf weiß natürlich, daß das nicht die ganze Wahrheit ist und daß es vor allem wenig Sinn macht, den ganzen einstigen Ostblock über einen diagnostischen Kamm zu scheren. Freizügigkeit, Meinungsäußerung, Dezentralisierung, Anerkennung der Differenz, Einübung in institutionelle Praktiken – all das hat es je verschieden und in unterschiedlichem Maße ja auch gegeben. Und er tröstet sich mit dem Hinweis darauf, daß »der Einfallsreichtum der Wirklichkeit schon immer größer war als der der Theorie«.

Civil Society als Norm oder als Ensemble der »lebendigen Kräfte«

Civil Society läßt sich nicht importieren – es sein denn, wie im glücklichen Fall einer Besatzung wie in Nachkriegsdeutschland und Nachkriegsjapan –, sie ist kein Modell, das man überträgt oder »per Reformen« von oben nach unten durchsetzt. Sie ist zum Scheitern verurteilt, wenn die Wirklichkeit sich nicht selbst zum Gedanken drängt. Sie ist keine Doktrin. Und sie ist, wie alle Doktrinen, hilflos und zum Scheitern verurteilt. Man bringt Zivilgesellschaft nicht jemandem bei, weil sie eher aus einem Selbstlernprozeß hervorgeht. Man bildet keine Bürger aus, sondern sie wachsen oder sie gehen unter. Autonomie läßt sich nicht in der Retorte herstellen, sondern nur im Ernstfall. Ein System von bürgerlichen Instituten läßt sich nicht transferieren, allenfalls durch Oktroy und starke diktatorische Hand. Wie das geschichtlich ging und was dabei herauskam, läßt sich gerade an der osteuropäisch-russischen Geschichte am besten zeigen: »Gesellschaft als staatliche Veranstaltung«, Aufklärung als Erziehungsdiktatur, ein Land in tiefer Zerrissenheit und einer unauflösbaren negativen Verbindung von Fortschritt und bürokratischer Unterdrückung.

Die These vom Scheitern der Zivilgesellschaft – ebenso wie alles andere Reden vom »Gelingen der Transformation«, der »Umsetzung von demokratischen Reformen« – basiert ja auf der Annahme eines Maßstabes und eines Richtwertes, der offensichtlich verfehlt wird. Es ist die alte Hegelsche Konfrontation der Idee, der die Wirklichkeit (leider) nicht entspricht, und daher um so schlimmer für die Wirklichkeit.

Es hat weitreichende Folgen, die osteuropäische Wirklichkeit durch diese normativistische Brille zu sehen: von Belang ist hier nur, was dem »Schema« entspricht, irrelevant ist, was durch das Raster der normativen Vorgaben hindurchfällt. Es wäre gut, sich über die erkenntnislogischen Folgen dieses Normativismus klarzuwerden: er versperrt uns den Zugang zu allem, wofür es in der Normensprache der reinen bürgerlichen Gesellschaft oder der Civil Society als normative Idee keinen Begriff gibt. Das ist – Gott sei Dank – inzwischen klargeworden, und die Aufkündigung der Gefolgschaft für die normativen Vorgaben deutet auf einen Zuwachs an intellektueller Autonomie im östlichen Europa hin (zum Teil auch auf eine Flucht ins Ressentiment).

Wir haben inzwischen reguläre Wahlen erlebt, die Auswechselung von Regierungen und Personen in festgelegten Verfahrensweisen, ein Mechanismus der Gewaltenteilung hat sich eingespielt, es gibt eine nicht mehr kontrollierte Presse, es gibt Formen des Privateigentums, und gleichzeitig ist die Verteilung von Macht und materiellen Gütern nach wie vor so undurchsichtig, daß man Mühe hat, von einer Zivilen Gesellschaft zu sprechen. Vielen erscheint es nur wie die Fortsetzung der alten Verhältnisse in neuen zeitgemäßeren Formen.

Die Zivilgesellschaft, vorgestellt als Set oder System von Institutionen und Prozeduren, behindert die Wahrnehmung dessen, was geschieht. Die Wirklichkeit ist immer defizient gegenüber der Norm. Es führt weiter, sich freizumachen, die scheinbare Orientierungssicherheit, die in diesem Fixpunkt »Zivilgesellschaft« zu liegen scheint, aufzugeben und sich auf das freie Feld des Studiums der lebendigen Kräfte zu begeben. Civil Society ist keine normative, sondern eine regulative Idee. Sie taugt nicht mehr als die Kräfte, die sie tragen und leben können. Sie ist eine regulative Idee, die uns hilft, eine Heuristik der lebendigen Kräfte ins Auge zu fassen. Es wird sich dann herausstellen, daß es weniger ein Ensemble von System- und Struktureigenschaften ist, das wichtig wird, sondern ein Ensemble von Qualitäten: nicht bloß funktionierende Institutionen, sondern gelebte Routinen; nicht bloß Rechtssicherheit, sondern Umgangssicherheit; nicht bloß funktionierende Staatlichkeit, sondern Lebenkönnen ohne den Staat; nicht bloß soziale Sicherheit, sondern Fähigkeit zum muddling through und Chaoskompetenz. Dies ergibt einen ganz anderen Wahrnehmungs- und Interessenhorizont. In ihm tauchen soziale Charaktere, Figuren, Koalitionen usf. auf, für die es im normativen System keinen Platz gibt – noch nicht.

Civil Society ist daher weiter zu fassen und nicht ausschließlich an das System der Institutionen der bürgerlichen Gesellschaft gebunden; sie ist – schon etymologisch – primär der Antipode zu militaroid und militant sowie zu herrschaftlicher Verfaßtheit. Reden statt Schlagen und Schießen, Kompromisse machen statt kurzen Prozeß; Panikresistenz statt Flucht nach vorn; Konfliktaushalten statt Gordische Knoten durchhauen; Aussitzen statt Dezisionismus. Es waren gerade diese Qualitäten, die den Umwälzungsprozeß in den »nachtotalitären« Gesellschaften bisher im großen und ganzen haben glücklich verlaufen lassen. Was geschieht, wenn wir uns eher auf eine Phänomenologie der »lebendigen Kräfte« einlassen? An ihrer Stärke hängt es letztlich, ob sich das Leben normalisieren und jene Institutionen hervorbringen bzw. tragen wird, die dem angemessen sind. Wie aber ließe sich dieser soziologische Nobody fassen?

Er kommt nicht aus einer bestimmten Schicht oder Klasse, sondern von überall her. Es ist gleichgültig, ob er Kolchosvorsitzender oder Kolchosnik, Student oder Professor, Nomenklaturamitglied oder Marginaler war. In der Auflösung des alten Status ergeben sich Handlungsmöglichkeiten, die wenig mit dem angestammten Platz in der Gesellschaft zu tun haben, sondern vielmehr abhängen von Primärqualitäten: Wachheit oder Verschlafenheit, Originalität oder Weitermachen wie bisher, Rücksichtslosigkeit oder Verhaltenheit, risikobereites Draufgängertum oder Abwarten. Unter den homines novi, in der Konstituierung eines neuen aktivischen Kerns sind alle Berufe vertreten, alle Herkünfte repräsentiert. Ob jemand sich zurechtfindet in den aufgelösten Verhältnissen, hängt an der Intelligenz, Findigkeit, Rücksichtslosigkeit etc., mit der jemand seinen Weg macht und seine Position ausbaut. Die »Karrieremuster« der homines novi würden zeigen, daß es weniger ein einmal gehabter Status als vielmehr rohe, fast anthropologische Eigenschaften sind, die entscheidend sind.

Die Rede soll aber nicht von den wenigen sichtbaren, aber uns doch fast gänzlich unbekannten homines novi sein, sondern von der »Masse«. Alle müssen sich neu einrichten mit einem zweiten, dritten Job; alle müssen neu rechnen, mit ihrem Ein- und Auskommen wie mit ihren Lebensplänen; alle müssen sich ihrer Beziehungen zu ihrem bisherigen Umkreis neu versichern; nichts versteht sich mehr von selbst. Man muß bisherige Arrangements überdenken und vielleicht neue eingehen. Dieser Typ hat begonnen, mit der Unruhe und der Unsicherheit leben zu können. Er hat nicht die Muße und vielleicht auch nicht die Lust, sich mit Politik zu beschäftigen, dafür bringt er in sein eigenes Leben eine neue Ordnung hinein. Er ist vielleicht nicht der Herr über das Ganze, dafür aber über die kleine Welt, die er jetzt für die seine hält und als die seine gestaltet, so gut er kann. Er ist stark durch sein Interesse, und er ist Egoist, der gelernt hat, daß man es am ehesten zu etwas bringt, wenn man an sich selber denkt. Er schätzt die alten Zusammenhänge – der Freundschaften, der Küchen- und Institutsgesellschaften –, aber er weiß längst, daß es an ihnen nicht mehr hängt, ob er durchkommt oder nicht. Ihm stehen jene mit identischen Interessen in mancher Hinsicht näher als jene, die er als Freunde mag. Er entwickelt die Formen, in denen Privates und Nicht-Privates koexistieren können, und er lernt, daß Gemeinschaft und Gesellschaft ganz verschiedene Dinge sind. Er hat nur die Kraft, für sein Eigenes zur sorgen, und daher hat er eine Privatsphäre. Er entwickelt die Formen, in denen sich auch die Fremden begegnen können und in denen die Rivalität und Konkurrenz nicht in einen Krieg ausarten müssen. Er sieht, daß Reichtum etwas sehr Angenehmes und Nützliches ist, und Armut etwas, dem man nach Möglichkeit entgeht – zuerst durch eigene Anstrengung. Er weiß, daß er alleingelassen ist und daß er auf niemanden zählen kann, am wenigsten auf einen Staat, der bankrott ist. Daher macht er sich selber auf den Weg. Sein Grundgefühl ist nicht ein »Urvertrauen« in eine funktionierende bürgerliche Gesellschaft, sondern eine Art Urangst, daß der prekäre Zustand in einen Kampf aller gegen alle umschlagen könnte. Er weiß um die Labilität, um das Provisorische, Ungefestigte. Das bestimmt das Denken, das Sprechen, das Handeln. Er kann sich auf keine Loyalität von Klassen oder Gruppen verlassen, sondern nur auf die Kohäsion, die in Interessenidentitäten liegt. Er kann sich nicht auf die Idenität einer Gruppe beziehen, denn die von ehedem hat sich aufgelöst, und die neue ist noch im Werden. Für ein Vakuum in seinem Kopf hat er keinen Raum, denn er ist seit Jahren beschäftigt mit dem Ausfindigmachen von Auswegen aus aussichtslos scheinenden Situationen. Sein Verfahren ist das des learning by doing. Die technische Innovation ist dabei leichter als die der Modernisierung von Umgangs- und Verhaltensformen. Er weiß, daß alles von einem selbst abhängt – ob man im richtigen Augenblick präsent ist, zuschlägt, zugreift. Er ist hellwach. Er braucht keine Vergangenheit und keine Zukunft, denn er schlägt sich mit der Gegenwart herum und genießt sie, wenn er sie bewältigt. Er hat vielleicht alle möglichen ideologischen Vorstellungen, aber in der Einrichtung seines Lebens folgt er nicht Ideologien, sondern dem, was er praktisch-pragmatisch nachprüfen kann. Sein Bewährungsfeld ist vorerst nicht die politische Gesellschaft, in der sich Leute herumtreiben, die nie etwas anderes gelernt haben, sondern die Grundlegung eines Interessenzusammenspiels ganz im Vorpolitischen. Er leistet die Vermittlungen, ohne die es nur eine bürokratische Vergesellschaftung geben würde. Sein größtes Plus ist nicht die Stärke einer Vision von der zivilen Gesellschaft, sondern seine

Fähigkeit, der Krise standzuhalten, den Alltag zu bewältigen, die Nerven nicht zu verlieren, Zeit zu gewinnen. Sein Desinteresse für alles Politische hat eine starke Seite: daß dort, wo er arbeitet, das Wesentlichere geschieht als im hilflosen Spiel der Intrigen.

Wenn man so auf die Verhältnisse der Übergangsgesellschaft blickt, ergibt sich ein ganz anderes Bild: nicht besser oder positiver, sondern einfach anders, eine andere Dimension und mit einer anderen Fragestellung. Man könnte es stilisierend und kontrastierend so zusammenfassen.

Apathie / Aktivismus: Millionen von Menschen sind hellwach, zerbrechen sich den Kopf, wie sie sich neu arrangieren, sich neu einrichten. Sie sind erfinderisch, weil ihnen nichts anderes übrigbleibt, als sich um sich selber zu kümmern.

Abhängigkeit / Autonomie: Millionen von Menschen haben sich, alleingelassen vom »Staat«, auf ihre eigenen Füße gestellt. Jetzt machen sich die aus sowjetischen Verhältnissen ererbten Qualitäten bezahlt: man muß improvisieren können, man muß im Grunde seine Rechnung immer ohne den Staat machen.

Selbstzweifel / Selbstvertrauen: Millionen von Menschen, denen der Lebenshorizont weggerutscht ist, denen das »Reich« verlorengegangen ist, können ohne diesen leben. Das eigene Selbstbild hängt nicht mehr primär an der Existenz der Großformation. Die Krise des Reiches ist nicht mehr die Krise seiner Bürger.

Ordnungsverlust / Improvisation: Der Verlust der Ordnung ist nicht gleichbedeutend mit dem Untergang im Chaos. »Chaos« ist die Form der Auflösung und Neubildung. Chaos ist der Alltag. Chaos-Kompetenz und Krisensicherheit ist eine Alltagstugend geworden.

Atomisierung / Vergesellschaftung: Die Gesellschaft als »staatliche Veranstaltung« hat sich in tausend Stücke aufgelöst, an ihre Stelle ist eine andere Form der gesellschaftlichen Synthesis getreten: die unsichbare Hand des Marktes, die Austauschbeziehungen auf den verschiedenen Niveaus. Es ist zwar nur eine primitive Form der Vergesellschaftung, aber immerhin eine der Selbstvergesellschaftung.

Verwahrlosung / Formgewinnung: Wo die Sicherungsinstanzen der öffentlichen Wohlfahrt weggebrochen sind, machen sich Verwahrlosung und Brutalisierung breit. Aber gleichzeitig erleben wir eine Restitution der Form: der Form als Selbstschutz, Distanzierung und Selbstverteidigung gegen das Amorphe, Strukturlose, Anomische.

Zerfall des Reichszusammenhangs / Regeneration vor Ort: Der Autonomismus und Regionalismus ist nicht nur anti-zentralistisch und separatistisch, sondern positiv auch: Regeneration von Potential, Verantwortung, Eigeninitiative vor Ort.

Kriminalität / Rechtsförmigkeit: Rechtsformen und Rechtsnormen sind nur so stark wie die Kräfte, die sie garantieren. Für die unmittelbare nachsowjetische Zeit waren Mischformen und eine Grauzone unvermeidlich. Unternehmertum, dem kein Recht entspricht, ist illegal, kriminell. Rechtsordnungen werden nicht nur von oben oktroyiert, sondern sind, wenn sie stark sind, immer auch Prozesse der Selbstgesetzgebung.

»Vakuum« und Werteverlust / Unbefangenheit und Freiheit: Die Erschöpfung des alten Zustandes ist total. Man kann das interpretieren als Vakuum in den Köpfen, in das jetzt alles mögliche einströmt. Aber es hat auch eine andere Seite: eine völlige Unbefangenheit gegenüber allem und jedem – auch das eine Bedingung für neues Anfangenkönnen. Für Außenstehende liegt darin etwas Schockierendes.

Gesellschaftliche Hysterie / Gelassenheit: Im großen und ganzen sind die Brüche der nachsowjetischen Entwicklung erstaunlich ruhig abgelaufen. Es kam zu keinem Zeitpunkt zu einer erfolgreichen Mobilisation in einem bestimmten Sinne. Die vielen »Egos« haben etwas zu verlieren. Sie lassen sich nicht mehr einfach mobilisieren. Die Neigung zur Flucht nach vorn und zum kurzen Prozeß ist in den Etagen der Macht am größten (1991, 1993).

Wenn man dies so sieht, dann werden Erscheinungen »erkenntnisrelevant«, die ansonsten bedeutungslos bleiben. Dazu gehören etwa: die »neue Vergesellschaftung« in den städtischen Zentren; der Boom in Moskau, Jekaterinburg, Krasnojarsk und andernorts kann nicht einfach durch den Nomenklatura-Kapitalismus erklärt werden; die langsamen, aber mancherorts auch erstaunlich raschen Veränderungen in den Regionen (Herausbildung lokaler Intelligenzen, spezifisch lokale Wege der Konflikt- und Problemlösung, Blüte des lokalen Zeitungswesens, Öffentlichkeit); die internationale Vernetzung und Wiedereingliederung in den Weltmarkt und deren auch kulturelle Folgen. Wie läßt sich der kulturelle und ökonomische Effekt messen, der in der Etablierung von Handelsbeziehungen und Wegen durch Hunderttausende von »Ameisenhändlern« und Tschelnotschniki im letzten Jahrzehnt liegt? Das entscheidende Problem liegt dann auf einer ganz anderen Ebene: nämlich in der Frage, wie der Prozeß der Konsolidierung dieser Basisaktivitäten verläuft? Welche Formen werden sie hervorbringen und brauchen sie, um sich eine politische Form zu geben? Wann wird dieser neue Unterbau einen ihm entsprechenden Überbau gewinnen (das klingt freilich sehr gradualistisch, schematisch, aber ist immer noch besser als eine ohnmächtige politische Nomenklatura durchzufüttern und auf deren Reformbereitschaft zu warten) und eine politische Klasse generieren, die unter den neuen Verhältnissen groß und reif geworden ist?

Es sind im wesentlichen diese Eigenschaften, die den weitgehend nicht-militanten, nicht-militaroiden Prozeß der nachsowjetischen Gesellschaftsentwicklung ermöglicht haben. Es besteht kein Grund für die Annahme, daß sie diesen Prozeß nicht auch in der nächsten Zeit tragen könnten. Das, was man euphemistisch-normativ als den »Übergangsprozeß« bezeichnet, ist abgeschlossen. Was man nüchtern-empirisch analysieren müßte, ist die Selbstbewegung der russischen Gesellschaft entsprechend ihrer gegebenen Voraussetzungen. Das Gebot der Stunde wären Rußland- und je spezifische Länderstudien und nicht eine allgemeine Transformationstheorie.

Generierung, Regenierung der Träger der Zivilgesellschaft

An der Kurzatmigkeit der Beurteilungen – so oder so: Zivilgesellschaft einmal als Religion, zum anderen mal als Fehlanzeige – hat einen gewissen Anteil, daß die Verhältnisse der Gesellschaft sowjetischen Typs fast ausschließlich aus komparatistischer Perspektive, »im Vergleich zum Westen«, analysiert wurden. Der Osten erschien in dieser Perspektive als systematisch defizient. Die komparatistische Perspektive bringt nicht nur das Problem ihres eigenen Werthorizonts mit sich, sondern sie hat meist auch ein kurzes Gedächtnis. Vielleicht hat es auch mit einer Fixierung auf den Sonderfall deutsche Gesellschaft zu tun. Man kann nicht über die Entstehung oder die Genese der bürgerlichen Gesellschaft in den postsowjetischen Gesellschaften reden, ohne vom Untergang der bürgerlichen Gesellschaft in dieser Region zu sprechen und von den spezifischen Bedingungen ihrer Neubildung oder Regeneration. Diese Untergänge sind sehr verschiedener Art, in Rußland anders als im östlichen Mitteleuropa. Sie haben verschiedene Ursachen, eine verschieden lange Dauer und unterschiedliche Formen und Konsequenzen. Das russische Bürgertum, ohnehin von schwacher Konstitution, ist in der Umwälzung der ersten drei Jahrzehnte dieses Jahrhunderts untergegangen. Man möchte fast sagen: spurlos. Es ist nicht nur eine soziale Klasse, sondern ein Stück Arbeitskultur, Öffentlichkeitsformen, Weltbild und Weltzusammenhang damit gemeint. Es gibt in Rußland keine zivilgesellschaftliche Kontinuität, die über die revolutionären Brüche hinwegführen würde. Was sich an »Bürgerlichem« in der späten Sowjetunion einfand, war Neubildung, Resultat eben jener Umwälzung, wenn man so will, eine Bourgeosie oder ein Bürgertum oder eine zivile Gesellschaft neuen Typs. Diesen Prozeß haben aber bekanntlich nicht nur interne Prozesse beeinflußt, sondern äußere, vor allem der Zweite Weltkrieg, der den Prozeß der Generierung einer neuen Klasse zurückgeworfen und die nachgewachsenen Kräfte existentiell dezimiert hat. Für Ostmitteleuropa gilt dies in etwas anderem Sinn. Das hängt zusammen mit der kürzeren Dauer. Und es sind hier vor allem externe Faktoren gewesen, die zur Zerstörung des einheimischen Bürgertums beigetragen haben, vor allem die deutsche Herrschaft in Ostmitteleuropa, die die bürgerlichen nationalen Eliten – mit ihren starken jüdischen und deutschen Beimischungen – dezimiert, ja ausgelöscht hat. Was der sowjetische Kommunismus vorfand, war nur noch der Schatten eines Bürgertums. Doch hier konnte die Neubildung von Elementen der Bürgergesellschaft immer mit Spurenelementen und Restbeständen rechnen, bezog daraus sogar einen Teil ihrer Überzeugungskraft. Man denke hier nur an die Rolle der »großen alten Männer und Frauen« in der tschechischen, polnischen, ungarischen Dissidenten- und Bürgerrechtsbewegung, die in ihrer Person den geschichtlichen Bruch intellektuell und kulturell überbrücken halfen. Es ist also an der Zeit, die Diskussion über die Geburt der Zivilgesellschaft in eine geschichtliche Perspektive zu rücken und aus der irreführenden Wahrnehmung des Ost-West-Vergleichs, die die Teilung der Welt noch einmal gedanklich reproduziert, herauszuführen.

Die Farbe des Blutes und die Wiederkehr des Kriegers

Vor fast genau einem Jahr trafen wir uns hier in Moskau zu einer Konferenz. Sie tagte, während das Weiße Haus belagert war und wir sehnlichst wünschten, daß ein Kompromiß, ein friedlicher Ausweg aus der Sackgasse gefunden würde. Es kam anders. Das Hotel »Ukraina«, in dem ich wohnte, wurde zunehmend von Soldaten besetzt, die Panzer feuerten auf das Weiße Haus. Bei einer Fahrt im Zug nach Nishni Nowgorod bemerkte ich etwas, was ich zuvor nie in Rußland bemerkt hatte. Soldaten kontrollierten die Abfallbehälter im Waggon. So weit waren wir also: wir hatten mit terroristischen Anschlägen zu rechnen, mit Scharfschützen, mit dem Einsatz von schweren Waffen mitten in einer Stadt, deren U-Bahn weiter funktionierte, als wäre nichts geschehen. Es war eine Tragödie im bisher so sehr von »political bargaining« und erstaunlichen Kompromissen gekennzeichneten Weg Rußlands heraus aus der geschlossenen Gesellschaft.

Für mich war das Ereignis damals so etwas wie eine unsichtbare Schwelle, die überschritten wurde, markiert durch die Gewaltrhetorik des Desperado Barkaschow und die rote Farbe des vergossenen Blutes. Es war der Einbruch der Sprache der Desperados und der Farbe des Blutes in den öffentlichen Raum. Nach Moskau, das vorwiegend grau oder lehmfarben war, kehrt das ganze Farbenspektrum zurück: die grellen Farben der Reklameschilder – und die Farbe des Blutes. Das bedeutete für mich, daß eine Gesellschaft, in der die Gewalt bis dahin vorhanden, aber unsichtbar gewesen war, den öffentlichen Raum betreten hatte. Es bedeutete für mich, daß die Sprache der Gewalttätigkeit, die verschwunden war, wieder zu hören war. Der totalitäre Staat exekutiert im stillen, im Dunkel, er verwischt die Spuren, er verbirgt sich vor den Augen der Öffentlichkeit. In der geschlossenen Gesellschaft fließt kein Blut auf öffentlichen Plätzen. Hunderttausende können beseitigt werden, ohne daß die Gesellschaft es zur Kenntnis nehmen muß. In der offenen Gesellschaft werden die Konflikte, wenn sie anders als militant nicht beigelegt werden können, in einer Öffentlichkeit ausgetragen, die zur Arena wird – vor aller Augen und als Life-Übertragung und Reality-TV im Fernsehen. Nun hat sich alles geändert: Der Krieger war wieder aufgetaucht, inmitten der Stadt.

Die Transformation der Nachkriegsordnung und die Metamorphose der Gewalt

Die europäische Nachkriegsordnung, die soeben zu Ende gegangen ist, kann einem im nachhinein als politisch-militärisches Gesamtkunstwerk zur Bändigung der Gewalt erscheinen. Die Zerstörungsenergien der reichsten Länder der Welt waren gegeneinander gerichtet. Ganze Volkswirtschaften standen im Dienst der Drohung und Abschreckung. Finanzielle Mittel von astronomischen Ausmaßen wurden in die Technologien der Zerstörung investiert mit verhängnisvollen Folgen für die zivile Reichtumsproduktion ebenso wie für die geistige Kultur. Was den Raketen zugute kam, fehlte den Bürgern. Das Genie, das Organisationstalent und die Intelligenz ganzer Nationen waren über Jahrzehnte vom »militärischen Auftrag« okkupiert und absorbiert. Ich habe keine Rechnungen angestellt – aber gewiß übersteigen die Militärhaushalte, die in die Aufrechterhaltung der Abschreckung, d. h. in die organisierte Gewaltandrohung investiert wurden, Marshallplan und Entwicklungshilfe für die Dritte Welt um ein Vielfaches. Dies alles, um einen status quo zu fixieren, der seit dem Beginn des Kalten Krieges zwischen »Freier Welt« und »Ostblock« erreicht war.

Wie sah die Gewalt der Nachkriegszeit aus? Gibt es eine Phänomenologie des Kalten Krieges? In der europäischen Region, an der Demarkationslinie zwischen Ost und West war die Gewalt in der Regel gebannt durch die Risiken der gegenseitigen Vernichtung: die Gewalt entlud sich unter Duldung der je anderen Seite – so war es 1953 in Berlin, 1956 in Budapest, 1968 in Prag. Oder sie entlud sich an der Peripherie, wo die unendlich kostspieligen Stellvertreterkriege ausgefochten wurden, die es in dieser Form nur gab, weil es Supermächte gab, die ihnen Bedeutung gaben: ob im Nahen Osten, im Süden Afrikas, in Vietnam und Laos, im Jemen oder in Äthiopien. Europa war sistiert und sediert durch ein fein gesponnenes und doch wirksames Netzwerk von Aktion und Reaktion, von flexible response, von Einschüchterung und Abschreckung, flankiert von allerlei Verträgen, Abkommen, Absprachen. Am Ende stellte sich heraus, daß die beiden

Seiten Gefangene ein und derselben Lage waren. Es kam zu Zwischenfällen, insgesamt blieb das waffenstarrende Gleichgewicht des Schreckens aber intakt. Dieses Kunstwerk des Kalten-Kriegs-Friedens basierte auf der größten Waffenanhäufung der Geschichte, einer Gewalt, die jederzeit entfesselbar war. Es ist nicht dazu gekommen, wir müssen dafür dankbar sein, aber dürfen den Preis nicht vergessen: Die Militarisierung der Welt, der Nationalökonomien, des Denkens, die zur vollständigen Erschöpfung wenigstens des östlichen Blocks geführt haben. Die Gewaltpotentiale des Nachkriegs, sind sie einmal entfesselt, verlieren ihre Berechenbarkeit, ihre stromlinienförmige Eleganz, ihre computerhafte Genauigkeit. Der Krieg der neuen Desperados und Freischärler zeigt wieder das ganze archaische Gesicht der Gewalt, aus der sich jede Gesellschaft immer neu herausgearbeitet hat: Archaische Gewaltformen wie Vergewaltigung, Kastrierung, Blendung, Greueltaten, Zerstückelung. Vertreibung, Pogrom, Verbrennung, Blutrache.

Es ist mit 1989 – aus welchen Gründen auch immer – gelungen, die Auflösung eines Herrschafts- und Unterdrückungszusammenhangs ohne Krieg über die Runden zu bringen; es ist gelungen, einen Reichszusammenhang zu überführen in einen Verbund autonomer und selbständiger Staatsgebilde – ohne daß es automatisch zu Kriegen zwischen dem Reichszentrum und den neuen Staaten gekommen wäre. Es ist vor allem im großen und ganzen gelungen, im Zentrum des ehemaligen Reiches den Ausbruch des Bürgerkrieges zu vermeiden. Die Konflikte entzündeten sich an der Peripherie, in Georgien, Armenien, Abchasien, Tadschikistan mit allem was dazu gehört: Pogromen, Massakern, Bürger- und Bandenkriegen, Flüchtlingsbewegungen. An die Stelle des strukturellen und meist in Latenz bleibenden Gewaltzusammenhangs des ehemaligen Reiches ist die punktuelle, manifeste Militanz getreten. Das große Gewaltpotential hat sich aufgelöst in vagabundierende Gewaltszenen.

Auf die Frage, warum es an einigen Punkten zu offener Militanz gekommen ist, während es anderswo bisher bei »political bargaining« geblieben ist, muß konkret analysiert werden. Generell würde ich sagen: Überall dort, wo es keine politischen Eliten gegeben hat, die dem Transformationsprozeß eine Vermittlung geben konnten, ist es zum Ausbruch der Gewalt gekommen. Oder anders gesprochen: Jugoslawien ist überall potentiell möglich, aber es muß nicht überall eintreten. Wenn es eingetreten ist, dann m.E. nicht aus irgendeinem »Nationalcharakter«, aus irgendeiner »geistigen Tradition« usf., sondern weil sich aktuell, gegenwärtig nicht jene Kräfte, jene »Elite« gefunden hat, die den vorhandenen Konflikten eine zivile Form geben konnte. Explosionen der Gewalt gab und gibt es überall da, wo die Reorganisation des Gesellschafts- und Staatsganzen »außer Kontrolle« gerät. Das ist überall möglich, und das Wissen um diese Möglichkeit diszipliniert. Die Angst vor dem Bürgerkrieg und dem Chaos selbst ist eine Kraft, die stabilisiert. Nur wer die Angst vor dem Bürgerkrieg verloren hat, wagt es, die prekäre Balance, das dynamische Gleichgewicht der Transformation zu zerstören. Die Frage ist daher: wer sind die Kräfte, die die Angst vor dem Bürgerkrieg verloren haben? Wer nimmt das Risiko auf sich, den schwachen gesellschaftlichen Konsens des »Bürgerfriedens« aufs Spiel zu setzen?

Eine vorläufige Antwort: Es sind am ehesten Leute, die alles verloren haben oder glauben, sie hätten schon alles verloren; Leute, die glauben, es gebe für die komplizierte Lage einfache Antworten und man könne den langen Prozeß der Regeneration der Gesellschaft durch »kurze Prozesse«, »rotgardistische« (oder auch braune) Attacken abkürzen. Leute, die nicht selbst die Aufbauarbeit auf sich nehmen, sondern immer nur auf der Suche nach Sündenböcken für das »Chaos« sind. Nur in einem solchen Milieu entsteht die Rücksichtslosigkeit, die Entschiedenheit, die »grandiose Simplifikation«, die man braucht, um den Schritt zur Gewalt zu tun. Wenn die Gewaltbereitschaft größer wird als die Angst vor der Gewalt, kippt die gesellschaftliche Situation um.

Die sowjetischen Bürger haben soviel Gewalt in diesem Jahrhundert erfahren, wie kaum eine andere Nation – von außen und von innen, als Angriff und als Selbstdestruktion. Auf dem Hintergrund der staatlichen Gewaltentfaltung ist die Gewalt von heute eine neue Erfahrung: es ist weniger die staatliche Gewalt, sondern eher die Ohnmacht, die beunruhigt; man ist weniger von der Autorität der Staatsmacht beeindruckt als von deren Verfall; man hat weniger von den Organen der Macht zu fürchten als von den Exekutionen privater Banden. Die Privatisierung des staatlichen Gewaltmonopols – und Hobbes hatte den Staat grundsätzlich als Organisation zur Verhinderung des Kampfes aller gegen alle, also des Bürgerkriegs bestimmt – geht der privaten Aneignung der ehemals staatlichen bzw. gesellschaftlichen Reichtümer parallell. Survival of the fittest erweist sich im struggle for survival.

Die Wiederkehr des Kriegers als gesellschaftlicher Typus

Im Europa vor fünf Jahren war nicht vorstellbar, daß Konflikte remilitarisiert würden, in denen es buchstäblich »um nichts ging«, und daß ein Typus die Bühne betreten würde, der durch die europäische Geschichte in diesem Jahrhundert – und sie war für Generationen eine Kette von Gewalt, von Massakern, Deportationen und Zerstörung – fundamental dikreditiert war. Der Typus des Kriegers. Wie soll man ihn charakterisieren?

Es ist nicht, oder jedenfalls nicht in der Regel, der Soldat von einst, der Angehörige der Streitkräfte, der demobilisiert wird, sondern eher der Zivilist, der an den neuen Lebensumständen scheitert. Der postmoderne Krieger wird geboren nicht im Zerfall der alten Armee, der er oft nicht einmal angehört hat, sondern im Zerfall der Lebensordnung, mit dem er nicht zurechtkommt. Die Neueinrichtung des Lebens unter den veränderten Umständen ist schwierig, sie verlangt Anstrengungen, vor allem aber Arbeit. Arbeit ist schwierig, der Griff zum Gewehr ist einfach. Wer arbeitet, kann von seinem Einkommen nur schwer überleben. Für Arbeit muß man Kenntnisse oder Fähigkeiten haben, für die Handhabung eines Gewehrs reicht Rücksichtslosigkeit. Wer ein Gewehr in der Hand hat, kann jene kommandieren, die für ihn arbeiten oder sich Ergebnisse deren Arbeit aneignen. Der Weg der Gewalt ist der einfache, der Weg des Sichzurechtfindens und des Aufbauens ist langwierig. Für den Aufbau braucht man Konzept, Intelligenz, für die Ausübung eines Kommandos sind ganz andere Qualitäten und Kompetenzen gefragt.

Es gibt eine Kultur des neuen Kriegers und eine neue Ökonomie des Kriegers. Sie sind mit modernen Waffen ausgestattet und haben internationale Verbindungen, sie erheben Tribut von denen, die sie erpressen. Sie interessieren sich für Städte nur, sofern sie strategisch wichtig sind und Basen für ihre Operationen hergeben. Sie brauchen keine Idee oder Ideologie – sie werden benutzt nach Belieben. Das Schicksal der Zivilisten ist ihnen gleichgültig, und ihr Ehrenkodex ist der von Heckenschützen. Im besten Fall spielt er sich auf als Robin Hood, im schlimmsten Fall als Marodeur. Ihm geht es gut, weil er die Gewehre kommandiert. Er ist ausgestiegen aus der Welt der Arbeit, des Handels. Er ist maßlos, weil er nicht weiß, was Dinge wirklich wert sind. Menschenleben gelten wenig, weil man sein eigenes Leben bereits weggeworfen hat. Das Ethos des postmodernen Kriegers ist das Ethos des Räubers, der sich manchmal in historischen Monturen maskiert, meistens aber in Adidas- und Reebok-Turnschuhen einhergeht und sich über walkie-talkies verständigt. Was er als erstes beschlagnahmt, ist das Videogerät und sonstige Elektronik. Seine Ikone ist der Körper von Rambo und Schwarzenegger. Er hat keine Überzeugungen – weder nationale noch internationale –, sondern folgt dem, der am meisten gibt. Seine unternehmerischen Fähigkeiten gehen in eine Kriegsökonomie neuen Typs, die auf Erpressung und Enteignung basiert. Er bedient sich aus den Arsenalen der alten Armee, wenn er Zugang dazu hat. Und er erweitert seine Gefolgschaft durch Angehörige der alten Armee, die den Weg zurück ins bürgerliche Leben nicht gefunden haben

Der Typus des Desperados siegt, weil er tut, was niemand für möglich hält – er beutet das Überraschungsmoment aus. Und am überraschendsten für die zivilisierte Welt ist immer noch eine Gewalt, die ziellos, willkürlich ist. Die Panik und die Hysterie sind seine besten Bundesgenossen. Was ihn am meisten trifft ist, wenn es jemand wagt, Widerstand zu leisten. Denn er hat sich daran gewöhnt, daß dort, wo er auftritt, Furcht herrscht und man sich ihm fügt. Er hat keine Idee und keine Grundsätze, er ist kein Held. Sein Operationsfeld ist die gesellschaftliche Anomie, sein Verbündeter ist die Widerstandslosigkeit, wenn nicht Feigheit der Bürger.

Wir erkennen im postmodernen Marodeur einen Typus wieder, den es schon einmal gegeben hat – mit bezeichnenden Unterschieden.

Der Krieger als Held: Exkurs in die euphorische Geschichte der Militanz

Im Europa, das die Katastrophen noch vor sich hatte, kann der Krieger noch als Held ausgemacht werden – ein Held, der den Bürger und den Arbeiter in den Schatten stellen sollte. Die Gewalt war für Georges Sorel und Vilfredo Pareto das Medium der Neuerschaffung einer alt und müde gewordenen Welt, so wie die Bourgeoisie selbst zuvor kraftvoll, rücksichtlos und gewalttätig ihre Welt geschaffen hatte. Der Mythos der Gewalt und sein Held wurden geboren nicht in der Revolution, sondern im Krieg, der der Revolution vorausging. In den »Stahlgewittern« des Ersten Weltkrieges und in der »totalen Mobilmachung« der totalitären Systeme. Seine Konturen sind formuliert worden von Vertretern der Elite des alten Vorkriegseuropa. Der Krieger ist einer der Hauptrepräsentanten einer »heroischen Moderne«.

Auch damals war eine Ordnung zugrunde gegangen, »die Welt von gestern« (Stefan Zweig). Der Krieg wurde nicht als Verhängnis und Katastrophe, sondern als Befreiung, als Bewährung des Männlichen, als Demonstration der Vitalität gegen die überlebten Formen der bürgerlichen Welt verstanden und propagiert, während umgekehrt die soziale Auseinandersetzung in Kategorien des Krieges interpretiert wurde. Georges Sorel: »Der Streik ist eine Erscheinung des Krieges; und wer sagt, daß die Gewalt ein Zwischenfall sei, der bestimmt sei, aus den Streiks zu verschwinden, macht sich mithin einer schweren Lüge schuldig. Die soziale Revolution ist eine Erweiterung jenes Krieges«. Das war gerichtet gegen den verweichlichten, verbürgerlichten europäischen Sozialismus. Die Sorelsche Apologie der Gewalt betraf nicht bloß eine politische Strategie, sondern drückte ein Lebensgefühl der Zeit aus, in der die Ideen des Bürgertums sich selbst desavouiert und ihre Bindekraft verloren hatten. Man wartete auf einen Übermenschen, der die kleinen Verhältnisse umstürzen sollte – auf den Krieger.

Der Zug an die Front war gleichbedeutend mit dem Ausbrechen aus der Enge der Routine und der erlebnisarmen Arbeits- und Angestelltenwelt, als die Wiederentdeckung einer Form der menschlichen Existenz, die durch die bürgerliche Lebenswelt wegrationalisiert, wegdomestiziert oder in den Untergrund von Verboten, Tabus gedrängt worden war. Im Krieg – so die Ideologen des Kriegserlebnisses – konnte der Mensch, der vor allem ein Mann war, zeigen, was er war. Er konnte sich in den existentiellen Dimensionen, die im Alltagsleben abhanden gekommen waren, bewähren: es ging um Mut und Feigheit, um Leiden und Tötungsbereitschaft, um den »Menschen als Menschen«, nicht als Mitglied der Zivilisation. Die Zivilisation wurde geradezu als das Nicht-Menschliche, als das Fremde, als das von außen Auferlegte verstanden und die Kampfsituation als die Wiederherstellung einer verlorenen Erfahrung wirklich authentischen Lebens. Der Krieg war darüber hinaus der große Gleichmacher: In ihm galten keine Rang- und Klassenunterschiede, der Kampf Mann gegen Mann ließ nur die Unterscheidung von Tapferen und Feigen, von Sieg und Niederlage zu. Der Krieg war das große Gemeinschaftserlebnis, in dem die ganze Kompliziertheit der gesellschaftlichen Verhältnisse, der Vermittlungen von Oben und Unten zusammenstürzte oder vielmehr auf den einfachsten, elementarsten Gegensatz reduziert wurde. Gesellschaft wurde selbst in Kategorien der Front gedacht. Das Leninsche »Wer-Wen?« ist viel älter als 1917, es hat eine europäische Vorgeschichte. Der Krieg riß die Klassen- und Standesbarrieren nieder, und ein junger Gefreiter aus einfachen Verhältnissen konnte zum Helden werden, auf den die Öffentlichkeit blickte. Der Krieg öffnete die Enge der Arbeits- und Lebensverhältnisse der bürgerlichen Gesellschaft, er zerstörte die Monotonie des Fabrikalltages und er bot allen – angesichts des Todes – die gleichen Chancen: man mußte nur tapfer und mutig sein. Die rasante Karriere an der Front trat an die Stelle des mühsamen Sichemporarbeitens in der Arbeits- und Geschäftswelt. Gewalt verliert in diesem Zusammenhang die negative Bedeutung, die wir ihr zuzumessen gelernt haben. Sie ist nichts weiter als die natürliche Existenzform der Daseinsbehauptung. Problematisch ist nicht die Gewalt, sondern ob man sie intelligent, listig, tapfer einsetzt. Sie gehört zum Leben wie das Atmen und das Besorgen von Lebensmitteln. Krieg ist die natürliche Existenzform, während der zivile Friede eher die Ausnahme ist. Friede beruht auf Anstrengungen, künstlichen Abmachungen und Verträgen, während im Krieg die wirklichen Auseinandersetzungen ihren Ausdruck finden. Hören wir, was Hannah Arendt in ihrem Buch »Elemente und Ursprünge totaler Herrschaft« über jene Situation und die in ihr geprägte Generation gesagt hat:

»Die Elite zog 1914 in der jubelnden Hoffnung in den Krieg, daß die ganze Welt und Zivilisation, wie sie sie gekannt hatte, in ›Stahlgewittern‹ (Ernst Jünger) untergehen werde, und ihre Gedichte galten, wie Thomas Mann als erster bemerkte, nicht den Siegen ihrer Vaterländer, sondern dem Krieg, dem ›Reiniger‹ und ›Erlöser‹ als solchem. Worum es ging, war, den ›Kulturplunder‹ loszuwerden, und wenn ein Parteigänger der Nazis anderthalb Jahrzehnte später verkündete: ›Wenn ich das Wort Kultur höre, entsichere ich meinen Revolver‹, so drückte er nur die Stimmung, mit der die Frontgeneration bereits in den Krieg gezogen war, auf seine Weise aus.

Diesen leidenschaftlichen Ekel vor der Vorkriegszeit und alle späteren Versuche, sie zu restaurieren – von Nietzsche und Sorel bis Pareto, von Rimbaud und T.E. Lawrence bis Jünger, Brecht und Malraux, von Bakunin und Netschajew bis Alexander Blok –, einfach als Ausbrüche des Nihilismus abzutun, ist schwerlich erlaubt ... (...) Für diese Generation wurde der Erste Weltkrieg zu dem großen Vorspiel des Zusammenbruchs der Klassen und ihrer Umwandlung in Massen. Der Krieg in seiner unbeirrbar mörderischen Willkür wurde zum Symbol für den ›großen Gleichmacher‹ Tod und damit zum wahren Vater einer neuen Weltordnung. Das leidenschaftliche Verlangen nach Gleichheit und Gerechtigkeit, nach dem Übersteigen enger und sinnlos gewordener Klassenschranken, nach der Aufgabe törichter Vorrechte und Vorurteile schien im Krieg einen Ausweg aus der herablassenden Haltung des Mitleids mit den Unterdrückten und Enterbten gefunden zu haben.«

Und weiter: »Die Unmöglichkeit der Flucht in die weite Welt, das Gefühl, unentrinnbar in den Maschen und Fallen der (bürgerlichen – K.S.) Gesellschaft verfangen zu sein, ... fügten dem alten Hang zu Anonymität und Selbstpreisgabe ein überspanntes und oft hysterisches Verlangen nach Gewalt hinzu. Freiwilliges Untertauchen in einen übermenschlichen Kraftprozeß der Zerstörung schien auf jeden Fall alle Bindungen an vorgegebene Funktionen in der Gesellschaft zu lösen und aus der Verstrickung in nichtssagende Banalität zu erlösen.«

Die Flucht aus der Banalität und Trivialität des gewöhnlichen Lebens kann bis zur Selbstpreisgabe gehen. Terroristische Aktionen sind für sie nicht ultima ratio politischen Handelns, sondern ein Mittel, sich selbst, den eigenen Haß und ein blindes Ressentiment auf alles Bestehende auszudrücken. »Es war eine Art Bombenexpressionismus, und seine Anhänger waren durchaus bereit, mit ihrem Leben für einen gelungenen Ausdruck ihres Selbst, und das heißt für eine Anerkennung ihrer Existenz von seiten der normalen Gesellschaft, zu bezahlen.«

Die Haltung der Frontgeneration war aus ihrer Ablehnung der bürgerlichen Vorkriegsgesellschaft erwachsen, und jene, die durch den Krieg hindurchgegangen waren und sich im Zusammenbruch der alten Welt nicht zurechtfanden, nicht den Weg zurück ins zivile Leben gefunden haben, wurden in vielem zu Stichwortgebern der Massenbewegungen, die das kriegszerstörte und revolutionsgeschüttelte Nachkriegseuropa hervorgebracht hatte. Es kommt zu dem, was Hannah Arendt das Bündnis von Elite und Mob nennt. An dieser historischen Tatsache ändert auch die andere Tatsache nichts, daß die antibürgerliche Elite später vom Mob selbst beiseitegefegt wurde.

Die Stoßkraft der in den zwanziger und dreißiger Jahren des Jahrhunderts heranwachsenden totalitären Bewegungen beruht nicht zuletzt darin, daß sie in vielem die Stichworte der antibürgerlichen Boheme übernimmt, aber auf veränderter Basis. Es wird ernst, es geht nicht mehr allein um das Spiel des épater le bourgeois: die entwurzelten Massen suchen Halt – sie finden ihn in den totalitären Ideologien; sie, die nichts mehr zu verlieren haben, sind bereit zur Selbstpreisgabe, einschließlich einer Politik, die dem Selbstmord gleichkommt; man will sich nicht mehr auf die komplizierten Mechanismen von Konsensbildung, Parlament, Kommissionen verlassen, sondern sucht den kurzen Prozeß, die action directe; die lebendige Bewegung fegt die »toten Institutionen« beiseite, die Parteibewegung und ihre Sturmtrupps treten an die Stelle des nationalen Staates; der totalitären Bewegung entspricht ein ganzer kultureller Komplex: sie ist martialisch und militant, nicht zivil, sie ist jugendlich, nicht erwachsen, sie ist heroisch und verachtet das Kleinbürgertum, sie ist antiintellektualistisch, antibürgerlich. Sie reduziert alle Probleme auf einen »Hauptgegensatz« – wie Klasse oder Rasse. Sie hält der Komplexheit der modernen Gesellschaft nicht stand und sieht in Verschwörungen den Schlüssel für die Katastrophen des Jahrhunderts. Ihre Anworten sind einfach und in der direkten Aktion zu geben. Zur direkten Aktion gehört die Legitimität und der Kult der Gewalt, die nicht als Regression in vorzivilisatorische Zustände, sondern als Zeichen von Lebenskraft gerühmt wird.

Der Mythos der Gewalt ist erst zerbrochen mit dem Scheitern der totalitären Bewegungen. Sie lernt nur aus der Kraft des Stärkeren, nicht durch Belehrung. Die totalitäre Gewalt endet erst mit ihrer Niederlage oder mit ihrer inneren Zersetzung. Erst wenn dies geschehen ist, kommt es zu einer Delegitimierung des Gewaltkultes. Der Preis für die Entmystifizierung der Gewalt in Europa in diesem Jahrhundert war hoch: er wurde bezahlt mit der vollständigen Erschöpfung seiner Völker und seiner Kultur. Es gehört zu den Rätseln der Geschichte, daß nach dem Scheitern der totalitären Bewegung sich deren Träger und Mitläufer als »Unschuldige« und »Verführte« wiederfinden.

Der »molekulare Bürgerkrieg«

In fast allen großen Metropolen der Welt gibt es inzwischen Territorien, die sich der systematischen Kontrolle der Polizeiorgane entziehen, in denen das Faustrecht faktisch existiert. Der Staat hat es aufgegeben, seine Macht dort durchzusetzen und beschränkt sich auf die Eindämmung dieser Herde von Gewalt. Jeder dritte Schwarzamerikaner stirbt eines unnatürlichen, d. h. gewaltsamen Todes. Nicht nur die Familienstrukturen haben sich in den Ghettos aufgelöst, sondern die Strukturen des Rechts und der Ordnung.

Die Gesellschaft zerfällt in die Areale der Ordnung (und des Wohlstandes) und quasi herrschaftsfreie Zonen. In den herrschaftsfreien Zonen existieren die Regeln des Clans, des Stammes oder der »Bande«, in der sich vorwiegend Jugendliche organisieren. Gewalt wird eine Überlebensform. Wer mit Waffen am besten umgehen und seine bewaffnete Formation organisieren kann, dem stehen die Reichtümer zur Verfügung. Gewalt sichert den Zugang zum Reichtum, nicht die Arbeit, der

der größte Teil der Bevölkerung in diesen Gebieten kaum je nachgegangen ist und wo ohne Arbeit zu sein, fast ein Schicksal geworden ist, das von Generation zu Generation vererbt wird.

Die Gesellschaft hat sich damit arrangiert, und zum Thema wird die Herrschaft der Gewalt nur, wenn sie nach außen dringt: in die Bezirke der Normalität. Es handelt sich um ein Phänomen, das man in New York, Los Angeles, Detroit, in den Vorstädten von Paris und Marseille, in London, in abgeschwächter Form sogar in Berlin beobachten kann. In Schulen werden am Eingang die Messer oder Schußwaffen eingesammelt. Lehrer werden von Schülern zusammengeschlagen, und Schüler werden von anderen Schülern terrorisiert. Auch Morde von Kindern an Kindern sind vorgekommen.

Die Omnipräsenz der Gewaltbilder in der Medienwelt hat zum Streit darüber geführt, ob diese eine Ursache für die wachsende Gewaltbereitschaft sei oder umgekehrt eine Form der Sublimierung und Domestizierung der Gewalt – so wie die Massenschlägereien der Fußballrowdies eine Art von Abreaktion kriegerischer Instinkte in Normalzeiten seien. In Deutschland ist es in den letzten Jahren zu systematischen Übergriffen gegen Ausländer gekommen – kaum jemand konnte sich vor Jahren vorstellen, daß so etwas möglich sei, und darüber, was die Ursachen seien, wird heftig gestritten. In einigen Ländern ist der stumme Bürgerkrieg trotz Verfolgungs- und Unterdrückungsmaßnahmen im Gange, und die Gewalt entzieht sich der Kontrolle – siehe Algier.

Hans Magnus Enzensberger hat jene neue Gewalt, die beliebig, ziellos ist, die ohne ideologische Begründungen auskommt und sich gegen jeden wenden kann, als »molekularen Bürgerkrieg« bezeichnet. Er sieht ihn im Gange weltweit, vor allem in den Metropolen. »Was hier wie dort auffällt, ist zum einen der autistische Charakter der Täter, und zum anderen ihre Unfähigkeit, zwischen Zerstörung und Selbstzerstörung zu unterscheiden. In den Bürgerkriegen der Gegenwart ist jede Legitimation verdampft. Die Gewalt hat sich von ideologischen Begründungen vollkommen freigemacht.« Es ist so etwas wie ein »kollektiver Amoklauf«, der sich jeder Berechenbarkeit entzieht und wo die herkömmliche Politik versagt: »In einer Welt, durch die lebende Bomben irren, bleibt nur eine negative Utopie übrig – der Hobbessche Urmythos vom Kampf aller gegen alle.« Vielleicht kann man folgende Gründe vorbringen:

Erstens: Der Prozeß der Modernisierung ist so weit fortgeschritten, daß es keine bindenden Wertvorstellungen oder Ideologien mehr gibt, die Tabus und Verbote fraglos erscheinen lassen. Die Emanzipation von religiösen Weltbildern, von vorgegebenen Traditionen überläßt die Individuen in der demokratischen Massengesellschaft weitgehend sich selbst. Solange die Ansprüche der Massengesellschaft durch eine grenzenlos erscheinende Expansion des Konsums gedeckt sind, ist die Selbstkontrolle im Rahmen des Normalen kein Problem. Anders, wenn die fortwährend gesteigerten Ansprüche nicht mehr umstandslos gedeckt werden können. Die Bereitschaft, sich zu nehmen, was einem wie selbstverständlich zuzustehen scheint, wächst.

Zweitens: Aber nicht nur aus der Infragestellung des erreichten Lebensniveaus erwächst Bereitschaft zur Aufkündigung der Spielregeln, sondern umgekehrt aus der Übererfüllung der Ansprüche. Es gibt Verbrechen aus Langeweile, aus Lust am Abenteuer, »einfach so«, »weil es einem Spaß macht«, weil man etwas »ausprobieren« will. Für solche Verbrechen braucht es keinen Feind, keinen Gegner. Die Gewalt wird nicht gezielt ausgeübt, sondern willkürlich. Sie reicht vom Vandalismus bloßer Zerstörungswut bis hin zur Tötung von Obdachlosen oder zum blinden Umsichschießen in der Metro. Der Gewaltausbruch ist in jeder Situation, an jedem Ort gegen jeden möglich. Sie ist zufällig, diffus, ziellos. Sie hat keinen Sinn. Eine Gewalt, die diffus wird, entzieht sich jeder rationalen Kontrolle. Auf sinnlose Gewalt kann man sich nicht prophylaktisch einstellen, sondern sie ist da, wenn sie da ist. Es ist keine Frage, daß die Formen sinnloser und zielloser Gewalt gewachsen sind. Sie treffen das hochkomplizierte System der westlichen Gesellschaften am nachhaltigsten. Denn gegen Verbrechen kann man Apparate einsetzen, die allgegenwärtige Gewaltbereitschaft entzieht sich aber den Spielregeln von Aktion und Reaktion. Dort sind sie am meisten verwundbar.

Drittens: Es ist nicht in erster Linie eine Frage des Versagens von Staat und Polizei, sondern der wachsenden Differenzierung von Gesellschaften und den Ansprüchen ihrer Mitglieder. Daher liegt die Eindämmung dieser Gewalt auch nicht in erster Linie im Bereich von Polizeikompetenzen, die diese nicht mehr erreichen kann, sondern in der Gesellschaft selbst: in ihrer Fähigkeit zur Selbstorganisation, zur Entwicklung von Zusammenhängen und Strukturen, die an die Stelle der fragil und porös gewordenen staatlichen Ordnung treten können. Unter diesen Bedingungen zunehmender Anomie und Diffusion erscheinen die Formen des Neotribalismus, die Selbstorganisation der Jugendbanden und der von ihnen ausgehandelte Verhaltenskodex als der einzige rationale und strukturell feste Anhaltspunkt. Noch mehr gilt dies für die unübersehbaren Konglomerate der Millionen von Entwurzelten, die außerhalb jeder Ordnung zu leben gezwungen sind: in den unübersehbar großen Slums der Megalopolen von São Paulo, Mexico City, Lima, Kairo oder Bombay.

Viertens: Die fundamentalistische Gefahr, die primär als Reaktion auf die Konfrontation mit der westlichen Moderne verstanden wird, ist in diesem Sinne primär eine Aktion der geistigen Selbstorganisation der in Anomie und Haltlosigkeit abgleitenden Millionen von Entwurzelten. Darin liegt ihre Wucht, die sich zuerst nach Innen wendet und alles vernichten wird, was sich der »neuen Ordnung« entgegenstellt, und die ihre Stoßkraft nach außen wenden wird, wenn sie keine Lösung für sich selbst findet. Der religiöse Fundamentalismus wird vermutlich die Neue Ordnung einer im Chaos von Migrationen und Massennot abstürzenden Welt des 21. Jahrhunderts sein. Wir haben darauf sowenig eine Anwort wie auf die Erschöpfung der stadtbürgerlichen Gesellschaft und ihr Versinken in der massenbürgerlichen Gesellschaft.

Rußland heute zeigt uns nur in der Gegenwart, was mit dem Westen geschieht, wenn er aufgehört hat, der Westen zu sein. Niemand hat eine Antwort: denn jene, die auf die Polizei und das staatliche Gewaltmonopol setzen, wissen sehr genau, daß diese scheitern werden, wenn nicht die Ursachen für Gewaltentfaltung beseitigt werden, und jene, die vor allem die gesellschaftlichen und mentalen Ursachen sehen, wissen sehr wohl, daß man sich gegen das Verbrechen nicht dadurch schützt, daß man es verständnisvoll interpretiert. Die Ratlosigkeit ist die Ratlosigkeit der späten massenbürgerlichen Gesellschaft, in der neue Formen der Produktion, der Verteilung, der Öffentlichkeit und der Politik nicht in Sicht sind.

Ich bin überzeugt, daß wir im Augenblick nur die Arbeit wieder aufnehmen, die 1914 mißlungen ist: die Arbeit an der Zivilisierung der »Elementarkräfte«. Die vorläufig besten Verbündeten sind die Angst vor dem Zustand, in den wir in einem Kampf aller gegen alle noch einmal abgleiten könnten, und das zivile Engagement, so schwer es uns auch, wenn wir gefordert sind, fallen mag.

Das Comeback der Städte

Wer derzeit in den Städten des östlichen und mittleren Europa unterwegs ist, traut seinen Augen nicht. Die Intervalle, in denen sich Städte ändern, werden immer kürzer. Auch ein regelmäßiger Besucher folgt ihnen kaum noch. Moskau: wo vor zwei Jahren noch das Schwimmbad »Moskwa« war, ragt nun nach knapp zweijähriger Bauzeit der Rohbau der wiedererrichteten Christi-Erlöser-Kathedrale mit der vergoldeten Kuppel. Warschau: der stalinistische Kulturpalast hat Konkurrenz bekommen durch eine Kette von gläsernen Hotel- und Bürotürmen, und wer die Baustellen im Stadtgebiet übersehen will, mietet am besten einen Helikopter. In Riga werden die Jugenstilviertel renoviert, die Altstadt ist schon fertig, das Schwarzhäupterhaus, von dem nichts geblieben war, wird derzeit wiederaufgebaut. Vilnius: das 20-stöckige einstige Intourist-Hotel »Lietuva« jenseits des Flusses ist fast leer, denn die Touristen ziehen die vielen neuentstandenen Pensionen und kleinen Hotels am Gediminas-Prospekt vor. Prag: 40 Millionen Touristen pro Jahr wollen die mitteleuropäische Metropole sehen und treffen sich logischerweise an dem Punkt, wo sie am mitteleuropäischsten ist – auf der Karlsbrücke. Man könnte noch viele Beispiele anführen: den Boom in Breslau und Posen, den neuen Glanz in den Wolgastädten, sogar Kaliningrad, jene Stadt ohne Zentrum, die mit der Wiederherstellung des Königsberger Doms begonnen hat.

Natürlich geht es nicht nur um die Renovierung von Gebäuden. Alles hat sich verändert: der Rhythmus, das Verkehrsaufkommen, die Lebens- und Umgangsformen, die Schaufenster. Wir sind Zeugen der Wiedergeburt des Cafés, der städtischen Tugenden wie Distanz und Höflichkeit, des schamlosen Elends und Verbrechens. Die größte Sehenswürdigkeit, die man derzeit in den östlichen Städten bestaunen kann, ist: das Ende der Stadt als staatlicher Veranstaltung und die Wiedergeburt der Stadt der Bürgerschaft. Der Städtemord von Grosny, Sarajevo, Vukovar lehrt uns, daß es eine Garantie für das Gelingen nicht gibt.

Der Wirbel

Was ein Beobachter heute zu sehen bekommt, ist nur der Endpunkt einer Entwicklung mit einer langen Anlaufzeit. Revolutionen bauen nicht, sondern wickeln eine politische Klasse und einen unhaltbar gewordenen Zustand ab. Auf den Machtwechsel folgen die Mühen der Ebene. Hinter uns liegt der Übergang vom symbolischen Akt der Inbesitznahme zur faktischen Neubildung, der Übergang vom Basar zum Kaufhaus, vom improvisierten Provisorium zur gebauten Gestalt. In allem liegt eine gewisse Folgerichtigkeit.

Erste Stufe: Symbolische Inbesitznahme. Die Stadtzentren waren der Hauptschauplatz für die große Wende, für das Kräftemessen zwischen Ancien régime und dem Neuen, die Bühne für den Auftritt der Bürgergesellschaft und für die Abdankung der Macht. Es war überall ein großer Augenblick, als musealisierte Orte zum Schauplatz der Gegenwart wurden und Städte, die aus der Zeit herausgefallen waren, wieder in die Gegenwart eintraten. Welch großer Augenblick, als Newski-Prospekt und Schloßplatz, die seit Jahrzehnten keine Manifestation freier Menschen mehr gesehen hatten, im August 1991 zum selbstverständlichen Ort der demokratischen Öffentlichkeit wurden! Welch bewegender Moment, als der Trauerzug durch die Moskauer Innenstadt in diesem August zum Manegeplatz zog! Wir erinnern uns an Václav Havels Ansprache an die Prager Bürger, für die der Wenzelsplatz gerade groß genug war, ihre Versammlung unter offenem Himmel aufzunehmen! In Bukarest hatte die Stadt den Platz vor dem Präsidentenpalast besetzt, der Diktator entschwand per Helikopter. Überall, wo dies geschehen ist, ist der Stadtraum gleichsam neu kodiert, neu definiert, mit neuer Bedeutung aufgeladen worden. Auch die Umbenennung der Straßennamen und der Sturz der Denkmäler gehören dazu, besonders dann, wenn sie als Schauspiel der Massen vonstatten gingen wie vor der Lubjanka im Sommer 1991. Mit einem Ruck übernahmen tote Plätze die ihnen seit jeher zukommende Aufgabe wieder: Raum für die res publica zu sein. Zum ersten Mal waren die großen Plätze groß genug, die Menschen zu fassen. Zum ersten Mal waren sie nicht Aufmarschplätze für Paraden. Die Plätze der Macht hatten ihre quasi-sakrale Aura verloren. Überall geschah das Undenkbare, das das Natürlichste von der Welt war: die Rezivilisierung des städtischen Raums – auch wenn es nicht gleich so weit gehen muß wie in diesem Sommer, wo der Rote Platz Ort für ein internationales Zirkus-Festival war. Nicht weit vom Mausoleum. Die geglückte Verbindung der Stadt der Lebenden und der Toten.

Zweite Stufe: Basar. Der Mensch lebt nicht vom Manifestieren und Protestieren, er muß über die Runden kommen, egal was die Macht verspricht und doch nicht hält. Noch bevor die Reformprojekte ausgearbeitet waren, hatten sich die Städte in Basare verwandelt. Basare für alles und jedes. Basare, die mit allen Punkten der Welt verbunden waren: Saloniki, Neapel, Berlin, Stockholm, Wladiwostok. Der Schwarzmarkt gab sich als der wirkliche Markt zu erkennen. In der monumentalen Stadt der Verwaltung und Universalkaufhäuser wuchs die Zelt-, Kiosk- und Budenstadt. Die Bedürfnisse lagen offen zutage, die Schlange der ewig und immer Anstehenden starb. Alles begann klein: mit einem Stand, einer Bude, einem Stehcafé, einem Imbiß. Erst wurde nur das Erdgeschoß renoviert, später kam das ganze Haus dazu. Ein Volk, das angeblich von Ökonomie nichts verstand, lernte den Handel im Nu. Ein Volk, von dem man sagte, es sei apathisch und warte auf die starke Hand, betrieb Kapitalakkumulation nicht nach dem Lehrbuch, sondern nach eigener Erfahrung. Die Stadt war zum Basar geworden. Schlag auf Schlag folgte, was zum funktionierenden Markt gehörte: Banken, Börsen, Makler, Geschäfte, Advokaten, Hotels, internationale Verbindungen, offene Wechselkurse, die Embleme und die Ästhetik der internationalen Warenwelt, die freie Bewegung von Menschen, Gütern, Ideen. Aber es blieb nicht beim Basar. Der Markt suchte sich den Ort und die Gebäude – es gab sie, nur zweckentfremdet und auf ihre ursprüngliche Nutzung wartend. Banken, die zu Mensen und Museen umfunktioniert worden waren, werden wieder Banken; ein mondänes Pelzgeschäft, das zu einem Fischladen geworden war, wird wieder Pelzgeschäft; ein Palais, das als Kindergarten benutzt wurde, wird Kulturzentrum, eine Börse ist wieder Börse usf. Es handelt sich um eine große Bewegung intuitiver Vernunft, der Rückkehr zu den abgebrochenen Funktionen, die Revision der Zweckentfremdung, einen Akt der Wiederherstellung städtischer Funktionen. Die Bewegung kehrte sich um: die Flucht aus dem Zentrum wurde gestoppt. Die Lage in der Stadt hatte wieder einen Preis, eine neue Ökonomie griff um sich. Die Flucht hinaus auf die Datscha war zu Ende, man mußte sich wieder auf die Stadt einlassen. Noch vieles gehört dazu: die Herausbildung einer neuen internationalen community, die Fax-Revolution, die Verbindung zur Welt draußen, die Explosion des Zeitungs- und Ideenmarkts.

Dritte Stufe: Suche nach neuer Gestalt. Die Stadt, die übernommen wurde, entspricht nicht den Bedürfnissen der neuen städtischen Gesellschaft nach Vergesellschaftung. Sie braucht einen anderen Raum als die bürokratisch verfaßte Stadt, als die »staatliche Veranstaltung«. Ihre Ensembles sollen sich um die Bürger, nicht um die Macht drehen; sie soll annehmlich, nicht hierarchisch sein; sie soll bequem, nicht repräsentativ sein; sie soll nicht der Macht, sondern dem menschlichen Verkehr dienen; sie soll die Begegnung der Menschen nicht erschweren. Überall hat man begonnen, über die Stadt nach dem Kommunismus nachzudenken. Von der Bürokratie besetzte Stadtviertel werden als Geschäftsviertel rekultiviert. Paradeplätze und Schneisen von einschüchternder Größe werden zurückgebaut – am Manegeplatz, am Arbat. Markante Figuren, die das alte Moskau zusammengehalten haben, werden wieder aufgerichtet: der Rote Platz, der aufhört, ein Aufmarschgelände zu sein; Plätze und Kreuzungen bekommen wieder ihre Ränder zurück – Sucharew-Platz, Gartenring; Trassen werden zurückgebaut und das System der Stadtplätze wieder herausgearbeitet. Ganze Stadtviertel sind in den letzten Jahren in Ordnung gebracht worden – zum Beispiel Samoskworetschje, das Moskau der Kaufleute. Wo es nicht anders geht, wird im großen Stil neu gebaut – in Krasnye cholmy, Krasnopresnenskaja, am Autobahnring. Kurz: es geht um die Entmonumentalisierung, um die Überwindung der so ermüdendenden Weitläufigkeit, um das Verschwinden der großen Ebenen, über die der Wind pfeift, um die Stadt, die nicht das Anhängsel eines Herrschaftskomplexes ist. Es deutet sich sogar schon an, wodurch der Bann der stalinschen Hochhäuser über die Stadt gebrochen werden könnte: durch den Bau neuer Hochhäuser. Die Stadt ist sich selbst wieder wichtig. Sie hat nach Jahrzehnten das Gespräch über sich selbst wieder begonnen – in der Presse, nicht nur in den Archiektur- und Planungszeitschriften. Und schließlich: es gibt wieder Bürgermeister, und es ist ein gutes Zeichen, wenn einer von ihnen – Juri Luschkow – seine Biographie als Stadtgeschichte vorlegt.

Die Ostblockstadt als geschichtlicher Text

Die Städte des östlichen Europa sind der wahre Schauplatz der Tumulte unseres Jahrhunderts geworden. Ihre Zentren sind der wahre Indikator für die Destruktivität der hinter uns liegenden Epoche, in der viele von ihnen herausgefallen sind aus ihrer Fortentwicklung zu wahren Weltstädten, wie es sich zu Beginn des Jahrhunderts abgezeichnet hatte für Petersburg, Moskau, Budapest, Wien, Berlin. Wieder andere sind herausgefallen aus ihrer Funktion als Metropolen des mitteleuropäischen Raumes – Krakau, Lemberg, Czernowitz, Wilna, Riga.

Die Ostblockstadt – und insbesondere ihr Zentrum – ist der exakte Spiegel der Pathologien und der Gewaltgeschichte unseres Jahrhunderts. Da sie in der Regel Städte zwischen allen Fronten waren, haben die Feinde der Stadt ihren Stempel aufgeprägt. Was wir heute wahrnehmen, hat eine Vorgeschichte mit vielen Beteiligten. Sie sind Schlachtfeld der sozialen und der nationalen Revolution geworden, in den meisten Fällen das Schlachtfeld beider: kein stalinistischer Kulturpalast im Zentrum Warschaus ohne die Niederbrennung des Warschauer Zentrums durch die Truppen Stroops; keine Musealisierung der Innenstadt von Wilna oder Lemberg ohne die Vernichtung ihrer ursprünglichen jüdischen Einwohnerschaft; kein Monumentalismus des neuen Stalingrad oder Kiew ohne Hitlers Armeen. Die Leidensgeschichte der östlichen Städte ist noch nicht erzählt. Die soziologischen Begriffe sind nur ein Anhaltspunkt dafür, was geschehen ist.

Dezimierung der städtischen Bevölkerung, Desurbanisierung: Die »Leere« der städtischen Zentren sagt nicht nur etwas über Planungsdefizite, sondern spricht von etwas viel Elementarerem: vom Verschwinden der städtischen Urbevölkerung, vom Untergang des Stadtbürgers im Tumult unseres Jahrhunderts. Petersburg/Petrograd: In der Zeit des Bürgerkriegs 1918–1921 schrumpfte die Stadt von 2,5 Millionen auf 700 000 Einwohner. Durch Tod, Flucht, Emigration, Epidemien. Und als sei dies nicht genug, kam während der deutschen Blockade noch einmal fast eine Million Stadtbevölkerung um. Welche Stadt erträgt das? Und so ging es an vielen anderen Orten zu: Wilna, Odessa, Lemberg. Warschau am Ende der deutschen Besatzung gab es nicht mehr. Königsberg hatte als Stadt aufgehört zu existieren. Breslau erfuhr einen kompletten Bevölkerungsaustausch: die Breslauer gingen, die Vertriebenen aus Lemberg kamen. Es geht nicht nur um die entsetzlichen Blutverluste, sondern um das Verschwinden einer Species: der Stadtbürger. Es geht um Desurbanisierung und Dezivilisierung, um die Auflösung von Zentren urbaner und ziviler Kultur im östlichen Europa. Man muß sich wundern, daß sie sich – nach dem Massaker an den städtischen Eliten – überhaupt wieder nachgebildet haben nach allem, was geschehen ist.

Ruralisierung und Hyperurbanisierung. Die städtischen Zentren haben die Träger der Zivilkultur verloren in einer kurzen historischen Sekunde. Aber sie waren zugleich auch die Zentren einer Urbanisierung neuen Typs, eines historisch beispiellosen Urbanisierungsprozesses, »hyper-urbanization« (Timothy Colton). Allein in den 30er Jahren verdoppelte sich die Einwohnerzahl von Leningrad, Moskau, Kiew. Nach dem Krieg fand etwas Ähnliches in den Städten der anderen Ostblockländer statt. Kollektivierung und Industrialisierung trieben Millionen vom Land in die Städte. Moskau, Petersburg, Warschau, Bukarest, Budapest und andere Städte waren in Wahrheit »peasant metropolises« geworden (David L. Hoffmann), mit allem was dazugehört: sozialer und kultureller Nivellierung, Marginalisierung der ursprünglichen Stadtbevölkerung, aber auch der Ort einer dynamischen Aufwärtsmobilisation der vom Land Kommenden. Die städtische Gesellschaft löste sich auf unter dem Druck der ländlichen Immigration. Die Stadt ging in den Untergrund. Sie mußte sich gewissermaßen neu bilden. Es gab im Grunde niemanden mehr, der die historische Stadt und die mit ihr verbundene Kultur leben und verteidigen konnte. Sie war auf verlorenem Posten. Man konnte mit ihr machen, was man wollte. Und meistens war es nur Armut, die die Liquidierungs- und Umbauwünsche in den alten Zentren zügelte. Die Hauptinitiative richtete sich auf die Neubauten und auf die Unterbringung der Massen in Wohnsiedlungen mit zeitgemäßem Komfort.

Soziale und ethnische Entmischung, Homogenisierung. Unser Jahrhundert ist an der Komplexität unserer Zivilisation gescheitert und hat kurzen Prozeß gemacht. Die Städte des östlichen Europa in der Vorweltkriegsepoche waren hochkomplexe, sozial differenzierte, ethnisch, religiös und kulturell gemischte Gesellschaften. In den städtischen Zentren fanden sie zu maximaler Dichte. Wer immer ein Photo zur Hand nimmt, kann das an den Reklameschildern leicht erkennen: werfen wir nur einen Blick auf die Piotrkowska in Lodz, auf den Gediminas-Prospekt in Wilna, auf den Newski-Prospekt in Sankt Petersburg, auf die Deribasovskaja in Odessa, auf den Corso von Lemberg, auf den Graben und den Wenzelsplatz in Prag. Die Stadtzentren am Ende des 20. Jahrhunderts sind das Resultat brutaler Entmischung und Homogenisierung. Totalitär verfaßte Gesellschaften – ob als klassenlose oder nationale Volksgemeinschaft – hassen die Differenz. Sie bauen zu ihrer Bewältigung die Anti-Stadt, d. h. das Ghetto und das Lager.

Die alten Zentren waren einmal regelrechte Journale des Luxus, der Moden und der Kulturen, Konfessionen und Sprachen. Das Exzeptionelle und Andere geriet unter Verdacht, der Standard und die Uniformität setzten sich durch. Der Dezimierung der Klassen und der Liquidierung der Volksgruppen folgte das Einfache, leicht Verständliche und leicht Machbare. Man erwartete keine Überraschungen mehr. Was ist das Sortiment im neuen Universalkaufhaus gegen das kaum überschaubare Angebot auf dem alten Heumarkt oder dem Newski-Prospekt! In der Sequenz von Katastrophen wird ein Element nach dem anderen ausgefällt: der Adlige und die Kinderfrau, der Kaufmann und Mäzen, die alte Intelligenz und die Buchhandlung, die armenische Gemeinde und die lutherische. In der Sequenz von Deportationen, Bevölkerungstransfers, Aus- und Umsiedlungen hört die gemischte Stadt auf: am Ende steht die reine Stadt. Es verschwinden Geschäfte, Gesichter, Trachten, Sprachen. Die Purifizierung der Städte hat es Machthabern und Planern leichtgemacht. Man mußte sich am Alten nicht mehr reiben. Man mußte von einer Geschichte nicht mehr sprechen. Hinter der Monotonie steht nicht bloß die Ideenlosigkeit einer erschöpften Moderne, sondern der ganze säkulare Verarmungsprozeß des 20. Jahrhunderts.

Musealisierung, Provinzialisierung. Wenn die Kraft, die den Kern mit Leben erfüllt hat, nicht mehr ist, bleiben Fassaden. Wenn die Verbindungen, die die Stadt mit der Welt draußen verbunden haben, gekappt sind, bleibt das Abseits. Fassaden- und Geisterstädte, die nur deshalb am Leben bleiben, weil sie in einer Gesellschaft chronischer Wohnungsknappheit in Kauf genommen werden. In den historischen Innenstädten bleiben jene zurück, die den Sprung nach draußen nicht geschafft haben. Man hält die Zentren mühsam aufrecht als »historisches Erbe«, während die Initiativkraft abgewandert ist. Das hat auch paradoxe Folgen: So sind ganze Städte gerettet worden, die ansonsten untergegangen wären. So entstanden überall Doppelstädte neben den alten Zentren, in Wahrheit geteilte Städte: neben Petersburg/Petrograd das neue Leningrad am Moskauer Prospekt und weiter draußen; neben Wilna Neu-Vilnius; neben Alt-Lemberg Neu-Lwow; neben Alt-Riga und Alt-Tallinn die neuen Siedlungen, in denen der größte Teil der Stadtbevölkerung lebte; neben Krakau Nowa Huta usf. Hier Museum, dort Arbeit; hier Sehenswürdigkeit, dort Lebensmittelpunkt; hier Leben ohne Lift und Müllschlucker, dort Wohnen mit allen Schikanen.

Und doch sind diese Prozesse nie mit letzter Konsequenz zu Ende gekommen. Die Stadtzentren, wenngleich entwertet und ihrer Funktionen beraubt, blieben der nachhaltigste Beweis, daß es Formen des menschlichen Zusammenlebens gab, die jenem komfortablen Leben in den Neustädten immer noch eine Epoche voraus waren. In den Gemeinschaftswohnungen übte eine von den Überlebenden der Intelligenz geschulte neue Generation das Wort und die Sprache. Sie boten den Anhaltspunkt für Proportionen und Anmut. Sie waren Schulen des Geschmacks und der Stilbildung. Sie waren letztlich der einzige feste Anhaltspunkt für Abermillionen Entwurzelte, Neuankömmlinge, Vertriebene, Neustädter, Neubürger. Ihnen blieb nichts anderes übrig, als sich auf sie einzulassen, wenn sie Städter werden wollten. Daher entdeckten die Leningrader Petersburg, die Kaliningrader Königsberg und die Bewohner von Wrocław Breslau, daher bauen die Neuwarschauer ihr Warschau wieder auf: Hier war die Stadt, hier soll sie wieder entstehen. Als Bewohner der Neustädte war es gleichgültig, ob sie in Magnitogorsk, Nowotscherjomuschki, Kaliningrad oder Warschau wohnten – sie waren überall gleich. Was sie zu Leningradern, Moskauern, Kaliningradern, Warschauern machte, war dies: daß sie kreisten um den identifizierbaren Ort, wo sich das Stadtschicksal mit ihren Geschicken verband.

Wiederinbesitznahme und Neubildung

Was jetzt geschieht, geschieht in großer Zielstrebigkeit, fast wie von selbst. Die Bewegung folgt keinem genialen Masterplan, sondern einer über Generationen hin gespeicherten Erfahrung. Die Nachkriegs-Friedenszeit von einem halben Jahrhundert Dauer war die Zeit, in der die dezimierte und aufgeriebene Stadtgesellschaft wieder zu Atem kam, in der sich die Überreste einer untergegangenen Kultur verbanden mit der auf dem Boden der sozialistischen Großsiedlungen nachgewachsenen Städtekultur. Die osteuropäischen Städte, tödlich erschöpft durch die Katastrophen des Jahrhunderts, haben sich erholt. Es war ein langer zivilisatorischer Akkumulationsprozeß, eine Art zweite Urbanisierung. All das bedeutet: Zunahme von Komplexheit und Kompliziertheit, Zugewinn an Differenz und Struktur, Anlagerung von Erfahrung und Gedächtnis, Umgangssicherheit, kurz: Reife. Das coming out der Zivilgesellschaft ist vor allem das coming out der im Schoß der Nachkriegsordnung nachgewachsenen und reif gewordenen Stadtgesellschaft. Sie ist über die Vereinfachungen hinaus und hat die Potenz, die von ihr hervorgebrachten Probleme selber zu lösen. Sie bedarf der Organisation von oben nicht mehr, sondern organisiert sich selbst. Sie bedarf keines Kaisers, keines Gottes und keines Tribuns.

Es scheint, als geschehe überall nur, was fällig geworden ist: die wieder zu Kräften gekommene Bürgergesellschaft richtet sich ein. Das schließt die Revitalisierung von Zentren, die abgestorben waren, ebenso ein, wie Neugestaltungen, die am Ende des 20. Jahrhunderts unabkömmlich geworden sind. Ich sehe nirgends nostalgischen oder futuristischen Wahn am Werk – dem stehen schon die knappen Kassen im Wege. Die Arbeit an der Stadt und die Liebe zur Stadt sind ein guter Halt gegen Untergangshysterien und Panik. Ideen und Reiche vergehen, nicht der Ort. Es könnte sein, daß wir immer noch auf den Kreml starren, während auf dem eurasischen Basar die Konkurrenz längst neu eröffnet ist.

Wiedereintritt in die europäische Nachbarschaft

Deutschland ist von den Erschütterungen im östlichen Europa eingeholt worden. Die Entlassung in seine Souveränität verdankt es der Befreiungsbewegung in seinen Nachbarländern und einer Vormacht, die sich der von ihr nicht geschaffenen, aber auch nicht aufgehaltenen Situation fügt. Polen, die ČSFR, Ungarn, die baltischen Staaten, Rußland und die anderen Republiken, die den Anschluß nach Europa wiederfinden wollen, können keine Barriere gebrauchen. Sie haben Nachbarschaftsverhältnisse hergestellt aus eigenem Interesse. Sie haben die Deutschen wieder zu ihren Nachbarn gemacht, und die Deutschen haben neue Nachbarn bekommen. Das ist kein bloß politisches oder geopolitisches Revirement auf strategischen Landkarten, sondern die Transformation des Raums, in dem Gesellschaften leben. Damit ändert sich alles. Die Wahrnehmung der anderen und seiner selbst; die Entwicklungslinien von Regionen und das Schicksal von Menschen; die Perspektive von Städten, die vom Ende der Welt plötzlich zu einem vielfrequentierten Transitpunkt werden. Aus Stippvisiten werden Arbeitsbesuche, aus formellen Besuchen wirkliche und effektive, aus der Einzelbegegnung der wenigen die massenweise Grenzüberschreitung, die Diffusion der Grenze selbst. Es entstehen neue Verkehrsnetze, eine andere Rationalität des Wirtschaftsraums, zwischen Pilsen und Wolfsburg, zwischen München und Prag, zwischen Berlin und Riga entwickeln sich Arbeitsbeziehungen statt touristischer. Überall kann sich die neue Vernetzung auf eine lange, verschüttete, ruinierte, aber doch nicht ganz verschwundene Tradition beziehen. Die schon einmal erreichte Universalität der Universitäten bekommt noch einmal eine Chance, und mit dem Alltäglichwerden des Gedankenaustausches werden auch neue Schwerpunkte, neue Paradigmen und Themen transportiert. Der Nachbar ist leibhaftig. Die Deutschen können jetzt endlich die gleiche Nähe herstellen, die sie westwärts schon erreicht haben.

Die Deutschen haben es nicht mehr mit dem »Ostblock« zu tun, sondern mit den Völkern, Staaten und Gesellschaften, die aus seinem Zerfall hervorgegangen sind. Ost und West sind Himmelsrichtungen, geographische Gegebenheiten, keine Systeme mehr. Es müssen keine Beziehungen von Blöcken mehr gemanagt werden, sondern alltägliche Probleme der Wirtschafts-, Kultur-, Verkehrsverbindungen. Es geht nicht mehr um Gipfelgespräche, sondern die Arbeitsessen von Länderchefs. Die Jahrzehnte der Diplomatie für Europa sind vorbei, das Jahrzehnt der Bürgermeister kommt. Die Nachfrage nach Spezialisten diplomatischer Feinheiten sinkt, die Nachfrage nach Spezialisten im Straßen- und Bahnbau, nach Managern, nach Wirtschaftspionieren steigt. Das Aktivitätszentrum verlagert sich aus den Palästen des Ost-West-Managements auf die Markt- und Messeplätze, in die Firmen- und Bankensitze, in die Verlags- und Zeitungsredaktionen. Es bedarf keiner roten Telephone mehr, sondern möglichst vieler neuer Telephonanschlüsse von Haus zu Haus. Es wird nicht mehr lange dauern, und die Konnotationen bestimmter Begriffe, die sich aus der Nachkriegszeit ergeben haben, werden nicht mehr ohne weiteres verständlich sein. Man muß sich jetzt nicht mehr mit den absurden Problemen herumschlagen, die sich aus der Teilung ergeben haben, sondern mit den Problemen, die sich auftun, wenn die Teilung hinfällig geworden ist. Und für die gibt es keine ideologischen, sondern nur praktische Antworten. Die ost-westliche Interaktion, die bisher das Geschäft der Spitzendiplomatie war, wird zum Alltagsgeschäft, das keiner besonderen Erwähnung bedarf. Wir werden aufhören, etwas Besonderes daran zu finden, daß Geschäfte zwischen Budapester und Stuttgarter Firmen gemacht werden, daß es einen Messeplatz namens Nishni gibt, daß man zum Medizinstudium nach Hermannstadt oder Vilnius geht oder einen Sommer in Masuren verbringt. Die Europäer gewöhnen sich daran, daß sie ohne Systeme leben können. Ihre Stabilität und Sicherheit hängt nun nicht mehr an der Grenze, die gefährlich war, sondern an der Überwindung der Grenze, die ohne neue Dynamiken und Instabilität nicht zu haben ist.

Die Teilung Deutschlands war ein Unglück, auch wenn es harmlos erscheint im Vergleich zu dem, was anderen europäischen Völkern in diesem Jahrhundert widerfahren ist. Sie haben den Krieg verloren, der Europa ins Unglück gestürzt hat, aber sie sind die Gewinner des Friedens, in dem andere, die Sieger von einst, ihr Versailles erleben.

Teilungsgeschädigt sind beide Seiten, die einen freilich mehr als die anderen, die besser davongekommen sind. Die Deutschen hatten sich irgendwie in diesen Zustand geschickt, ohne je die Hoffnung auf Änderung aufgegeben zu haben. Sie hat sich erfüllt, über Nacht und unter fremdem Zutun. Ein Zustand ist beendet, der in Wahrheit ein Ausnahmezustand war, auch wenn man Westdeutschland zunächst nicht ansieht, daß es darunter sehr gelitten hätte.

Aber es gibt indirekte Folgen, die weniger sichtbar sind als die direkten, so wie es eine Mauer im Kopf noch geben kann, auch wenn die wirkliche schon gefallen ist. Westdeutschland hat aus der Teilung das Beste gemacht, aber entgehen konnte es ihren Wirkungen auch nicht. Die innere Spannung der Republik hat immer zu tun gehabt mit der äußeren. Die Verspannung des ideellen und politischen Lebens, gewisse Überreaktionen an untergeordnet erscheinenden Fragen, der Tonus der politischen Kultur, hat etwas zu tun mit der Verspannung in den Ost-West-Gegensatz. Die Systemgrenze war direkt oder unterirdisch verbunden mit jedem Konflikt auch an der kleinsten Universität. Keine Frage ließ sich diskutieren, ohne daß etwas anderes, nicht zur Sache Gehöriges, mit ins Spiel gekommen wäre. Die Lagermentalität hatte etwas mit dem Ost-West-Kampf zu tun und die Penetranz der Parteikämpfe immer etwas damit, ob man nicht dem äußeren Feind in die Hände arbeite. Die Ordnung der Dinge, die Ordnung der Weltbilder wurde zusammengehalten durch diesen Außendruck. Die Hauptfront hat zahllose schiefe Fronten nach sich gezogen. Sie gehen durch die Bundesrepublik und absorbieren ein gut Teil der Energie, die dann anderswo, am Objekt das sich lohnt, fehlt. Die indirekten Unkosten der Teilung sind weit höher als sie Finanzleute und Politiker veranschlagen, denn sie lassen sich nicht in Mark und Pfennig berechnen, sondern in Verlusten von geistiger und politischer Konzentration und Wirksamkeit, in der Desorganisation der Kräfte, die eigentlich zueinander finden müßten, aber befangen und gefangen bleiben in den Linien, die von Lager- und Parteigrenzen gezogen sind. Es gibt in der Geschichte der Bundesrepublik allenthalben Anzeichen der Insouveränität, der inneren, nicht erst der äußeren, der begrenzten Fähigkeit, mit den normalen Widersprüchen einer normalen bürgerlichen Gesellschaft umzugehen. Die charakteristische Äußerungsform ist die Feinderklärung, die Abstempelung, die Lagerzuordnung, die nicht auf die Sache, sondern den Zweck, auf den es offensichtlich hinausläuft, zielt. Zeichen solcher Insouveränität waren, wie man in Westdeutschland mit den Bewegungen »Nie wieder Krieg« und mit den Kommunisten umgesprungen ist. Zeichen sind die Erbarmungslosigkeit in der Auseinandersetzung zwischen den Generationen in den 60er und 70er Jahren – bis auf den heutigen Tag. Zeichen ist die extreme Polarisierung und Spaltung der politischen und kulturellen Öffentlichkeit, wo doch die wirklich interessanten Auseinandersetzungen nicht zwischen den Parteien, sondern durch die Parteien hindurch verlaufen.

Die Chance der Einigung liegt vor allem in dem Zugewinn an innerer Souveränität und Selbstsicherheit, die es nicht nötig hat, Fronten aufzubauen, wo sie schon lange nicht mehr verlaufen. Das Festhalten von »Fronten« ist das Zeichen einer konservativ gewordenen und mit der Wirklichkeit nicht mithaltenden Öffentlichkeit, egal wie sie sich deklariert. Eine souverän gewordene Bundesrepublik hat es nicht mehr nötig, sich als Gegensystem zu definieren, sie hält die Offenheit aus, und sie ist ein unfruchtbarer Ort für überholte Monopolansprüche, sei es für politische Gewißheiten oder moralistische Verurteilungen. 1989/90 hat die alten Frontbildungen gegenstandslos gemacht und lange gültige Monopole außer Kraft gesetzt – auch wenn einige es noch nicht gemerkt haben. Die Kultur der bedingten Reflexe, die eine Weile lang funktioniert hat, geht vielleicht endlich und hoffentlich zu Ende, und man kann frei denken und sich bewegen.

Die Einigung, d. h. die Auflösung der beiden deutschen Staaten und der damit in Gang gekommene Konstitutionsprozeß einer durchmischten deutschen Gesellschaft wird die sozialen, politischen und kulturellen Kräfte neu sortieren, die obsolet gewordenen Koalitionen auflösen und zu neuen Kraftzentren führen.

Europa wächst, fast zu stürmisch, daher ist es in der Krise. Was einmal als »Rückkehr nach Europa« proklamiert war, ist zur Flucht nach Europa geworden. Die neuen Europäer kommen aus verwüsteten Ländern, von denen noch nicht sicher ist, ob sie im reißenden Strom des Niedergangs werden sich behaupten können. Der Eintritt in die Gegenwart kündigt sich an unter Losungen, die längst erledigt schienen. Das Neue erscheint verkappt, und manche lassen sich irreführen und haben nur ein Déjà-vu. Die letzten Nachhutgefechte der Nachkriegszeit verwirren sich mit den ersten Regungen der Zeit nach dem Nachkrieg. Das Verschwinden der Blöcke zeigt nicht das vereinte Europa, sondern ein Europa, wie es aus der Spaltung hervorgegangen ist: sozial und kulturell nivelliert, um die aktiven Träger einer raschen Regeneration gebracht, in Hoffnung, doch ohne die Träger, die eine große Initiative tragen könnten, in Sicht.

Die Frage ist, wie die Deutschen sich dazu verhalten, ob sie den Spannungen, die aus dieser Lage erwachsen, standhalten und einen Beitrag zur Auflösung dieses Knotens leisten können. Sie haben schon einmal gezeigt, daß sie zu einer zivilisatorischen Leistung von europäischem Rang in der Lage waren – das liegt Jahrhunderte zurück und hat die Kraft von Generationen von Pionieren und Siedlern gekostet. Und sie haben gezeigt, daß sie eine gewaltige Potenz entfalten können – in ein, zwei Jahren zu ruinieren, woran Generationen vorher gearbeitet haben. Zerstörung ist eine Sache von Sekunden, Aufbau braucht Zeit. Was wäre, wenn sie das Potential, das sie schon einmal, aber destruktiv umgeschlagen, aufgeboten haben, noch einmal – als letzte Chance sozusagen – in die europäische Waagschale werfen? Als Produktiv- nicht als Destruktivkraft: statt der Organisation eines europäischen Eisenbahnnetzes für die Deportationen, der Aufbau eines für das Ingangkommen der europäischen Zirkulation; statt der Rollbahn für die Panzer, eine Autobahn für LKWs und Touristen nach Moskau; statt der Blockade Leningrads, ein Ring von neuer industrieller Infrastruktur; statt des Blitzkriegs nach Polen, eine Expreßlinie nach Warschau; statt der Ostarbeiter in den Lagern, Arbeitskräfte aus dem Osten zur Weiterbildung; statt der Okkupation durch Militärs, die Entsendung von Managern; statt der Ausrottung der Intelligenz, die Errichtung von ein, zwei Eliteuniversitäten. So könnte es weitergehen.

Der Gedanke ist: Mit den Mitteln der Nachkriegspolitik lassen sich die Erschütterungen und die Transformation im östlichen Europa nicht evolutionär und zivil meistern. Was ansteht, liegt jenseits von »Hungerhilfe« und alt gewordener Ostpolitik, jenseits einer Wiedergutmachung, die doch nicht möglich ist. Die Hungerhilfe, die so beeindruckend ist, zeigt, daß die Deutschen tief im Herzen und im Kopf verstanden haben: es darf in Europa nach dieser glücklichen Fügung keine Opfer, keine Verlierer geben, wenn man selbst so gut davongekommen ist, es darf keine Situation eintreten, wo alles wieder verspielt werden kann, auch das eigene Glück. Aber die Deutschen können viel mehr als etwas abgeben von dem, was sie haben. Mehr wäre geholfen, wenn sie etwas von dem abgeben, was sie können. Die Frage ist, ob sie die Kraft dazu haben, ob sie es sich zutrauen, nach Osten zu gehen, ohne daß daraus ein neuer Drang nach Osten wird, ob sie in Europa eine Bewegung des Go East entfalten können, ohne daß daraus ein neuer Kolonialismus wird. Darüber ist eine gesellschaftliche Debatte nötig, die zeigen wird, woran wir sind, wenn sich die Möglichkeiten der Politik und der politischen Klasse erschöpft haben. Es ist im Archipel Europa, den die auseinanderdriftenden Blöcke aufgetan haben, wieder schwer geworden, Deutscher zu sein. Es ist schwer im Europa der Völkerwanderung zu dem zu stehen, was man proklamiert hat. Ja, es wird schwer, den Normalstandards der Toleranz und Offenheit Geltung zu verschaffen, wenn es darauf ankommt. Wir werden sehen, ob wir diesmal wenigstens auf der Höhe der Zeit sind.

Unser Atlantis, unser Pompeji

Ich komme nicht aus einer Vertriebenenfamilie, ich bin kein Vertriebener, ich oder meine Eltern habe keine Heimat im Osten verloren – das ist eine wichtige Einschränkung, Begrenzung. In einer gewissen Weise kann man nicht mitreden. In einer anderen aber doch. Die Welt, in der ich groß geworden bin, ist ohne die Flüchtlinge nicht denkbar, ich würde sogar sagen, ich verdanke ihnen sehr viel. Sie waren die Fremden in dem schwäbischen Dorf, in dem ich aufgewachsen bin, sie waren die Interessanten und Inspirierenden, sie verkörperten die weite Welt und den Bezug nach draußen, sie waren mobiler, moderner, anregender. Für mich jedenfalls waren sie die Brücke nach draußen, in den europäischen Osten: nach Breslau, Karlsbad, Znaim, Siebenbürgen – noch bevor ich dort gewesen war. Flüchtlinge – das waren: Frauen, die rauchten, die rotlackierte Fingernägel hatten, die ein kultiviertes Deutsch sprachen, Leute, die aus der Stadt kamen und wieder in die Stadt zogen. Das waren zum Teil Leute, die aus den Orten, die ich später auf eigene Faust aufsuchte, kamen und in die zurückzukehren sie sich nicht trauten: Schlesien, Ostpreußen, Banat, weil sie das Bild, das sie gespeichert hatten, nicht verlieren wollten oder weil sie einfach immer noch Angst hatten. Das waren Leute, die ich dort dann in den 80er und 90er Jahre angetroffen habe und die wußten, wie es »vorher« war, und die mit einer Art von Geheimwissen herumliefen, das ich mir nur durch Lektüre aneignen konnte. Leute auch, die einem immer wieder klarmachten, daß man davon nichts verstand, weil man nicht selber dabeigewesen war, und die einen verdächtigten, man wolle ihnen etwas wegnehmen, die über ihr Vertriebenensein fast wie über ein Monopol, etwas, das nur sie hatten, wachten. Niemand außer ihnen sollte in diesen Dingen Bescheid wissen oder Bescheid sagen können. Und irgendwann war klar, daß man sich nicht zur Geisel ihrer alten Rechnungen machen lassen durfte, daß sie nicht nur ein Privileg des Sehens, sondern auch eine ordentliche Portion von Betriebsblindheit und Verblendung haben konnten. Es bleibt also dabei bis heute: Empathie und Distanz, Verstehen und Nichtdazugehören und Draußenbleiben. Auch hier handelt es sich nicht nur um einen bloß individuellen Befund. Ich glaube, daß die innere, die mentale Kluft zwischen Deutschen, die ihre Heimat verloren haben, und denen, die sie nicht verloren haben, nach wie vor existiert – obwohl äußerlich keine Differenz mehr feststellbar ist.

Vertreibung ist eine massenhaft gemachte europäische Erfahrung, daran kann gar kein Zweifel bestehen. Die Zwangswanderungen in der Weltkriegsepoche haben an die 40 bis 60 Millionen Menschen in Europa erfaßt. Es handelt sich um eine in den individuellen und kollektiven Lebenshorizont eingegangene Erfahrung von mehreren Generationen. Das erstaunliche ist, daß die Vergegenwärtigung dieser europäischen Tatsache offenbar kein starkes Bedürfnis war. Umsiedlung und Vertreibung waren keine peripheren, marginalen, keine Randerscheinungen, sondern eher ein Herz der Finsternis unserer Zivilisation. Ein europäisches Phänomen ist der Vertreibungskomplex nicht nur, weil er fast überall in Europa zu beobachten ist, überall »vorkommt«, sondern weil er mit der modernen europäischen Kultur untrennbar verknüpft ist: Die Massentransfers, Massenwanderungen, Umsiedlungen, Vertreibungen sind verbunden mit dem modernen Krieg, mit der Weltkriegsepoche. Im großen Stil setzten sie ein mit den Mobilmachungen, Frontverläufen, Evakuierungen, Verdächtigungen und Ausschließungen im Verlauf des Ersten Weltkrieges. Vertreibungen haben die Erfahrung des Imperialismus und Rassismus zur Voraussetzung; sie stellen die Einwanderung der kolonialen Erfahrung von der Peripherie ins Zentrum dar, wie es Hannah Arendt einmal beschrieben hat an der Stelle, wo von der Aushöhlung des modernen Nationalstaates durch den rassistischen Imperialismus die Rede ist. Was an der Peripherie üblich und erprobt war, kehrt nach Europa zurück: die koloniale Erfahrung. Umsiedlung und Vertreibung von sozialen und ethnischen Großgruppen setzt ihre Machbarkeit voraus: man muß die Kapazität des Aussonderns, des Sortierens, des Zählens, des Wegbewegens, des Deportierens und letzlich auch des Vernichtens haben; nur moderne Staaten mit effektiven Bürokratien und fähiger Logistik sind zu solchen Operationen imstande. Zwergstaaten machen keinen »Generalplan Ost«. Auschwitz ist, wie Raul Hilberg und andere gezeigt haben, die Hauptstadt eines Großraums mit moderner Infrastruktur: Eisenbahnnetzen, verläßlichen Fahr- und Frachtplänen, Arbeitsorganisation, Buchführung und Statistik. Millionen können in Nacht- und Nebelaktionen nur wegbewegt werden, wenn alles dazu vorhanden ist: einschließlich einer intakten Eisenbahn. Umsiedlung und Vertreibung setzen die Verallgemeinerung einer Vorstellung voraus, die unter den vorsintflutlichen Verhältnissen von Reichen und Reichskonglomeraten ganz undenkbar war: den modernen National- und Territorialstaat mit genauen Grenzen und verwaltungsmäßig durchherrschtem und ethnisch homogenisiertem Territorium. Es reicht nicht, indifferente Untertanen zu haben, es bedarf des Bürgers, der sich identifiziert, assimiliert – oder eben ausgeschieden wird. Es geht nicht ohne Öffentlichkeit und ohne gewissen Konsens. Das gilt auch für die Exklusion und die Vertreibung. Es muß immer Leute geben, die von solchen Aktionen profitieren. Im modernen Staat geschieht nichts ohne Rückendeckung einer irgendwie gearteten Öffentlichkeit. Es bedarf daher der propagandistischen Vorbereitung und Konditionierung. Umsiedlung und Vertreibung sind nicht »Rückfall ins dunkle Mittelalter«, sondern auf der Höhe der Zeit. Konfliktbewältigung mit den Mitteln des 20. Jahrhunderts. Einsortierung, Aussonderung, Selektion im großen Stil setzt den modernen, identifizierbaren Staatsbürger voraus. Die Täter sind in der Regel nicht irgendwelche Monstren, sondern »Leute von heute«. Der Täter des 20. Jahrhunderts hat ein modernes Profil, welcher Nationalität er auch sein mag. Wir wissen noch viel zu wenig eben über sie, über diese durchschnittlichen Vertreter der europäischen Zivilisation. Man kann ebensogut von der Banalität der Guten wie der Banalität der Bösen sprechen. Es gibt sie überall und vermutlich in gleichem Prozentsatz. Es bedarf nur der Konstellation, damit sie aktiviert werden. Der Mob spielt eine herausragende Rolle, er ist die Avantgarde der Gemeinheit. Es gibt fast immer Alternativen des Verhaltens. Im Grauen der Vertreibung leuchten die Anständigen nur noch mehr. Obwohl fast jeder Mittel- und Osteuropäer mit Umsiedlung und Vertreibung zu tun bekam, wird sie nicht als europäische Kollektiverfahrung wahrgenommen, sondern als spezifische Erfahrung einer Nation, einer Volksgruppe oder Landsmannschaft – fast immer nur der eigenen. Diese Wahrnehmung bleibt zurück hinter der Europäizität der Zerstörungsvorgänge im 20. Jahrhundert.

Wer Europa mit den Augen von Heimatvertriebenen betrachtet, sieht ein anderes Europa. Man könnte auch sagen: dem gehen die Augen auf. Heimatverlust ist Verlust nicht nur von »Haus und Hof«, von Eigentum, von vertrauter Umgebung. Es handelt sich um mehr. Darüber zu sprechen, ist nicht einfach. Denn jenen, die den Verlust erlitten haben, muß man das nicht erklären. Sie wissen es. Und jenen, die nichts verloren haben, die »dort nichts verloren haben«, kann man kaum verständlich machen, was sie verloren haben.

Was bedeutet der Verlust von Ostpreußen und von Königsberg für die Deutschen? Was bedeutet der Verlust von Lwow oder Pinsk für Polen? Was bedeutet der Verlust von Koloszvar/Cluj/Klausenburg oder Timişoara/Temesvár/Temeschburg für Ungarn? Was bedeutet der Verlust der Krim für die Krimtataren und für die Russen? Was bedeutet das Verschwinden der Deutschbalten für die europäische Kultur, und was bedeutet das Verschwinden der Rußlandeutschen für die russische Kultur? Was bedeutet die Auslöschung der Zentren jüdischen Lebens und jüdischer Kultur für Europa? Wir könnten fortfahren zu fragen. Ich weiß nicht genau, wie man das in einer modernen, zeitgemäßen Sprache sagt: Das Verschwinden Königsbergs als der bedeutendsten Großstadt im deutschen Osten, das Verschwinden eines Zentrums jahrhundertelanger deutscher Kultur – das ist doch etwas. Aber was ist es genau? Das Verschwinden von Breslau aus dem deutschen Horizont, eines der bedeutendsten Zentren des wirtschaftlichen und geistigen Lebens in Deutschland – das ist doch etwas. Aber was ist es genau? Daß Schlesien verloren ist, daß die Städte von anderen bewohnt sind. Was ist das eigentlich genau? Der Totalaustausch der Bevölkerung ganzer Provinzen und Landesteile – das ist doch etwas. Aber was ist es eigentlich?

Der Osten, das östliche Deutschland, der deutsche Osten – das ist durch die Kriegs- und Vertreibungsereignisse traumatisiertes Gelände geworden. Der Osten – das war: Ostfront, Kriegsgefangenschaft, Willkür, Tod, Kälte, Hunger, Flucht, Vertreibung, Aussiedlung, Vergewaltigung, Armut, Verwilderung, Verwahrlosung, Renaturalisierung, Vernachlässigung, Verwüstung. Diese Erfahrungsschicht hat sich über eine andere gelegt: Weite, Großzügigkeit, große Landschaft, weiter Himmel, Eintritt in einen anderen Horizont, Lebenschancen, Abenteuer, Grenzenlosigkeit, Begegnung mit dem anderen, Zauber der langsameren Zeit, wunderbare Landschaften. Und der Osten war, das ist für die Nicht-Betroffenen oder erst später und in zweiter Linie Betroffenen nicht auf Anhieb zu erkennen: Vertreibung vor der Vertreibung, Deportation vor der Deportation, Enteignung vor der Enteignung, Zerstörung von Kirchen, Archiven, Schlössern und Städten vor der Zerstörung der eigenen Kulturschätze; das ist mit System betriebene Versklavungs- und Ausrottungspolitik – bevor es einen selber erreicht hat.

Wer im heutigen östlichen und mittleren Europa unterwegs ist, wird diese Spuren noch immer handgreiflich vorfinden: die Friedhöfe, die Albertina, die Promenade von Rauschen, Thomas Manns Haus in Nidden, die Kasernengebäude von Memel und Stettin, die Post von

Danzig, die Kaufhausbauten von Mendelsohn und die weißen Dampfer von Scharoun, Max Bergs Jahrhunderthalle in Breslau, die Brücke von Dirschau, die Stadttore von Berlinchen, Crossen oder Meseritz.

Man könnte eine ähnliche Reise auf den Spuren des polnischen Ostens machen: auf den Rossa-Friedhof oder den Lychatschower-Friedhof in Lemberg, die Festungen von Kamenez-Podolsk und Chotin über dem Dnjestr, die Schlösser und Burgen in den Kresy. Es gibt ein eigenes – grenzüberschreitendes – Genre der Erinnerung und Konservierung: es sind die Bildbände, in denen die Erinnerung gespeichert und deponiert ist. Ihre Analyse über die Jahre hinweg wäre ein lohnendes Forschungsobjekt. Denn es sind darin die Bildwelten einer untergegangenen Welt gespeichert und immer wieder neu arrangiert.

Die Spuren sind sichtbar, jedenfalls für das aufmerksame Auge. Man erkennt ohne weiteres den kulturellen Code: die Anlage der Straßen, die Speicher in den Häfen, die Brückenkonstruktionen, die Art, in der die Ziegel gebrannt sind, die einheitliche Fasson von öffentlichen Bauten, die stilistische und geschmackliche Orientierung an Berlin, manchmal auch verwaschene Inschriften, eine Jahreszahl an der Stirnseite eines Wohnhauses, die Namen auf den Friedhöfen, manchmal sogar der Wasserkran in einer Pension. Das ganze östliche Europa ist eine Art Pompeji. Dieses Pompeji fasziniert nicht nur jene, die ihre Heimat verloren haben, sondern jene, die sie neu gewonnen haben und sie sich aneignen. Eine ganze Literatur der jüngeren Generation – Pawel Huelle, Stefan Chwin und andere – lebt von dieser Erkundung Pompejis, das zur Heimstatt des eigenen Lebens wurde.

Aber es ist auch ein Kontinent *nach* Pompeji, mit neuen Grundrissen, neuen Inschriften, einem neuen kulturellen Code. Es handelt sich dabei nicht nur um eine neue Sprache. Es ist häufig Weiterbauen und Wiederaufbauen in einem. Es handelt sich um eine Form der kulturellen Aneignung und der Implantierung eines neuen kulturellen Codes. Er ist so reich wie das Leben selbst: er sagt etwas über die Herkunft, über die Gewohnheiten der Neusiedler, über das Seßhaftwerden, über den Transfer von kulturellen Mustern und Eliten, von handwerklichen Kompetenzen, über die Inbesitznahme eines fremden, wilden Landes und dessen allmähliche und unaufhaltsame Aneignung, und das heißt auch: Wiederaufbau, Entwüstung, Rückführung ins Leben, Kultivierung.

Die Codes decken sich nicht, sie sind häufig sogar physisch getrennt. Das Wissen um die Städte und Landschaften, wie sie waren »davor«, ist in den Photoalben, die gerettet sind, oder in den Heimatmuseen aufbewahrt: sagen wir in Ulm oder Herne oder Recklinghausen oder Fürstenwalde, in der zweiten Heimat also, während in der ersten Heimat sich Menschen niedergelassen haben, die noch immer an ihrer eigenen ersten Heimat hängen. Über Breslau ist das der Himmel von Lwow, über Stettin der Himmel von Wilno, über Słubice der Himmel von Baranowitschi oder Grodno. Die Heimatvertriebenen tragen ihre Bilder mit sich herum, und wahrscheinlich ist es so, daß sie sich besser verstehen als mit jenen, die dieses Geheimnis nicht haben. Sie haben ein Bild von Mittel- und Ostmitteleuropa, das den anderen abgeht, die von den Schrecken, aber auch vom Zauber dieser Region keine Ahnung haben. Ich beneide eigentlich die älteren Herrschaften, denen ich bei meinen Reisen immer wieder begegne und die immer ein doppeltes Wissen haben: sie kennen den Ort, die Landschaft, die Straße aus zwei Epochen, unter zwei Namen. Aber sie sind in der Regel karg in ihren Mitteilungen, weil sie davon ausgehen, daß sie ohnehin nicht verstanden werden. Es ist schwierig, beide Geschichten und die dahinter verborgenen Erfahrungen zusammenzubringen. Aber man muß es versuchen: man muß die Schieder-Dokumentation zur Flucht und Vertreibung der Deutschen und die Studie von Czesław Madajczyk über die deutsche Okkupation Polens zusammen lesen, man muß die Tagebücher von Graf Lehndorff und das »Schwarzbuch« zum Genozid an den sowjetischen Juden von Wassili Grossmann und Ilja Ehrenburg zusammen lesen.

Die Deutschen, die Westdeutschen vor allem, haben in der Regel dem östlichen Europa den Rücken zugewandt. Sie können daran nichts Besonderes finden, schon deshalb, weil sie nie da gewesen sind. Die Langzeitwirkung dieser Entfremdung macht sich jetzt, wo sie historisch obsolet geworden ist, erst bemerkbar. Man kennt Mallorca besser als Prag und Miami besser als Warschau oder Budapest. Die erste Heimat im Kopf der Heimatvertriebenen ist für die Nachkriegszeit fast so etwas wie die letzte Ankerkette gewesen, die die westdeutschen Westler an den alten Kontinent, zu dem sie einmal gehört hatten, band. Die Frage ist freilich, ob die Heimatvertriebenen aus diesem Heimvorteil, aus diesem Mehrwissen etwas gemacht haben oder ob dieses Wissen stillgelegt oder fruchtlos vergeudet wurde in der Blockade neuer Wege nach Osten.

Die Dialektik der Gegenwart arbeitet für die gedankliche Wiederkehr des Ostens – des deutschen Ostens, des polnischen Ostens, »des Ostens« schlechthin. Es ist keine Frage der Nostalgie, sondern der gegenwärtigen Entwicklung. Je intensiver sich die Beziehungen zwischen dem einmal westlichen und östlichen Europa gestalten, desto näher rückt die Weltgegend, die historisch einmal »der Osten« oder sogar »der deutsche Osten« gewesen ist. Indem wir Kontakt aufnehmen in der Gegenwart, berühren wir fast automatisch auch das historische Gelände: ob als Austauschstudenten, Kulturtouristen, Banker, Filialleiter, Eisenbahnbauer, akademische Touristen oder einfach nur Urlauber. Das Netz, das neu geknüpft wird, verläuft häufig in alten Bahnen; die neuen Trassen verlaufen häufig auf alten oder nicht weit davon; je intensiver die Kontakte werden, desto häufiger und dichter wird unsere Berührung. Und wenn wir erfahren wollen, wo wir sind, werden wir immer auch erfahren, was dort vorher gewesen ist. Was einst als ein Defekt erscheint, könnte nun zum Plus werden: die historischen Landschaften, die alte und die neue, übereinander gelagert und ineinander gespiegelt, entfalten nun einen doppelten Reichtum. Die alten Übergangslandschaften in ihren komplizierten und oft tödlichen Gemengelagen werden sichtbar. Fast überall bekommen wir nicht nur eine Geschichte, sondern mindestens zwei zu sehen, wenn wir nur aufmerksam genug sind. Alles gibt es doppelt und dreifach: das Riesengebirge, Danzig, Königsberg, die Masuren, Prag, Brünn, das Baltikum. Die Schichten, die wieder sichtbar gemacht werden, machen sie zu den kulturell reichsten Speichern und Depots, über die Europa verfügt. Wer sich in diesem Gelände bewegen will, muß lernen, die kulturellen Codes zu dechiffrieren. Niemand kann sich kulturelles Analphabetentum erlauben. Die Frage ist, ob wir stark genug sind, ob unsere Nerven stark genug sind, um diese doppelten und dreifachen Geschichten uns anzuhören und auszuhalten. Wer Bahn fährt, fährt auf den Strecken, auf denen die Deportationszüge rollten – in alle Richtungen: nach Lodz oder nach Kasachstan. Wer Grundstücke im Stadtzentrum erwirbt, erwirbt wahrscheinlich Grundstücke, die mehr als einmal enteignet und weggenommen worden sind. Wer die Herrenhäuser aufsucht, trifft vielleicht auf einen Schauplatz ostelbischer Kultur, vielleicht aber auch auf den Schauplatz eines Exzesses, der an deren Ende stand. Überall ist Atlantis: in den Parks, die einmal Friedhöfe waren, in den Kasernen, die einmal Transitlager waren, auf den Brücken, an denen es kein Weiterkommen gab, auf den Grundstücken, auf denen noch der Umriß eines Gebäudes, das da einmal gestanden hatte, zu erkennen ist, auf den Brachen, an denen nicht immer der sozialistische Städtebau schuld ist, sondern der große Krieg, der ihm vorausging. Überall ist Atlantis, das vor noch nicht allzu langer Zeit einmal das Festland war. Nun sind noch Fragmente, Splitter, Atome zu finden. Kanalisationsdeckel, Inschriften, Straßenzüge, Innenstädte, ein Ornament, ein Fundstück im Antiquariat, ein Trottoirstein eines Gehweges, den es nicht mehr gibt, eine Redensart, eine Geste, eine Anspielung. Bahnhöfe mit Gleisen, die nirgends mehr hinführen, Bücher, denen die Bibliotheken abhanden gekommen sind, in denen sie einst katalogisiert waren. Wer sich in New Central Europe bewegt, um dort seine Geschäfte zu machen, wird es mit Geschichte zu tun bekommen, ob er will oder nicht, ob wir geschichtsbesessen sind oder nicht. Die Umstände sind einfach so. Es gibt keine unschuldigen Orte mehr.

Andererseits aber: es wird auch befreiende Erkenntnisse geben, auch wenn es Wiedergutmachung für irreversiblen Schaden, für Schmerz und zerstörte Leben nicht gibt: Die Erfahrung von Landschaften eines bisher nie gesehenen Zaubers. Es wird einen Ruck geben, etwas von einer Art Erschütterung, die sich einstellt, wenn man von etwas tief berührt wird. Ich bin davon überzeugt, daß es zu diesem Ruck kommen wird. Viele werden sich fragen, ob man so etwas überhaupt wünschen soll oder ob man davor nicht eher Angst haben muß. Diese Neubegegnung wird zu einer neuen Beschäftigung mit dem europäischen Osten und dem einstigen deutschen Osten, der Geschichte geworden ist, führen.

Es gibt für das, was das einmal war, noch keine angemessene Sprache. Freilich sind wir längst heraus aus der Sprachinsel- und Kulturbodenforschung, aus dem irgendwie völkischen Mief, aber bei einer Geschichte, die das, was modern, zivil, weltoffen, kosmopolitisch, vielleicht sogar »multikulturell« am deutschen und europäischen Osten war, zur Anschauung bringen könnte, sind wir noch lange nicht. Sie wird auch nicht einfach, vielleicht auch nicht lautlos zu haben sein. Das ganze Register von möglichen Verarbeitungsweisen wird durchgespielt werden – sicher nicht immer mit Takt und sicher nicht immer lautlos. Es wird das ganz üblich Nostalgische und Kitschige geben, um nur den harmlosen Fall zu erwähnen. Das kann man ja sogar beim jüdischen Tourismus »Back to the Roots« beobachten: bei der Zurichtung von Kazimierz nach der Dramaturgie Steven Spielbergs oder im Café Ariel am Marktplatz. Der Heimattourismus ist längst im Gang, er ist sogar schon ein Wirtschaftsfaktor für die Regenerierung ganzer Regionen geworden: der Heimwehtourismus der Deutschen in Polen und Ostpreußen, der Polen in Weißrußland, Litauen und in der Ukraine, der Balten und Polen in Sibirien oder Kasachstan, der Italiener in Slowenien und Kroatien. Der Tourismus von Kindern und Kindeskindern der aus Osteuropa stammenden und überlebenden Juden.

Man soll sich über diesen Tourismus der Spurensuche mit all seinen Arrangements und Sightseeing-Routinen nicht lustig machen. Mit jeder Reise sickert ein Atom Wissen, Kenntnis, Vertrautheit in die Welt, die bisher nicht Notiz nahm von diesen abgelegenen Regionen. Ob mehr drin ist, ob sich mehr daraus machen läßt, wird man sehen. Vieles spricht dafür, daß das Interesse an dieser geschichtlichen Region zunehmen wird. Und es ist gut, daß uns ein Idiom zur Verfügung steht, das jenseits dieser Geschichte steht: das Amerikanische.

Das Neubedenken des deutschen Ostens – eine Umwertung und Herauslösung aus dem nazistischen Diskurs – und seine selbstverschuldete Zerstörung bzw. sein Verlust ist ein ebenso wichtiges wie unvermeidliches Anliegen. Diese Geschichte geht nicht auf in der Hitler-Zeit und in dem, was sie damit gemacht hat, sondern es ist eine reiche und komplizierte Geschichte. Sie ist kein Randphänomen, sondern ein Hauptereignis der deutschen Geschichte. Der verlorene deutsche Osten ist zu wichtig, um ihn den Vertriebenen allein zu überlassen, und ihre Schultern sind zu schwach, um ihn sich allein aufzuladen. Um ihn neu zu denken, bedürfte es des Versuchs einer Rekonstruktion des deutschen »Orientalismus« und eines deutschen Edward Said, der das leisten könnte.

Remapping Europe: Von Brüssel nach Prag

Große Dinge sind im Gange, aber Europa schweigt. In der Europäischen Union gibt es eine einheitliche Währung, aber von Begeisterung ist wenig zu spüren. Der Enthusiasmus von 1989 ist verschwunden. Bald wird sich die Bevölkerung der Europäischen Union, in der heute schon 376 Millionen Menschen leben, um ein gutes Viertel vergrößert haben, aber wie dieses vergrößerte Europa aussehen soll, darüber gibt es kaum eine Debatte, allenfalls eine über die künftige Verfassung. Dabei wissen alle, daß es eine Integration Europas ohne die Integration seiner vielen Kulturen und Lebensformen nicht geben kann. Mit Estland, Polen, Slowenien, Tschechischer Republik, Ungarn und Zypern sind die Beitrittsverhandlungen 1998, mit sechs weiteren Staaten – Lettland, Litauen, Slowakischer Republik, Bulgarien, Rumänien und Malta – sind sie im Jahr 2000 begonnen worden. Mit dem Beitritt von fast einem Dutzend Staaten Ost- und Mitteleuropas zur Europäischen Union wird der Prozeß, der mit dem Fall der Mauer 1989 in Gang gekommen ist, zu einem vorläufigen Abschluß gebracht werden. Die Welt von Jalta liegt hinter uns. Der Eiserne Vorhang ist Geschichte. Hinter uns liegt ein Jahrzehnt dramatischer Veränderungen. Die Europäische Union ist längst keine westeuropäische Angelegenheit mehr. Seine Hauptstädte werden nicht nur Brüssel und Luxemburg, sondern auch Prag, Budapest oder Warschau sein.

Es ist lange her, daß vom »gemeinsamen Haus Europa« die Rede war. Nichts vom Elan der Gründerväter. Man spricht von Europamüdigkeit, ja sogar von der »Krise des Europagedankens«. Der Glanz der Samtenen Revolution von 1989 ist überlagert von den Greueln und »ethnischen Säuberungen« der jugoslawischen Nachfolgekriege, denen Europa so lange hilflos zugesehen hat. Was zählen da noch die Europa-Visionen aus glücklicheren Tagen! Allenthalben also: Ermattung, Desillusionierung, Resignation, auch Zynismus. Die Stimmung ist eher: abwarten, ob nicht doch noch etwas passiert – es ist passiert, wenn auch ganz unvermutet und ganz anders als erwartet: mit dem

Angriff auf die Türme des World Trade Center. Die Befürchtungen sind größer als die Zuversicht. Man mokiert sich über die »Brüsseler Bürokratie«, belächelt ihre Umständlichkeit und hat doch kaum eine Vorstellung von den Mühen der Ebene, ohne die es ein geeintes Europa nicht geben wird. Kurzum: jetzt, da Europa Wirklichkeit wird, scheint es, als habe es den Europäern die Sprache verschlagen. In Sachen Europa schweigen auch jene, die ansonsten vor allen zuständig sind für neue Ideen, Zukunftsentwürfe und brauchbare Projekte: die Intellektuellen. Das neue Europa ist offenbar kein Thema. Warum eigentlich? Im Westen interessiert man sich nicht sonderlich für das östliche Europa. Man steht ganz im Sog der Globalisierung. Wer mithalten will, blickt nach Westen. Es hat sich noch nicht einmal überall herumgesprochen, daß Berlin nur 80 Kilometer von der polnischen Grenze entfernt liegt. Die Welt im Kopf ändert sich viel langsamer als die Wirklichkeit. Wir tun uns noch schwer mit der Anerkennung der neuen Lage. Die Nachbarländer sind weitgehend terra incognita. Es sind immer noch wenige, die den Weg finden nach Prag, Budapest, Krakau, Warschau oder Bukarest, Riga oder Sankt Petersburg. Der »Ostblock« von einst war wenigstens ein Begriff; vom mittleren und östlichen Europa, das an seine Stelle getreten ist, gibt es meist nicht einmal eine Erfahrung. Das andere Europa ist für uns noch immer ein ziemlich exotischer Landstrich.

Anders verhält es sich im östlichen Europa. Dort hat man sich seit jeher für den Westen interessiert und tut es noch immer. Millionen waren seit dem Mauerfall im Westen, haben ihn in Augenschein genommen, sich einen Eindruck verschafft. Obwohl sie nie fort waren aus Europa, sprachen sie von ihrer »Rückkehr nach Europa«. Aber auch im Osten ist der Europa-Enthusiasmus der späten 80er und frühen 90er Jahre im Schwinden begriffen. Eine »Europa-Nein-Danke«-Stimmung kommt auf, und viele fragen sich, weshalb sie überhaupt dem »Europäischen Club« beitreten sollten und ob der Preis nicht zu hoch ist. Es muß etwas passiert sein, wenn ein Europäer wie Marcin Król in Warschau sagt: »Ich glaube nicht an die Erweiterung der EU. Ich habe keine Hoffnung, daß Polen Mitglied der EU wird. Ich denke, das Ganze ist eine Art Soap Opera, an der jeder teilnimmt, weil es einmal angefangen hat. Was ist das Interesse Westeuropas – nicht unseres, das ist offensichtlich –, uns aufzunehmen? Sie haben keine einzige ernsthafte Antwort. Was ist ihr Interesse, Polen, ein armes Land mit 40 Millionen Einwohnern, davon 40 Prozent arme Bauern, dabei zu haben?« Es ist wahr: wir haben keine plausible Antwort darauf.

Und doch: es gibt ein Europa, das wächst. Lautlos, unbemerkt, unspektakulär. Die Kommissionen in Brüssel und in den Hauptstädten der Beitrittsländer tun unauffällig ihre Arbeit. Es handelt sich um eine ebenso elementare wie eindrucksvolle Arbeit: gewaltige Informations- und Datenmengen werden zusammengetragen, Rechtsordnungen angepaßt und Tausende von Regelungen vereinheitlicht. Noch nie wußte Europa über sich selbst so viel wie jetzt, da die Kapitel des acquis communautaire abgearbeitet werden. Tausende von Euro-Professionals sind ständig unterwegs und produzieren den neuen Raum: den Raum der europäischen Institutionen und Strukturen, den europäischen Verkehrs- und Kommunikationsraum, den Raum einer neuen Arbeitsmigration. Aber all ihre Bemühungen wären umsonst, gäbe es nicht jene mächtigen Kriechströme, die letztlich darüber entscheiden, ob die beiden Teile Europas zusammenwachsen oder nicht. Europa wäre nur eine Idee, die sich blamierte, würde es nicht von einem starken Interesse getragen. Das neue Europa wächst spontan, von unten, nicht nur in »Haupt- und Staatsaktionen«, sondern in oft unscheinbaren, molekularen Prozessen. Es wächst auf den Routen des Ameisenhandels, die die Basare des östlichen Europa verbinden. Es wächst auf den Routen der Speditionsfirmen, die Europa neu vernetzen. Neue Räume bilden sich: Verkehrs- und Kommunikationsräume, Netzwerke des Wissens und der Wissenschaft, eine Infrastruktur moderner Kommunikation, Pendelbewegungen der Arbeitsmigration, Filialen und Niederlassungen internationaler Firmen. Überall sind Menschen unterwegs, die neue Erfahrungen sammeln. Sie sind die Exploratoren des neuen Europa, die Pragmatiker der europäischen Einigung und die Kolumbusse in einem uns fremd gewordenen Gelände. Nach der langen Zeit des Kalten Krieges sammelt Europa noch einmal neue Erfahrungen.

Der Wende von 1989 war eine inspirierte Debatte über Mitteleuropa vorausgegangen, eine Suchbewegung heraus aus der Teilung der Welt und der obsolet gewordenen Ost-West-Dichotomie. Die mitteleuropäischen Kernländer bilden heute die Avantgarde der Beitrittsbewegung. Diese Debatte hat sich verflüchtigt, wurde überholt von den Ereignissen. Europa muß nicht mehr imaginiert werden, es ist da – mit seinen Abgründen und seinen Chancen. Doch die Debatte über das, was Europa sein könnte, wenn es aus der Teilung und hoffentlich bald aus den mörderischen Konflikten auf dem Balkan herausgetreten sein wird, findet nicht statt. Die Wortführer von einst sind in politische Machtpositionen eingerückt oder erneut marginalisiert. Die Öffentlichkeiten sind getrennt. Die Pioniere der neuen transeuropäischen Netze und die Ameisenhändler auf den Basaren, die Erforscher der weißen Flecken der europäischen Geschichte und die Vertreter der internationalen Firmen, die Philosophen und Banker verkehren in verschiedenen Welten und treffen nur selten aufeinander. Wenn wir uns ein Bild von »Europe in the Making« machen wollen, brauchen wir eine Öffentlichkeit, in der diese Erfahrungen zur Sprache gebracht werden können, einen Ort für Erfahrungen aus den vielen Europas: dem der Love Parade-Besucher und dem der Heimwehtouristen, dem der Banker und dem der Ameisenhändler, dem der Schriftsteller und dem der Planer der neuen Hochgeschwindigkeitstrassen.

Es bedürfte eines Ortes, an dem diese Erfahrungen aus den Zonen der Beschleunigung und der Verlangsamung zusammengetragen und die Geschichten vom neuen Europa erzählt werden. Die Osterweiterung der EU, die genau betrachtet eine Neukonstituierung Europas ist, wird in den nächsten Jahren und Jahrzehnten der prägende soziale, politische und kulturelle Vorgang in Europa sein. Dies gilt auch und vielleicht erst recht nach dem 11. September 2001, an dem eine ganz neue Frontlinie sichtbar geworden ist: zwischen terroristischer Gewalt und Selbstverteidigung der zivil-urbanen Gemeinwesen. Was immer die Einzelheiten dieses Prozesses sein werden, man muß sich auf ihn einstellen, ihn befördern, besonders in Deutschland, das eine zentrale Stellung im europäischen Einigungsvorgang haben und von ihm am stärksten betroffen sein wird. Es käme darauf an, die Neukonstituierung Europas gedanklich und publizistisch zu begleiten. Ein Interesse an Europa herbeizureden oder durch eine Art europäischer re-education befördern zu wollen, wird nur im Krampf enden. Aber dagegen, bestimmte Erfahrungen ins allgemeine Bewußtsein zu heben, spricht nichts. Vielleicht spielt das Internet jene Rolle, die früher einmal die Eisenbahn bei der Konstituierung des modernen Europa gespielt hat. Die neue lingua franca, die das Deutsche abgelöst hat, ist schon im Schwange. An vielen Stellen ist Europa weiter als in den Köpfen: an den Urlaubsstränden, in den neu entstehenden business communities und im Idiom der europäischen Architekten. Allen ist klar, daß es dabei nicht um ein Reservat oder ein Mitteleuropa-Museum geht, sondern um high-tech, nicht um Nostalgie, sondern um Leistung auf der Höhe der Zeit. Das neue Europa wird neue Zentren und Hauptstädte haben. Wir werden einen sehr genauen Gradmesser dafür haben, wie rasch das neue Europa wächst. Wenn

Europa wandert, wenn die europäischen Beamten mit ihren Familien auch nach Prag oder Budapest umziehen, wenn die Hochgeschwindigkeitszüge nicht nur im Westen unterwegs sind, sondern ostwärts, wo ihre Vorzüge überhaupt erst voll zur Geltung kommen können – erst dann können wir sicher sein, daß wir unterwegs sind ins neue Europa.

Drucknachweise

Die Mitte liegt ostwärts. Die Deutschen, der verlorene Osten und Mitteleuropa, Berlin 1986, 1989 (Siedler Verlag)

Planet der Nomaden, Zürich 2000 (Vontobel Foundation)

Kommunalka oder Kommunismus als Lebensform. Plädoyer für eine Entdämonisierung der Sowjetgesellschaft, in: Neue Zürcher Zeitung 6./7.4.1996, S.65–66

Rußland wohin? Die Paradoxe der russischen Renaissance. Vortrag an der Universität Konstanz im Frühjahr 1992

Die russische Intelligenz und Europa. Vortrag an der Freien Universität Berlin am 20.1.1993

Glückliches Amerika, armes Rußland, in: Kursbuch, Juni 1990, Heft 100, S.145–162

Grenzland Europa, in: NZZ-Folio. Die Zeitschrift der Neuen Zürcher Zeitung, Nr.3, März 1993, S.6–10

Ratlosigkeit als Chance. Vortrag vor dem Europa-Gesprächskreis der Konrad-Adenauer-Stiftung in der Villa La Collina, Cadenabbia, Juli 1993

Zivilgesellschaft, jenseits der Doktrin. Vortrag am Zentrum für Zeithistorische Forschung in Potsdam im April 1997

Die Farbe des Blutes und die Wiederkehr des Kriegers. Vortrag an der RGGU Moskau, September 1994

Das Comeback der Städte. Vortrag vor dem Berliner Stadtforum am 29. November 1996

Wiedereintritt in die europäische Nachbarschaft. Vortrag in Bonn 1992

Unser Atlantis, unser Pompeji. Vortrag in Potsdam am 23. November 2000

Hanser Sachbuch

Karl Schlögel
Promenade in Jalta
und andere Städtebilder
2001. 312 Seiten. Gebunden

»Schlögel ist ein Ostverführer: Kaum einer hat dem deutschsprachigen Publikum Mitteleuropa in seinen Facetten derart luzid und zugleich lustvoll nähergebracht. Glücklich mischen sich in seinen Texten Essay und Reportage, Theorie und Anschauung, Enzyklopädie und Detailbeobachtung.«
Andreas Breitenstein, *Neue Zürcher Zeitung*, 7./8.4.2001

»Karl Schlögel schreibt gegen die westliche Überheblichkeit an, sich Pauschalurteile über Mittel- und Osteuropa erlauben zu wollen, ohne je da gewesen zu sein. (...) ›Promenade in Jalta‹ ist – wie alle anderen Bücher Karl Schlögels – ein einziges Plädoyer für Neugier auf Mittel- und Osteuropa. Und es macht Lust auf das jetzt entstehende Europa. Wer mit Karl Schlögel im Kopf gereist ist, der möchte bereichert die Koffer packen und selber losfahren, um wie er Städte und Landschaften zu lesen.«
Katharina Narbutovic, *Der Tagesspiegel*, 1.4.2001

»Der Historiker Schlögel schreibt lebendig und spricht auch die Sinne des Lesers an. Essays von ihm sind ein Ereignis, das die Sicht auf Europa verändert.«
Mareille Ahrndt, *Financial Times Deutschland*, 15.6.2001

»Karl Schlögel erzählt eine topographische Geschichte Europas anhand seiner östlichen Städte und Landschaften: ein historisches, ein historiographisches und vor allem: ein eminent politisches Buch.«
Markus Ackeret, *Tagesanzeiger* (Zürich), 4.5.2001

»Schlögel verfügt über eine Sprache, die sich bei Landschaftsbeschreibungen ebenso bewährt wie bei der Schilderung von Stadtgeschichte, er hat die globale politische Perspektive im Blick, aber auch Kanaldeckel oder Zugfahrpläne als historische Dokumente. Er hat ein faszinierendes Buch geschrieben, dessen größter Vorzug es ist, daß es nicht nur Städtebilder aneinanderreiht, sondern eine eigene Perspektive entwickelt.«
Cornelius Hell, *Die Presse* (Wien), 25.8.2001